I0127125

NOTICE

SUR

M. NECKER.

DE L'IMPRIMERIE DE CRAPELET.

NOTICE

SUR

M. NECKER,

PAR A. DE STAËL HOLSTEIN,

SON PETIT-FILS.

A PARIS,

CHEZ TREUTTEL ET WÜRTZ, LIBRAIRES,
RUE DE BOURBON, N° 17;

A Strasbourg et à Londres, même Maison de Commerce.

1820.

AVERTISSEMENT
DES ÉDITEURS.

LE portrait de M. Necker étoit achevé, et devoit être placé en tête de la *Notice sur sa vie*; mais les Éditeurs ayant trouvé que la ressemblance laissoit quelque chose à désirer, ils en ont fait graver un autre qui est déjà fort avancé, et qui sera délivré *gratis* aux acquéreurs de l'ouvrage contre le présent avis signé de nous.

Treuttel et Würtz

NOTICE
SUR M. NECKER,

PAR A. DE STAËL HOLSTEIN,

SON PETIT-FILS.

Le sentiment de mon insuffisance m'interdiroit le travail que je vais entreprendre, si une volonté dont je révère jusqu'aux moindres indices ne m'en faisoit un devoir. Ma mère a consacré deux ouvrages à la mémoire de son père : dans le premier, elle a peint le caractère de M. Necker et sa vie privée; dans l'autre, elle a tracé l'histoire de sa carrière publique ; et si mon tendre et profond respect me permettoit de hasarder un jugement, je dirois que ces deux écrits, inspirés à ma mère par le sentiment dominant de sa vie, sont ceux où se manifestent avec le plus d'éclat la beauté de son âme et la grandeur de son talent. C'est là que l'histoire puisera ses jugemens sur un homme dont le nom est si intimement uni à la sainte cause de la liberté , et dont les vertus privées garantissent si noblement les intentions comme homme d'état.

a

Personne, j'ose en être assuré, ne croira que j'aie la folle prétention de rien ajouter à ces deux tableaux, et l'apologie la plus modeste à cet égard seroit encore trop présomptueuse; mais lorsqu'en 1804 ma mère publia la vie privée de M. Necker, son cœur étoit navré de la mort récente de son père; et la douleur qu'elle exprime avec une si touchante éloquence, ne lui a pas permis de se retracer de près des souvenirs trop déchirans. D'un autre côté, le plan des *Considérations sur les principaux événemens de la révolution françoise*, n'admettoit pas une exposition détaillée des opérations financières et administratives de M. Necker; et ces opérations, bien qu'antérieures à l'ère nouvelle de notre édifice social, ne sont pourtant ni sans intérêt historique, ni même sans application au moment actuel. C'est sans doute d'après ces motifs, qu'en me chargeant par ses dernières volontés de publier une édition complète des OEuvres de M. Necker, ma mère a désiré que cette édition fût précédée d'une Notice biographique. Ce désir étoit sacré pour moi, et j'ai dû m'efforcer de l'accomplir. J'essaierai donc de retracer, avec exactitude, les principaux traits d'une vie dont aucun instant ne redoute la publicité. Heureux si un exposé simple, mais fidèle, des faits, peut faire mieux connoître ce *grand homme de bien*, qui a tant aimé la France, et que la France a tant aimé, pendant quelques années de gloire et de bonheur!

La famille à laquelle appartenoit M. Necker est d'origine irlandoise; ses ancêtres, obligés de s'expatrier pour fuir les persécutions religieuses de la reine Marie, vinrent chercher un asile dans l'Allemagne protestante, et se fixèrent en Prusse, où il existe encore plusieurs personnes de ce nom.

Charles-Frédéric Necker, mon bisaïeul, homme d'une instruction solide, qui avoit fait surtout une étude approfondie de l'histoire et du droit public, vint à Genève au commencement du siècle dernier, pour y diriger l'éducation d'un jeune prince allemand. Genève offroit alors, comme aujourd'hui, la réunion précieuse de la pureté des mœurs républicaines, avec les avantages dus à la richesse et aux lumières; l'on y comptoit des hommes distingués dans toutes les branches de l'enseignement, et les établissemens d'instruction publique y conservoient encore intact le caractère qui leur avoit été fortement imprimé par Calvin leur fondateur. Car le génie, comme la nature, donne à ses œuvres un principe de vie et de durée, et l'on jugeroit Calvin d'une manière incomplète, si on ne le considéroit pas comme législateur républicain, autant que comme réformateur religieux.

Frappé de tous les avantages que présentoit le séjour de Genève à un homme moral et studieux, *Charles - Frédéric* Necker résolut de s'y fixer; on l'admit au nombre des citoyens de la république, et l'académie créa pour lui une chaire de droit public, dont il étoit digne par son savoir, et qu'il a remplie jusqu'à sa mort. Un Traité sur la Constitution de l'Empire germanique, dédié par lui en 1741 aux magistrats de sa nouvelle patrie, prouve un esprit juste et des connoissances positives.

Charles-Frédéric Necker eut deux fils de son mariage avec mademoiselle Gautier, fille d'un premier syndic de la république; l'aîné, *Louis* Necker, qui prit plus tard le nom de M. de Germany, fut destiné à suivre la carrière de son père et se voua à l'enseignement public. Le cadet, *Jacques* Necker, né le 30 septembre 1732, étant obligé de se créer par son travail une

existence indépendante , fut voué au commerce, et placé dans une maison de banque
à Genève, après avoir achevé avec distinction le cours de ses études classiques.

Ses premiers pas dans la carrière du
commerce furent pénibles ; entraîné par
un goût très-vif pour la lecture et la méditation , il étoit sans cesse rebuté par la
sécheresse et la monotonie des occupations
qui lui étoient imposées ; sans cesse un
poëme, un roman, un ouvrage philosophique, le détournoient de son travail ; et
son père ne tarda pas à s'apercevoir que
pour développer les facultés remarquables
qu'il avoit reçues de la nature , il falloit le
placer sur un plus grand théâtre , et le
mettre aux prises avec de plus nombreuses
difficultés.

Du reste, toutes les personnes qui ont
connu M. Necker dans sa première jeunesse, s'accordent à dire que le charme de
son caractère le faisoit chérir de tous ceux
qui avoient des rapports avec lui , et que
le trait saillant de son esprit étoit une gaîté
piquante, une plaisanterie sans amertume,
dont les autres ou lui-même étoient alternativement l'objet. J'insiste sur cette remarque, parce que ceux qui ont vécu plus
tard dans l'intimité de M. Necker, ont

toujours retrouvé en lui des traces de cette première disposition de sa jeunesse , à une époque même où les souvenirs de l'homme d'état et les hautes méditations du philosophe chrétien avoient imprimé à tout son être la gravité la plus imposante. Ses petits enfans se rappellent encore, avec émotion, qu'il ne dédaignoit pas de plaisanter avec eux et de prendre part à leurs amusemens.

Le professeur Necker étoit lié d'une amitié particulière avec un des hommes distingués dont s'honoroit alors l'académie de Genève, M. Vernet, théologien respectable, dont les écrits forment encore la base de l'enseignement religieux dans les écoles protestantes. M. Vernet avoit un frère, chef d'une riche maison de banque établie à Paris ; le jeune Necker lui fut adressé, et une fois arrivé dans la capitale, des occupations moins rétrécies, un champ plus vaste ouvert à une louable ambition, ne tardèrent pas à développer en lui un talent remarquable pour les affaires de commerce. Une anecdote en donnera l'idée. Les premiers traits de la jeunesse des hommes supérieurs attirent toujours la curiosité : leurs égaux se plaisent à comparer les routes qu'ils ont suivies ; les autres aiment à se croire pour un moment quelques points de ressemblance avec eux.

M. Vernet, le banquier, passoit l'été à la campagne, et ne venoit à Paris que pour l'heure des affaires. Un jour la poste de Hollande apporte à sa maison la proposition d'une spéculation vaste qui sortoit du cercle de ses opérations habituelles : la réponse étoit urgente; M. Vernet se faisoit attendre; le premier commis, homme exact, mais sans génie, consulte son jeune collègue. A l'instant M. Necker, à peine âgé de dix-huit ans, prend sur lui de répondre; il développe avec assurance et clarté ses idées sur l'opération principale; il donne à divers correspondans les ordres nécessaires pour en assurer le succès, et au moment où arrive le chef de sa maison, il lui présente à signer un courrier très-volumineux. M. Vernet, étonné de voir des lettres écrites dans un style moins barbare que ne l'étoit alors celui du commerce, étonné surtout qu'un si jeune homme ait osé se hasarder à prononcer seul sur de si grands intérêts, s'emporte avec violence. « Je crois que j'ai eu raison, lui répond le « jeune Necker; mais en tout cas, ne m'en « veuillez pas d'un tort qui n'a point eu de « conséquences; » et en même temps il jette

au feu toutes les lettres qu'il venoit de préparer. M. Vernet ne tarda pas à regretter
son emportement; il vit, en étudiant l'opération qui lui étoit offerte, combien son
jeune commis l'avoit habilement conçue,
et il ne crut pouvoir mieux faire que de lui
en confier la direction. M. Necker s'y appliqua tout entier, et donna une nouvelle
preuve de la souplesse de ses facultés, en
apprenant le hollandois avec une telle
promptitude, qu'au bout de trois mois il
étoit en état de suivre une correspondance
dans cette langue. Dès lors la confiance que
son chef lui accorda fut sans bornes, il
devint bientôt son associé, et M. Vernet,
quand il quitta les affaires, en 1762, lui remit des fonds considérables pour l'aider à
former avec MM. Thelusson une maison de
commerce qui devint bientôt la première
de la France. Tels furent les commencemens de la fortune de M. Necker, fortune
acquise par vingt-cinq années de travail et
d'économie, et qui, après deux révolutions, assure encore à sa famille le bienfait
d'une existence indépendante.

Le petit nombre d'instans dont M. Necker pouvoit disposer, étoient consacrés à
la culture de son esprit. Il recherchoit,
avec avidité, toutes les nouvelles produc-

tions littéraires; et avant d'avoir atteint l'âge de vingt ans, il s'essayoit lui-même à composer de petites pièces de théâtre. Ces comédies, dont je possède encore quelques-unes, sont écrites avec beaucoup de verve et de franche gaîté : l'une entre autres annonce de la facilité pour la versification. M. Necker eut un instant l'idée de les faire représenter ; mais une raison précoce réprima ce petit mouvement d'ambition littéraire. « Si j'y avois cédé, a-t-il dit depuis, « en se retraçant au milieu de sa famille les « premières années de sa jeunesse, toute « ma carrière s'en fût ressentie; car jamais « la réputation d'auteur comique n'eût été « compatible avec la dignité sérieuse que « l'on exigeoit d'un premier ministre. »

La maison Thelusson-Necker et Compagnie ne tarda pas à jouer un rôle important dans les affaires, et l'on peut même dire, à certains égards, qu'elle fait époque dans l'histoire du commerce françois. Jusqu'alors deux routes avoient mené à la richesse : l'une, plus modeste, étoit celle du commerce des marchandises; l'autre, plus ambitieuse, étoit celle de la finance, qui consistoit à acheter, à vil prix, quelque branche du revenu public, et à en poursuivre le recouvrement avec rigueur. Mais aucune maison françoise n'avoit encore donné l'exemple de ces grandes opérations de banque et de crédit qui exigent la connoissance des principes de l'économie publique, celle des ressorts qui agissent sur les hommes et les gouvernemens, et un esprit capable de concevoir un plan et d'en avoir présentes toutes les parties. M. Necker, on peut donc le dire, agrandit la sphère du commerce; il accrut la dignité de cette profession, et des occupations qui réveillent peu d'idées dans les esprits routiniers, devinrent pour lui une source d'observations ingénieuses qu'il sut mettre à profit, lorsque ses talens l'appelèrent à la première place du royaume. Ce qui distinguoit M. Necker comme négociant, c'étoit surtout un tact rapide et sûr, plus encore qu'une grande habileté pour le calcul : souvent même, lorsqu'une opération compliquée exigeoit l'emploi de l'analyse algébrique, il recouroit aux lumières de M. de Germany son frère aîné. Ce frère, qu'il a toujours tendrement aimé et qui ne lui a survécu que de quelques mois, avoit alors quitté la carrière de l'enseignement public pour celle du commerce, et étoit venu s'établir en France.

Les principales sources de la fortune commerciale de M. Necker furent, d'une part, de vastes spéculations sur les grains, dont le commerce venoit d'être déclaré libre par l'édit de 1764, opérations qui le mirent à même de mûrir ses idées sur cette branche importante de la législation (*); et, d'autre part, des opérations de crédit avec le gouvernement.

Indépendamment du désordre affreux qui régnoit dans les finances, l'ignorance complète où l'on étoit des moyens de crédit et de l'art de faire circuler les valeurs, réduisoit souvent le trésor aux embarras les plus humilians. C'est ainsi qu'en 1759 Louis xv se vit réduit à emprunter sur les épargnes des gens de son écurie la somme nécessaire pour payer quelques dettes criardes. Dans un de ces momens difficiles, le trésor recourut au crédit de M. Necker : ce ne fut pas sans hésitation qu'il consentit à entrer dans ces opérations que les innombrables banqueroutes de l'état rendoient très-hasardeuses; mais une longue conversation avec le duc de Choiseul l'y déter-

_____

(*) Je me plais à rappeler que si M. Necker profitoit alors de la liberté du commerce des grains et du bas prix de cette denrée pour accroître sa fortune, par des opérations sagement combinées, quelques années plus tard, en 1770, il avança des sommes considérables, sans intérêt, pour l'approvisionnement des provinces où la cherté se fit le plus sentir.

mina, et cette conversation suffit pour inspirer au ministre, tout-puissant alors,
autant de goût pour l'esprit de M. Necker,
que d'estime pour son caractère. Ces sentimens se confirmèrent dans les rapports que
M. de Choiseul entretint avec M. Necker,
en qualité d'envoyé de Genève, place qui
lui fut confiée en 1768, et dont, par un
principe auquel il est toujours resté fidèle,
il exigea que les fonctions fussent gratuites. Ma mère raconte que le gouvernement genevois ayant envoyé un homme
d'esprit à Paris, pour traiter en particulier
avec M. de Choiseul, ce ministre écrivit à M. Necker : « Dites à vos Genevois
» que leur envoyé extraordinaire ne mettra
» pas le pied chez moi, et que je ne veux
» avoir affaire qu'à vous. » M. Necker disoit
quelquefois que ce premier succès de sa vie
politique étoit celui qui lui avoit causé le
plaisir le plus vif.

Les opérations de M. Necker, comme
administrateur de la compagnie des Indes,
méritent une mention particulière, soit à
cause de l'importance de leur objet, soit
parce qu'elles furent l'occasion de son début
dans la carrière d'écrivain. La compagnie
des Indes, fondée par Louis xiv, avec toute
la splendeur de ce règne d'apparat, avoit

d'abord brillé d'un grand éclat sous Colbert ; bientôt elle étoit venue s'engloutir,
avec toutes les richesses de la France, dans
le gouffre de la compagnie d'Occident.
Enfin, après la chute du système de Law,
elle avoit été réorganisée sur un plan ana-
logue à celui de sa première institution.
Dès lors ses succès et ses revers avoient été
balancés, jusqu'à l'époque où les victoires
des Anglois dans l'Inde la menacèrent d'une
ruine totale. Ce fut peu de temps après la
paix de Fontainebleau, que M. Necker entreprit de relever cette société de commerce, dont les affaires étoient presque
anéanties par la guerre : il se livra à ce
travail, moins dans un but d'intérêt personnel que par l'amour du bien public, et
par le désir de se faire connoître dans une
compagnie qui comptoit au nombre de ses
membres beaucoup d'hommes marquans
par leurs talens ou par leur naissance. En
effet, il n'est pas inutile de rappeler que
dans un temps où l'oisiveté étoit considérée comme un attribut nécessaire de la
noblesse, les fonctions de membre de la
compagnie des Indes avoient été formellement exceptées de la dérogeance qu'entraî-
noient, comme l'on sait, toutes les occupations commerciales ou industrielles.

M. Necker devint bientôt l'âme des opérations de la Compagnie ; il dirigea ses
moyens de crédit d'une manière si habile ,
que tous les emprunts qu'elle ouvrit se
remplirent avec une grande promptitude,
et l'importance de ses services fut si bien
reconnue, qu'en 1768, le nombre des syn-
dics ayant été réduit à six, l'assemblée décida, sur une lettre de M. de Laverdy, contrôleur général, que M. Necker pourroit
prendre place au comité d'administration
toutes les fois qu'il le jugeroit convenable.

Si dans les comités M. Necker faisoit
remarquer la supériorité de ses vues sur les
matières de finance et de commerce , les
assemblées périodiques des actionnaires lui
offroient l'occasion de développer un talent
d'un autre genre , celui de parler en public
avec noblesse et clarté. Une fois , entre
autres , il eut à défendre le régime de l'administration contre Gerbier , avocat célèbre , dont l'éloquence étoit justement ad-
mirée au barreau, et l'on remarqua que si
l'improvisation de M. Necker n'étoit pas
également facile , elle étoit plus forte de
choses et d'idées.

Cependant les frais immenses d'administration , ou plutôt de gouvernement,
qui étoient à la charge de la compagnie

des Indes, diminuoient progressivement ses bénéfices, et il devenoit évident qu'elle ne pouvoit plus se soutenir qu'à l'aide d'un emprunt très-considérable. Dans ces circonstances, le gouvernement résolut sa destruction, et M. d'Invault, alors contrôleur général, chargea l'abbé Morellet d'attaquer les priviléges de la Compagnie, dans un mémoire dont toutes les données lui furent fournies par le ministère, et de convaincre les actionnaires que leur intérêt même exigeoit qu'elle fût supprimée. Ce mémoire fit sensation ; outre un grand nombre de faits présentés d'une manière frappante, il renfermoit, sur la liberté du commerce et sur les inconvéniens des compagnies privilégiées, des généralités tout au moins spécieuses, et qui ne pouvoient manquer d'être favorablement accueillies d'une partie du public.

Les négocians et les capitalistes qui étoient intéressés au maintien de la compagnie des Indes, les employés qu'elle faisoit vivre, recoururent à M. Necker, comme au seul homme capable de défendre leurs droits contre une attaque si redoutable. En effet, il falloit combattre dans le Mémoire de l'abbé Morellet, et le gouvernement qui en avoit encouragé la publication, et le crédit des

économistes qui en prenoient hautement la
défense , et enfin la force même des argumens , dont quelques-uns étoient très-diffi-
ciles à réfuter. Tant d'obstacles n'effrayèrent
point M. Necker, et il écrivit, avec une
incroyable rapidité , une réponse dont la
dialectique pressante et le style noble et
concis ne pouvoient manquer d'être ad-
mirés de ceux même qui ne partageoient
pas son avis sur l'objet de la discussion.

Dans l'assemblée périodique du 13 août
1769 , M. Necker prend la parole. Il reproche à son adversaire de s'être emparé,
pour attaquer les droits et l'existence de la
compagnie , des travaux préparés par les
députés des actionnaires , avant même que
leurs associés aient pu en prendre connoissance ; il retrace les nombreux services
rendus par la Compagnie à l'état et au commerce; il prouve que si les bénéfices ont
diminué , c'est que les frais dont elle est
grevée sont de véritables dépenses de sou-
veraineté, qui retomberoient à la charge
du roi , si le commerce des Indes étoit livré à la concurrence ; il affirme qu'à ce titre
la compagnie a des droits incontestables
aux secours du gouvernement ; il démontre
que l'emprunt nécessaire pour continuer
les opérations de la Compagnie, loin d'être

impraticable, comme le prétendoit l'abbé
Morellet, se réaliseroit avec la plus grande
facilité; enfin, tout en reconnoissant les
avantages de la liberté du commerce, il
indique d'une manière rapide quelles sont
les circonstances particulières au commerce de l'orient, qui l'exceptent de la
règle générale, et peuvent rendre nécessaire d'en confier la direction à une seule
volonté; mais surtout il insiste sur la différence qui existe entre établir et conserver, et fait sentir que les raisonnemens
mêmes qui s'opposeroient à la concession
d'un nouveau monopole, perdent leur force
lorsqu'il s'agit de renverser des droits acquis, et de détruire des existences fondées
sur ces droits.

Le discours de M. Necker fut couvert
d'applaudissemens, l'impression en fut demandée par une acclamation unanime, et
l'assemblée décida, à une forte majorité,
que la compagnie continueroit ses opérations. Toutefois cette délibération des actionnaires n'arrêta point la résolution prise
d'avance par le contrôleur-général. Un arrêt du conseil suspendit le privilége de la
compagnie des Indes, et l'année suivante termina son existence. Deux projets furent présentés pour liquider ses opérations; l'un, mis

b

en avant par l'abbé Morellet, et appuyé par M. d'Epresmenil, avoit pour but de transformer la compagnie en une banque d'escompte; l'autre, proposé par M. de Lessart, consistoit dans une cession pure et simple au gouvernement de toutes les créances actives et passives de la Compagnie. M. Necker se prononça en faveur du projet de M. de Lessart, à la conception duquel il avoit eu lui-même la plus grande part; son opinion entraîna celle de l'assemblée, et l'on accepta des conditions, onéreuses sans doute, mais auxquelles la raison conseilloit de se résigner.

Je me suis arrêté sur cette affaire de la compagnie des Indes, parce qu'elle fut l'origine des discussions entre les partisans de M. Necker et les économistes; discussions sur lesquelles les avis peuvent être partagés, mais où M. Necker conserva toujours deux grands avantages, la modération du style et l'élévation des sentimens. Il m'est doux de rappeler ici que la réponse de M. Necker au Mémoire de l'abbé Morellet, ne donna naissance à aucune animosité entre les auteurs de ces deux écrits, et que bien loin de là, M. l'abbé Morellet fut admis peu de temps après dans la société intime de M. et Mme Necker.

Nous avons vu que pendant l'administration de M. de Choiseul, M. Necker avoit été appelé à aider le trésor de son crédit. Une occasion semblable se représenta sous le ministère de l'abbé Terray, mais pour des sommes infiniment plus considérables. Cette grande opération, après laquelle M. Necker se retira du commerce, exige quelques explications.

Il est peu de gouvernemens qui ne consomment par avance une partie de leurs revenus futurs, et qui ne reportent cette dette flottante d'une année à l'autre par divers moyens de crédit. Dans l'ancien régime, les *anticipations,* c'étoit ainsi que l'on nommoit les assignations tirées par le trésor royal sur les impositions des exercices à venir, les anticipations, dis-je, se négocioient par l'intermédiaire unique d'un financier qui prenoit le titre de *banquier de la cour.* Cet usage vicieux, que M. Necker ne manqua pas de réformer lorsqu'il devint ministre, donnoit une importance excessive à ce financier, et un manque d'ordre ou de capacité de sa part entraînoit le trésor royal dans les plus graves difficultés. Dans un de ces momens de crise où le banquier de la cour étoit à la veille de suspendre ses payemens, le ministre eut recours au crédit de M. Necker,

qui, de concert avec de grandes maisons
de Londres et d'Amsterdam, fit au trésor
une avance de plusieurs millions (*). Le

(*) On sera peut-être curieux de connoître deux
traités que le gouvernement fit, dans cette circonstance,
avec MM. Thelusson, Necker, et Cie.

« Sur la demande d'un million qui a été faite à MM. The-
« lusson et Necker, de la part de M. le contrôleur-général,
« pour subvenir à des besoins pressans et inopinés de M. de
« Boullongne, ils ont consenti à faire cette avance aux
« conditions suivantes :

« Il leur sera remis,

« 1°. Pour un million de billets au porteur de M. de
« Boullongne, payables par égales portions aux 10, 20 et
« 30 juin, 10, 20 et 30 juillet de cette année ;

« 2°. Deux millions de rescriptions anciennes.

« Ils peuvent disposer, quand ils le jugeront à propos,
« de ces deux millions de rescriptions, s'ils préfèrent de se
« rembourser de leurs avances de cette manière ; *le prix*
« *en sera fixé à deux pour cent au-dessous du prix moyen*
« *des rescriptions pendant tout le courant d'avril pro-*
« *chain*, et le calcul en sera fait à compter du payement
« d'un million qu'ils ont avancé, et comme s'ils les avoient
« achetées ce jour-là.

« Dans le cas susdit, ils n'exigeront pas le payement
« des billets de M. de Boullongne, et ils les rendront au
« trésor royal.

« Mais si au contraire ils préfèrent de ne point se char-
« ger des rescriptions, ils les rendront au trésor royal et
« exigeront le payement des billets de M. de Boullongne ;
« bien entendu que dans ce dernier cas il leur sera tenu
« compte de l'intérêt de leurs avances, avec telle commis-
« sion que le ministre jugeroit à propos de fixer.

« Approuvé, ce 11 janvier 1772.

« *Signé* TERRAY.

« Et le dix février, M. le contrôleur-général s'étant de

ton des lettres écrites à ce sujet par les chefs du trésor royal à M. Necker, mérite d'être remarqué. « Nous vous supplions, « lui dit-on, de nous secourir dans la jour-« née. Daignez venir à notre aide, pour une « somme dont nous avons un besoin indis-

---

« nouveau adressé à MM. Thelusson et Necker pour un se-« cours de trois millions absolument nécessaires au service « du roi, ils ont agréé de faire cette avance contre des « billets de M. Micault d'Harvelay, garde du trésor royal, « payables un tiers dans le mois de juillet prochain, un tiers « dans le mois d'août et un tiers dans le mois de septembre, « époques des remboursemens désirés par M. le contrôleur-« général ; et en même temps il a été remis auxdits sieurs « Thelusson et Necker six millions trois cents vingt-cinq « livres de rescriptions anciennes, sur lesquelles ils seront « les maîtres de prendre leur remboursement en tout ou « en partie, en s'en chargeant, à compter de ce jour, à « deux pour cent au-dessous du prix auquel elles seront « dans le courant de juillet prochain ; mais s'ils préfèrent « d'exiger le payement des billets du sieur d'Harvelay, « il sera pourvu au dédommagement du service essen-« tiel qu'ils rendent en cette occasion, de la manière qui « sera estimée juste par M. le contrôleur-général, à qui « ils s'en rapportent entièrement.

« Approuvé, ce 10 février 1772.

« *Signé* TERRAY. »

On voit qu'il est difficile de traiter avec plus de loyauté et de désintéressement que ne le fait ici la maison de M. Necker, puisque en confiant des fonds au gouverne-ment, elle se contente de prendre en payement des effets publics à deux pour cent au-dessous de leur valeur éven-tuelle, à une certaine époque. Le bénéfice de cette opé-ration provint de la hausse qu'éprouvèrent plus tard les rescriptions anciennes.

« pensable. — L'on est à la veille du départ
« pour Fontainebleau, lui écrit-on encore,
« mais tous les passe-ports ne sont pas ex-
« pédiés, ils sont entre vos mains; le mo-
« ment presse, et vous êtes notre seule res-
« source : nous avons recours à votre amour
« pour la réputation du trésor royal. »
Quelle humilité, fruit du désordre ! et ne
croit-on pas entendre un fils de famille réduit aux expédiens, plutôt que les administrateurs des finances d'un grand empire !
Certes, il y a loin de là au langage noble et
fier du *Compte rendu.*

Au commencement de 1772, après avoir
terminé l'opération dont je viens de rendre
compte, M. Necker quitta le commerce, et
céda toutes ses affaires à M. de Germany
son frère, et à M. Girardot, sans se réser-
ver même le moindre intérêt dans cette
nouvelle maison de commerce. M. Necker
avoit alors quarante ans ; il en avoit consacré vingt-cinq à se créer une existence
honorable ; et comme la richesse n'avoit
jamais été pour lui un but, mais un
moyen, dès l'instant qu'il eut acquis une
fortune suffisante pour lui promettre les
plaisirs de l'indépendance et de la générosité , il quitta avec empressement
un genre d'occupations qui depuis long-

temps le fatiguoit. M. Necker a souvent répété qu'à l'époque où il se retira du commerce, il avoit acquis un tact si prompt pour discerner les affaires avantageuses, qu'un très-petit nombre d'années lui auroit suffi pour accroître sa fortune dans une proportion immense; mais que les jouissances du luxe ne lui avoient pas paru pouvoir entrer en balance avec l'ennui d'une occupation monotone, qui ne lui offroit plus aucune idée nouvelle à acquérir.

Tandis que M. Necker accroissoit sa fortune par le travail et l'économie, aucun genre de sacrifice ne lui coûta jamais pour la bienfaisance et pour l'amitié.

Il seroit difficile de donner une juste idée, je ne dis pas de la générosité, je ne dis pas du désintéressement de M. Necker, mais de cette abnégation complète de toute idée personnelle, qui ne lui a jamais permis de conserver le souvenir de ses propres bienfaits, ni de s'irriter de l'ingratitude, lorsque, plus tard, il ne l'a que trop souvent éprouvée. « Il paroît s'apercevoir si « peu des obligations qu'on lui a, disoit « M. Dubuc, qu'il mettroit à son aise le « plus ingrat des hommes. »

Un passage du portrait de M. Necker, imprimé par sa femme en 1785, peindra,

mieux que je ne saurois le faire, cette générosité parfaite, vertu si rare lorsqu'elle
s'allie à des habitudes d'ordre et d'économie. Ce passage est déjà cité dans l'écrit de
ma mère sur le caractère et la vie privée
de M. Necker; mais que puis-je faire de
mieux que de me laisser guider par elle,
et de reproduire quelques-uns des traits
qu'elle a tracés !

« M. Necker a quitté les affaires dans
« un moment où il pouvoit décupler sa
« fortune, simplement parce qu'il étoit
« ennuyé d'un genre de travail qui ne lui
« présentoit plus rien d'attrayant ni de
« nouveau ; et cette fortune même eût été
« double, si un sentiment trop subtil pour
« mériter le nom de vertu, ne l'eût engagé
« à la partager avec son ancien associé. Je
« tentai vainement alors de le fixer encore
« quelque temps à des occupations qui n'é-
« toient plus de son goût : il se sépara ab-
« solument de la maison qu'il avoit formée,
« et en abandonnant ainsi un fonds qui lui
« appartenoit, il ne s'y réserva aucun inté-
« rêt, ni même aucune facilité d'y faire va-
« loir son argent, sous quelque dénomi-
« nation que ce pût être ; il le retira et me
« le remit en entier, sans garder à sa dispo-
« sition ni un seul papier, ni la plus légère

« somme. Depuis ce temps je m'en suis
« seule occupée ; j'ai acheté, vendu, affer-
« mé, bâti, placé, disposé de tout à mon
« gré, sans presque oser lui en parler,
« ayant éprouvé au premier mot, ou de
« l'humeur, ou les marques du plus mortel
« ennui. La fortune n'a plus attiré ses re-
« gards, que dans le seul moment où, par
« un sentiment estimable, il voulut en dé-
» poser la plus grande partie au trésor
« royal ; car elle devint alors un objet pu-
« blic digne de son attention. Après sa re-
« traite, dans toutes les révolutions des
« contrôleurs-généraux, rien n'a pu le dé-
« terminer à reprendre ce dépôt dont on
« lui paie un intérêt fort au-dessous de ce-
« lui que rendent les fonds publics. Il m'a
« cédé de si bonne foi et depuis si long-
« temps le maniement de ses affaires, qu'il
« en a oublié jusqu'à la propriété, et qu'il
« est reconnoissant quand je fais une dé-
« pense à sa prière, et timide quand il me
« la propose. Notre intérieur présente à
« cet égard le contraste aimable et risible
« d'un grand génie en tutelle, d'un homme
« qui pourroit gouverner la fortune des
« Deux-Indes, et dont l'insouciance pour
« l'argent est si bien reconnue, que ses do-
« mestiques la prennent pour de l'ineptie,

« et que les plus petits détails qui le concer-
« nent me sont rapportés, sont décidés et
« exécutés sans qu'on pense à l'en in-
« struire.

« Cependant, dès que M. Necker gou-
« verna les finances, il devint économe
« sévère de la fortune publique. L'argent
« n'étant qu'une image et un équivalent
« général, le sien ne lui promettoit de jouis-
« sances qu'en le répandant ; mais celui du
« trésor royal lui parut sacré, car il lui re-
« présentoit le bonheur du peuple. »

Pour ne pas interrompre la narration des
faits qui se rapportent à la carrière commerciale de M. Necker, j'ai différé de parler de son mariage. Cette union, qui eut une
si grande influence sur la direction et sur le
bonheur de toute sa vie, m'oblige à entrer
dans quelques détails, bien intimes peut-
être, mais auxquels leur sincérité même
prêtera quelque intérêt.

M. Necker avoit dans sa jeunesse, et a
conservé jusqu'aux derniers jours de sa vie
une pureté de sentimens, une délicatesse
d'imagination qui approchoit du romanes-
que. Une femme étoit pour lui un être idéal
entouré de tant de charmes et doué de tant
de vertus, que toujours dans la réalité quelque chose restoit au-dessous de l'image

qu'il s'en étoit tracée. Cette disposition, plus encore peut-être que la sévérité de sa morale et le grand nombre de ses occupations, contribua long-temps à le détourner de l'amour. Il avoit près de trente ans, lorsqu'il conçut un sentiment très-vif pour une veuve, jeune, belle, douée d'un esprit animé et des manières les plus séduisantes. Il la demanda en mariage. Madame de V***, touchée de son affection, ne refusa point sa main ; mais obligée de voyager pour sa santé, elle remit à son retour à lui donner une réponse décisive. L'absence refroidit bientôt le sentiment de madame de V*** ; son imagination lui présenta peut-être un sort plus brillant que celui qui lui étoit offert, et elle écrivit à M. Necker, au bout de quelques mois de séparation, qu'elle lui rendoit sa liberté.

Appelée à Genève par l'immense réputation du docteur Tronchin, elle y fit connoissance avec une personne qui tenoit de la supériorité de son esprit et de l'élévation de ses sentimens une existence sociale que la fortune lui avoit refusée. Mademoiselle Susanne Curchod, fille d'un ministre du Saint-Évangile, avoit reçu de son père les seuls biens qu'il possédât, une instruction remarquable et une vertu sans tache. Avant

l'âge de vingt ans, elle avoit une connoissance parfaite des différentes littératures
modernes et des langues classiques; les auteurs latins entre autres lui étoient si fa-
miliers, qu'elle a conservé toute sa vie
l'usage de s'en faire lire à haute voix les passages les plus remarquables. A ces avantages acquis, elle joignoit un esprit distingué,
une beauté régulière, des traits fins, une
taille élevée, et des manières pleines de noblesse et de dignité, bien qu'un peu apprê-
tées (*). Née de parens sans fortune, elle
avoit été obligée de pourvoir à son entretien en se vouant à l'enseignement, et la

---

(*) L'on sait que Gibbon avoit été fort amoureux de
mademoiselle Curchod, mais que son père ne voulut pas
consentir à ce qu'il l'épousât. Gibbon avoit eu dès sa première jeunesse les mœurs et les goûts d'un érudit de l'âge
le plus mûr; l'emploi de chacune de ses heures étoit
réglé avec une méthode que rien ne dérangeoit, et l'on
peut voir, dans les Mémoires imprimés après sa mort,
qu'il tenoit note de ses déclarations à mademoiselle Curchod, comme de ses lectures et de ses extraits des histo-
riens de l'antiquité. Je possède encore la plupart de ses
lettres à ma grand'mère : jamais passion n'a été expri-
mée en style plus correct et plus compassé ; après avoir
peint sa tendresse, il ne manque jamais de finir par : *J'ai*
l'honneur d'être, mademoiselle, avec les sentimens qui
font le désespoir de ma vie, votre très-humble et très-
obéissant serviteur, ou par quelque autre formule de
ce genre, qui lui paroissoit sans doute allier d'une manière délicate le respect avec la passion.

victoire journalière qu'elle remportoit sur elle-même, en persévérant dans une carrière pénible où l'amour-propre étoit souvent exposé à souffrir, avoit donné quelque chose d'un peu roide à son caractère. L'empire du devoir s'étoit de plus en plus fortifié dans son cœur; sévère envers elle-même, elle se sentoit moins portée à accorder aux autres une indulgence dont elle n'avoit pas besoin; et la vie se présentoit à son esprit comme un enchaînement de travaux dirigés vers différens buts, plutôt que comme une jouissance calme des plaisirs que la Providence a semés sur la terre.

L'esprit et les manières de mademoiselle Curchod formoient sur presque tous les points un contraste avec madame de V***; mais ce contraste ne s'opposa point, peut-être même contribua-t-il à l'attrait qu'elles ressentirent bientôt l'une pour l'autre. Madame de V*** proposa à mademoiselle Curchod de la mener à Paris, et celle-ci accepta avec reconnoissance une offre qui lui donnoit les moyens d'étendre la sphère de ses idées, et l'espoir d'entrer en relation avec quelques-uns des hommes supérieurs dont elle apprécioit déjà si vivement les écrits. Lorsqu'on félicitoit madame de V*** sur sa liaison avec une personne aussi distinguée : *Oui*, répondoit-elle, *je me l'attache*; et l'arrogance aristocratique de cette expression paroissoit étrange, dans un pays républicain où mademoiselle Curchod avoit acquis, par son mérite, l'estime et l'affection générale.

Pendant que madame de V*** avoit été absente de Paris, la fortune et la considération de M. Necker s'étoient accrues, et il devenoit manifeste que ses talens l'appeloient à une destinée brillante. L'ambition, réveillant dans le cœur de madame de V*** une affection qui n'étoit qu'assoupie, elle revint en France, persuadée qu'elle reprendroit sans peine son empire sur un homme qui l'avoit aimée. Mais elle se trompoit; plus l'âme de M. Necker étoit sensible, plus elle étoit fière et délicate, et après un premier refus, il lui étoit devenu impossible d'accepter un sentiment qui ne lui paroissoit pas étranger à tout autre intérêt que celui du sentiment même.

M. Necker ne put voir mademoiselle Curchod sans être frappé de sa beauté, et sans admirer en elle une âme élevée et un esprit distingué; c'étoit d'ailleurs une séduction bien puissante, que l'idée d'embellir le sort de la femme qu'il choisissoit, de lui assurer une existence plus digne d'elle, et d'offrir toutes les jouissances de la fortune à une personne qui en étoit entièrement dénuée. Mademoiselle Curchod partagea bientôt le sentiment de M. Necker, et accepta sa main. Ce mariage causa à madame de V*** une peine très-vive, dont la trace ne s'effaça jamais entièrement de son cœur; mais l'on doit dire à sa louange, comme à celle de madame Necker, que leur relation n'en fut point altérée.

Ce fut en 1764 qu'eut lieu le mariage de M. Necker. Depuis cette époque jusqu'à la mort de sa femme, trente années se sont écoulées pendant lesquelles ces deux époux ont vécu dans l'union la plus vertueuse et la plus passionnée dont l'histoire, et je dirois presque les ouvrages de fiction, puissent offrir le modèle. C'est une consolation bien rare pour un homme d'état, que de trouver dans la compagne de sa vie un être capable de s'associer à toutes ses pensées, d'adoucir toutes ses peines, de partager toutes ses émotions. Cette consolation, M. Necker l'a méritée par une délicatesse de sentimens sans égale. Pendant trente ans, il n'a pas cessé un instant d'être occupé du bonheur de sa femme : il a constamment étudié ses vœux secrets, ses désirs les plus fugitifs;

et, en les satisfaisant, il a toujours eu soin
de donner à ses actions l'apparence de son
propre vœu. Ainsi, sans avoir naturellement les mêmes goûts qu'elle, sans aimer,
comme elle, exclusivement la conversation
des gens de lettres, jamais il n'a troublé,
jamais il n'a altéré un moment ses jouissances, en laissant voir qu'il ne partageoit
pas avec le même intérêt, le genre de distraction qui lui étoit le plus agréable. Avec
le besoin de lui tout confier, il lui a toujours
caché les circonstances qui pouvoient lui
causer de l'inquiétude ou de la tristesse.
Jamais il ne lui a fait répandre une larme ;
et il a dit souvent, que sa conduite envers
sa femme étoit la seule portion de sa vie qui
ne lui laissât aucun regret, ni dans le cœur,
ni dans l'esprit.

Lorsque M. Necker se maria, j'ai lieu
de croire que son désir étoit de quitter le
commerce, après y avoir consacré encore
un petit nombre d'années, et de se livrer
ensuite uniquement à l'étude des lettres et
aux plaisirs de la vie sociale ; mais l'influence de sa femme changea la direction
de ses pensées. Il y a des hommes qui ont
besoin qu'on leur donne le secret de leurs
propres forces, et de grands talens sont
peut-être restés enfouis, faute d'une im-

pulsion qui les révélât à ceux mêmes
qui les avoient reçus de la nature. Madame Necker crut voir que des occupations
littéraires ne suffiroient point au bonheur
de son mari, que de grands travaux politiques pouvoient seuls occuper toutes ses
facultés, et que les jouissances de la gloire
étoient nécessaires à un homme qui mettoit si peu de prix à celles de la fortune.
Dès lors toutes ses pensées se dirigèrent
vers ce but, et guidée soit par le désir de
faire connoître son époux, soit par une
louable ambition qui l'attiroit elle-même
vers tous les genres de supériorité, et surtout de supériorité intellectuelle, elle s'occupa de réunir autour d'elle ces écrivains,
ces philosophes qui ne disposoient point
du pouvoir, qui, parfois même le combat-
toient, mais dont les jugemens servoient de
guide à l'opinion du public.

La maison de madame Necker devint
bientôt le centre de tout ce que la France
littéraire offroit de plus brillant. Les bornes de cette notice m'interdisent de faire le
tableau de cette réunion de gens illustres,
dont la Correspondance de Grimm, les
Mélanges de madame Necker, et tous les
Mémoires du temps peuvent donner l'idée.
Il me suffira de rappeler ici les noms des

hommes les plus distingués qui compo-
soient sa société habituelle : Buffon, Thomas, Saint-Lambert, Suard, Marmontel,
Saurin, Duclos, Diderot, d'Alembert, Rul-
hière, Laharpe, Guibert, Grimm, Meïster,
l'abbé Raynal, l'abbé Arnaud, l'abbé De-
lille, l'abbé Morellet, le maréchal de Beauvau, le marquis de Chastellux, le duc d'Ayen,
M. Dubucq, le comte de Creutz, le marquis de Caraccioli, l'abbé Galiani, s'atti-
roient mutuellement dans une maison où
se trouvoient rassemblées la plupart des
richesses intellectuelles du dix-huitième
siècle. Mais on se tromperoit fort si l'on
croyoit que la conversation de ces hommes
supérieurs fût un plaisir sans mélange; bien
loin de là, il falloit en acheter la jouissance
par un travail continuel, par une tension
d'esprit non interrompue. Que d'amours-
propres à ménager! que de prétentions de
tout genre à concilier! Une lecture étoit une
affaire d'état qu'il falloit préparer de longue
main, et où une distraction de la part des
auditeurs, une critique trop franche, un
applaudissement trop peu redoublé, suffisoient pour faire naître des haines impla-
cables. Madame Necker s'appliquoit sans
relâche à cette espèce d'administration littéraire et sociale; tous les instans de sa vie

étoient remplis par quelque occupation ;
son attention se portoit sur tous les détails.
Un jour qu'elle avoit égaré les tablettes où
elle écrivoit tous les matins la destination
de chacune de ses heures , M. Necker les
retrouva, et y lut en riant ces mots : *Relouer
plus fort M. Thomas sur le chant de la
France, dans son poëme de Pierre-le-
Grand.* Madame Necker a dit d'elle-même :
J'emploie trop exactement mon loisir, pour
pouvoir en jouir à mon aise.

Je possède une collection nombreuse de
lettres adressées à mes parens par les hommes les plus marquans du dix-huitième
siècle, depuis la fin du règne de Louis xv
jusqu'à la révolution. Ma mère avoit eu un
instant l'idée d'en imprimer le recueil ,
mais elle y a renoncé , et je dois y renoncer
comme elle. J'aurois trouvé sans doute une
vive satisfaction à rendre publics les éloges
prodigués à l'administration et aux écrits
de M. Necker, par des juges éminens dont
l'autorité ne pourroit être contestée ; mais
plusieurs motifs m'ont retenu. D'une part
je doute qu'il soit permis d'imprimer, sans
y avoir été formellement autorisé, les lettres
des personnes mêmes dont le nom appartient déjà à l'histoire ; et d'ailleurs j'ai eu
de la répugnance à mettre au jour tout ce

conflit de prétentions littéraires, et à montrer si petits, par leur vanité, des hommes
dont les écrits ont puissamment contribué
aux progrès de l'esprit humain. C'eût été
donner des armes à la médiocrité, qui n'en
cherche déjà que trop contre le talent. A un
petit nombre d'honorables exceptions près,
ces lettres sont écrites avec tant d'apprêt
et d'un style si ampoulé, que l'on s'efforce
en vain d'y trouver une expression simple
ou un sentiment naturel. Il y a des époques
dans l'histoire des hommes où, les mœurs
étant en désaccord avec les idées, l'exagération des paroles est poussée d'autant plus
loin que l'on est moins appelé à y conformer ses actions ; ces époques, et le dix-
huitième siècle en est peut-être une, prê-
tent toujours plus ou moins au ridicule ;
ce sont des périodes de transition, des écha-
faudages qui tombent après avoir servi à
élever un nouvel édifice.

On a quelquefois reproché au salon de
madame Necker d'être une espèce d'académie, où des hommes d'esprit prenoient
alternativement la parole, et demandoient
tour à tour à être écoutés en silence. Ce
reproche n'étoit pas dénué de tout fondement, et M. Necker le sentoit mieux que
personne ; un homme constamment occupé

de travaux sérieux, devoit désirer, dans les
plaisirs de la société, un délassement à la fois
plus animé et plus facile ; mais sa tendresse
pour sa femme lui faisoit trouver du charme à se prêter à tous ses goûts ; d'ailleurs
M. Necker avoit peu de penchant pour se
mettre en avant dans la conversation ; son
esprit n'étoit pas exempt de paresse ; à
moins que quelque haute question de morale ou de politique ne l'entraînât presque
malgré lui à monter le pouvoir de son
éloquence, il préféroit le rôle de spectateur,
et sous ce rapport un entretien soutenu
auquel il assistoit, sans être obligé d'y prendre une part active, s'accordoit assez bien
avec sa disposition habituelle. Un autre
penchant de son esprit trouvoit amplement à se satisfaire dans une société nombreuse où chacun vouloit avoir sa part de
succès, et où les efforts outrés de l'amour-
propre faisoient quelquefois manquer le
but. M. Necker avoit pour la satire un
goût et un talent décidé ; talent dont on
peut se faire quelque idée par son petit
écrit sur *le Bonheur des sots*, et, dans un
genre plus sérieux, par différens morceaux
de ses ouvrages politiques. Cette satire n'é-
toit jamais mêlée d'amertume, et s'arrêtoit
toujours devant la crainte de causer une

peine réelle; mais aucun ridicule, aucun
manque de tact, aucune exagération de
sentimens ou de paroles ne lui échappoit.
Le plus souvent M. Necker ne manifestoit
pas sa pensée; mais un sourire, un geste
la révéloient à ceux qui avoient l'habitude
de l'observer, et surtout à sa fille, qui de
bonne heure s'est associée à toutes ses pensées avec une merveilleuse sympathie.

M. Necker étoit fort sensible à l'esprit;
il récompensoit vivement par ses éloges les
preuves d'intelligence ou d'habileté qu'on
lui donnoit, fût-ce dans des choses de peu
d'importance; mais il étoit sévère pour le
manque de capacité, et impitoyable pour la
médiocrité vaniteuse. Un trait fugitif, une
nuance légère suffisoit pour lui faire porter
des jugemens qui rarement l'induisoient en
erreur, et dont il n'étoit pas facile de le faire
revenir. Cette disposition, qui lui étoit naturelle, s'accrut encore pendant sa carrière
publique; quand on est appelé à traiter
en grand avec les hommes, il faut appren-
dre à les connoître avec promptitude; et
lorsqu'on a découvert par le tact de l'esprit, la justesse de certains indices, on est
obligé de s'en faire des règles invariables,
parce que le temps manque pour s'arrêter
aux exceptions. M. Necker pensoit que le

véritable esprit doit être propre à tout, et se
manifester en toute occurrence ; et lorsqu'un littérateur, un poète, un philosophe
se montroit incapable des affaires de la vie
commune, il ne l'attribuoit pas à l'élévation
de son génie, mais à l'absence de cet équilibre dans les facultés qui constitue la véritable force intellectuelle.

Une anecdote bien familière, sans doute,
mais assez caractéristique, me sera peut-
être pardonnée. Un jour, à table, on avoit
cité devant M. Necker ce mot de Milton :
Qu'il n'y a de bonne éducation que celle qui
rend un homme propre à tous les arts de la
paix et de la guerre ; et M. Necker avoit
ajouté qu'en effet la réunion de facultés différentes faisoit seule les hommes vraiment
supérieurs, et qu'un esprit distingué, même
celui d'un grand écrivain, n'auroit jamais
droit à une admiration entière de sa part,
s'il n'étoit pas applicable aux affaires de la
vie, et joint à de l'usage du monde. « Tenez,
« dit-il à la personne qui étoit assise auprès
« de lui, vous allez voir dans quel embarras
« je vais mettre M. Thomas, en lui deman-
« dant des petits pois. » En effet, à peine
l'auteur de *l'Essai sur les éloges* eut-il entendu cette demande, que toute sa physionomie exprima l'étonnement où il étoit,

qu'une parole si familière pût être adressée
à un homme comme luï, à un académicien,
à un poète. Puis levant les bras en l'air, re-
jetant ses manchettes en arrière, il deman-
dòit d'un ton solennel une assiette, ... une
fourchette, ... non une cuiller; et tous ses
gestes témoignoient un embarras extrême.
'M. Necker sourit, et envoya un valet de
chambre au secours de M. Thomas, ne
voulant pas prolonger plus long-temps une
si pénible épreuve.

En 1773, l'Académie Françoise proposa
pour sujet de son prix annuel l'éloge de
Colbert, et M. Necker se mit sur les rangs.
Les éloges académiques jouent un grand
rôle dans la dernière moitié du dix-huitième siècle : ces compositions cérémonieuses
qui sont, pour ainsi dire, à la littérature ce
que le menuet est à l'art de la danse, devoient plaire à une société factice d'où l'influence de la cour et l'empire des formes
conventionnelles avoient presque banni
toute originalité native. Dans les pays libres,
ce n'est point par des éloges d'apparat qu'on
célèbre la mémoire des grands hommes,
c'est en suivant leurs traces, c'est en restant fidèle à leurs principes, et en faisant
fleurir les institutions qu'ils ont fondées.
Du reste, quelque opinion que l'on ait sur

le genre des éloges en général, il est impossible de lire celui de Colbert par M. Necker, sans être frappé de la dignité du style et de la facilité avec laquelle les plus importantes questions de la science économique y sont abordées. L'Académie et le public en jugèrent ainsi; le discours de M. Necker fut couronné, et l'on discerna, dès lors, dans celui qui avoit loué Colbert avec tant de profondeur, un homme capable d'en occuper dignement la place. Quelques personnes prétendirent que M. Necker avoit moins cherché à peindre l'administration de Colbert qu'à diriger l'attention publique sur lui-même, et à montrer quels sentimens et quels principes lui serviroient de guide, s'il étoit appelé à régir les finances du royaume. J'ignore si ce reproche a quelque fondement, mais je n'ai point d'intérêt à le repousser : il est permis, il est commandé, peut-être, à ceux qui ont reçu du ciel des talens supérieurs, de rechercher les postes éminens d'où ces talens peuvent répandre une lumière bienfaisante : que l'on flétrisse d'un juste mépris l'ambition qui ne s'attache qu'à l'argent et au pouvoir; mais y a-t-il dans l'ordre des choses humaines, un plus noble mobile de nos actions que l'amour de la gloire et l'enthousiasme du bien public?

M. Necker, dans son discours, commençoit par faire le tableau des qualités d'un grand administrateur; il retraçoit ensuite les principales opérations de Colbert, et il finissoit par rassembler dans une série de notes les raisonnemens d'économie politique qui auroient ralenti la marche de son ouvrage. Mais en louant Colbert, M. Necker s'étoit élevé contre quelques-uns des principes absolus des économistes; il avoit osé nier que la terre fût la seule source de la richesse, et qu'un impôt unique levé sur les propriétaires pût se répartir également entre eux et les consommateurs; enfin, il s'étoit prononcé pour le système de Colbert en fait de commerce des grains, ou plutôt il avoit cherché à montrer que dans cette importante question, aucun système permanent ne pouvoit dispenser le gouvernement d'observer avec soin les circonstances, et d'y conformer la législation. *Inde iræ :* dès lors commença cette suite d'attaques dirigées contre M. Necker, par tous les écrivains économistes, depuis Condorcet jusqu'à l'abbé Beaudeau, depuis Condillac jusqu'à l'abbé Roubaud; attaques qui devinrent bien plus vives, lorsque, deux ans plus tard, M. Necker publia son ouvrage *sur la Légis-*

lation et le Commerce des grains. Une lettre adressée par Condorcet à M. Necker fut le manifeste de la guerre : lettre bien curieuse par la verve caustique du caractère et de l'expression.

L'étendue de cette Notice n'admet point l'exposition détaillée des principes des économistes, et encore moins la longue énumération des écrits sur le commerce des grains qui ont paru en France, depuis 1754 jusqu'à la révolution ; mais il ne sera pas superflu de retracer en peu de mots l'histoire des discussions entre M. Necker et les économistes.

Avant l'année 1763, le commerce des grains, dans l'intérieur même de la France, étoit soumis à des restrictions sans nombre. Les douanes placées sur les frontières de chaque province en arrêtoient la circulation, et il n'étoit pas rare de voir une généralité souffrir de la disette, tandis que dans la généralité voisine le blé se vendoit à vil prix. L'on réclamoit depuis long-temps contre un pareil ordre de choses, lorsque enfin, en 1763, une déclaration affranchit le commerce des grains dans l'intérieur de la France. Le gouvernement ne se borna pas à cette mesure. Un édit rendu l'année suivante, sous l'influence des écrivains économistes, abrogea toutes les lois prohibitives qui avoient existé jusqu'alors, autorisa les emmagasinemens, et permit le commerce des grains aux étrangers aussi-bien qu'aux regnicoles. Les années qui suivirent cet édit furent malheureuses, le midi de l'Europe eut à souffrir toutes les horreurs de la famine ; en 1769 et 1770, les blés s'élevèrent en France à des prix excessifs, et le parlement de Paris, qui avoit reçu l'édit de 1764 avec acclamation, fut le premier à faire revivre les anciennes prohibitions et tous les règlemens sur l'accaparement, le monopole, etc.

« L'esprit humain, a dit Luther, res-« semble à un paysan ivre qui voyage à « cheval ; il penche d'un côté ; le redresse-« t-on, il penchera de l'autre. » Et cependant l'homme et le cheval avancent. Cette vérité peut s'appliquer aux nombreuses lois sur le commerce des grains qui se sont succédées en France, lois absolues et contradictoires, dont chacune détruisoit l'autre en se fondant sur des principes toujours invariables et toujours différens.

Ce fut en 1770, dans un moment où l'extrême cherté des grains faisoit adresser à l'édit de 1764 des reproches qu'il ne méritoit peut-être pas plus que les éloges pas-

sionnés de ses partisans ; ce fut , dis-je , en
1770 , que parurent les *Dialogues sur le
commerce des blés*. Ces Dialogues, dont on
a dit avec exagération qu'ils donnoient à
l'abbé Galiani des droits au titre d'homme
de génie, sont écrits sous une forme moitié
socratique, et moitié burlesque ; une foule
d'idées justes ou brillantes et de traits pi-
quans y sont disséminés ; mais il est permis de trouver qu'ils ne laissent pas dans
l'esprit de résultat bien satisfaisant, et l'on
se lasse bientôt de voir tant de plaisanteries triviales mêlées à la discussion des
intérêts les plus sérieux de la société. Cet
ouvrage, où l'abbé Galiani se prononçoit
pour de certaines restrictions au commerce des grains, suivant les localités et
les circonstances, fut l'objet d'un grand
nombre d'attaques de la part des écrivains
économistes, jusqu'à ce qu'enfin le ministère de M. Turgot, et l'arrêt du conseil du
13 septembre 1774, donnèrent gain de
cause aux partisans de la liberté illimitée.

Le préambule de cet arrêt contient, on
ne sauroit le nier, le résumé des vrais
principes de la science, en ce qui concerne
du moins le commerce intérieur. Mais en
vain proclamoit-on ces principes dans un
pays où tant d'obstacles moraux et physi-

ques s'opposoient encore à ce que les grains
devinssent l'objet d'un commerce régulier.
Il ne suffit pas de faire dire au roi : Nous
encourageons, nous favorisons le commerce des blés, pour que des canaux soient
ouverts, pour que des routes soient tra-
cées, et qu'une marchandise de si grand
encombrement parcoure sans difficulté la
vaste étendue de la France. De même il ne
suffit pas de déclarer *ex cathedrâ*, que le
blé est une marchandise comme une autre,
que la haine contre les accapareurs est un
préjugé, que le commerce libre est le seul
moyen de donner de la fixité aux prix ; que
le gouvernement ne doit point se charger
de pourvoir à la subsistance du peuple :
cela ne suffit pas, dis-je, pour que les
préjugés disparoissent, pour qu'à l'ignorance et à l'apathie, fruits déplorables du
despotisme, viennent succéder immédiatement les lumières et l'activité, qui sont
les conditions premières de la liberté du
commerce des grains. L'économie politique
doit, comme la mécanique, rechercher
quelle est la loi des différentes forces ; mais,
comme la mécanique aussi, elle doit tenir
compte des frottemens et des résistances.
C'est là ce que les économistes n'ont jamais
su reconnoître ; et quoique M. Turgot ait

dit spirituellement : « Il ne faut pas se
« fâcher contre les choses, car cela ne leur
« fait rien du tout ; » il n'est point d'hommes
qui aient moins observé les faits que les
économistes, et qui aient eu plus d'humeur,
lorsque ces faits opposoient quelque obstacle
à l'établissement de leurs théories.

Les esprits indépendans se révoltent
contre le despotisme des maximes générales, comme les caractères fiers contre celui des gouvernemens absolus : c'est là surtout ce qui engagea M. Necker à réfuter
les économistes. Personne, plus que lui,
n'observoit la nature humaine avec profondeur et sagacité. Son esprit étoit plein
de nuances, et il trouvoit à la fois plus
ingénieux et plus utile d'étudier les faits,
de distinguer parmi les préjugés existans
ceux que l'on pouvoit vaincre et ceux qu'il
falloit ménager, que de se contenter de
tracer sur le papier un gouvernement normal, sans examiner jusqu'à quel point il
étoit en rapport avec l'état des choses et de
l'opinion. Je ne donnerai point ici l'analyse
de l'ouvrage de M. Necker *sur la Législation et le Commerce des grains* ; il forme
le début de la collection de ses OEuvres,
et j'y renvoie mes lecteurs. On verra qu'il
est le fruit de la combinaison réfléchie de

différens systèmes, plutôt que celui d'un
système nouveau ; mais en lisant cet écrit
si remarquable par la beauté des sentimens
et la finesse des observations morales, on
doit se rappeler qu'il est antérieur aux
Recherches sur la Richesse des nations,
et à plus forte raison aux découvertes modernes qui semblent destinées à donner un
caractère tout nouveau à la science de l'économie politique.

L'ouvrage de M. Necker parut en 1775,
et excita la plus vive sensation. La mauvaise apparence de la récolte et la cherté
des grains, que plusieurs partisans du système prohibitif attribuoient à l'arrêt de
M. Turgot, causoient à cette époque de graves inquiétudes, et ces inquiétudes dégé-
nérèrent bientôt en séditions, dont le gouvernement crut devoir faire juger prévôta-
lement les auteurs (*). Quelques économistes ardens prétendirent accuser l'ouvrage
de M. Necker de ces désordres: je ne m'arrêterai pas à justifier ses intentions trop

---

(*) Le parlement ayant supplié le roi de prendre des
mesures pour faire baisser le prix du pain, des mous-
quetaires furent envoyés à l'imprimerie, avec ordre de
faire briser devant eux les planches de l'arrêt. Le parlement fut mandé à Versailles, et reçut du roi la défense
expresse de faire aucunes remontrances.

hautement garanties par son caractère moral ; je me contenterai de faire observer à
quel point il est absurde d'attribuer à un
ouvrage de philosophie économique, une
influence immédiate sur des hommes qui
vivent du travail de leurs mains, et que
l'ignorance et la misère ne poussent que trop
facilement à des excès. Certes, dans un pays
où l'ouvrage de M. Necker sur le commerce des blés seroit à la portée des dernières classes du peuple, on auroit peu à
redouter le pillage des magasins et des convois. Quoi qu'il en soit, cet ouvrage ne cessa
pas d'être en butte aux attaques les plus violentes de toute la secte des économistes,
depuis les chefs de la doctrine, jusqu'à la
foule des imitateurs, qui répétoient à tout
venant des maximes apprises à peu de frais.

Lorsque l'on parle des économistes, le
mot de *secte* est presque toujours celui
qu'on emploie, et ce n'est pas sans raison ;
car tous les caractères des sectes religieuses se retrouvent dans les disciples de Ques-
nay : même zèle, même croyance aveugle à
de certains dogmes, même intolérance
pour les opinions différentes des leurs,
même indulgence pour toutes les erreurs
de leurs partisans, pourvu qu'elles ne com-
promettent pas la doctrine ; enfin même

d

persévérance inébranlable dans leur foi.
Aujourd'hui que l'économie politique a
changé de face, on trouveroit encore tel
homme, fort instruit d'ailleurs des progrès
de la science, qui ne laisseroit échapper
aucune occasion de protester en faveur de
l'impôt territorial unique. Il seroit toutefois
fort injuste de ne pas convenir que les phy-
siocrates sont les premiers qui aient commencé à donner à l'économie publique le
caractère d'une science, et de ne pas reconnoître que cette école compte parmi
ses membres quelques hommes de génie,
et plusieurs citoyens vertueux, animés pour
le bien public de la passion la plus désinté-
ressée. Qui pourroit prononcer sans respect les noms de Turgot et de Dupont de
Nemours ?

Laissez faire, *laissez passer*, est la devise connue des économistes : cette maxime, quoique le plus souvent salutaire, n'en
est pas moins, dans l'extension illimitée que
lui donnoient les économistes, une doctrine de paresse qui repose sur un paralo-
gisme. En effet, voici le raisonnement vicieux qui lui sert de base (*). Les gouver-

---

(*) Il est loin de ma pensée de vouloir prendre ici la
défense des systèmes prohibitifs. Je n'ignore point les
nouveaux argumens en faveur de la liberté du com-

nemens, dit-on, gênent l'industrie, entravent le commerce par une foule de règlemens de police ; ces règlemens sont mauvais, ils sont contraires aux principes de l'économie politique : donc il suffit d'abolir toute police, pour que l'industrie individuelle choisisse les routes les plus profitables et que les capitaux viennent y affluer. La plupart des gouvernemens, pourroit-on dire aussi, ont assujetti la transmission des propriétés à des conditions iniques ou absurdes ; les propriétés comme les personnes en ont souffert : donc il faut abolir toute législation civile, et s'en remettre au bon sens et à la droiture des individus. Le sophisme se montreroit ici plus à découvert, et pourtant le raisonnement seroit le même. La plupart des gouvernemens manquent de lumières, sans doute ; mais s'ensuit-il que les individus n'en manquent jamais,

---

merce, que fournissent les découvertes récentes de l'économie politique, et en particulier cette belle théorie sur l'origine de la rente, que Malthus a inventée, que Ricardo a développée, et dont Torrens a fait une application lumineuse au commerce des grains. Mais un principe vrai peut être défendu par de mauvais raisonnemens, et une idée juste en elle-même, appliquée sans discernement, peut amener des résultats opposés à ceux qu'on se croyoit en droit d'attendre ; c'est en cela que consistoient les erreurs des économistes, et que les réponses de M. Necker étoient victorieuses.

qu'ils ne soient pas exposés à commettre
des erreurs contre leurs propres intérêts,
ou des injustices contre les intérêts d'au-
trui, et que ces erreurs ou ces injustices ne
puissent pas être longues et funestes? La
plupart des gouvernemens ont été ignorans ou oppresseurs. Sans doute, encore ;
mais s'ensuit-il qu'un gouvernement formé
par l'élite d'une nation, tel qu'on peut le
concevoir, ne fût pas en état d'aider le commerce et l'industrie par des lois sagement
combinées ? Quand on considère le grand
nombre de maux qui résultent des mauvai-
ses lois, des institutions vicieuses, on est
tenté d'attribuer aux fautes des gouvernemens tous les fléaux qui affligent l'espèce
humaine : on fait abstraction des difficultés
sans nombre que présentent l'organisation sociale, la nature physique et morale
de l'homme. La plupart des publicistes
spéculatifs se figurent l'homme parfait,
la nature toute bienfaisante ; et pour atteindre au souverain bien, il ne s'agit à
leurs yeux que de laisser le plus libre
essor aux forces de l'un et de l'autre. Mais
les choses ne sont pas ainsi dans le monde
réel ; il y a des maux inhérens à la société
qu'il est essentiel de reconnoître, et ce
n'est pas trop, pour les combattre, des

efforts réunis du gouvernement et des individus. Anéantir toute influence des gouvernemens, cela n'est ni possible ni même
désirable; il faut s'efforcer de les rendre
bienveillans et éclairés.

Une autre erreur des économistes, erreur qui n'a que trop de partisans en politique, c'est d'avoir cru qu'un être aussi
complexe que l'homme pût être régi par
deux ou trois principes généraux bien simples, bien faciles à retenir, et qu'il suffît de
ces principes, aveuglement appliqués, pour
aplanir toutes les difficultés de l'ordre social. Dans le domaine de la physique, lorsqu'on peut assigner une cause à un phénomène, on est dispensé d'en chercher d'autres; dans l'ordre moral, au contraire, et
l'économie politique est essentiellement
une science morale, une cause n'agit jamais
seule; le législateur qui fait des expériences
en ce genre, doit toujours tenir compte
simultanément de la marche des idées et
de celle des faits, et de l'influence que ces
expériences mêmes exerceront sur les faits
et sur les idées.

Enfin, s'il est inique et absurde à un gouvernement de retenir dans l'enfance une
nation émancipée par les lumières et par le
désir de la liberté, il n'est ni juste ni habile

de vouloir, comme les économistes, faire
servir les moyens du despotisme au progrès
des lumières et de la liberté. Le gouvernement le plus éclairé ne peut guère qu'indiquer aux hommes la bonne voie, et accorder progressivement à l'opinion publique tout ce qu'elle demande avec connoissance de cause ; mais s'il devance trop
rapidement la marche des esprits, il se
trouve bientôt isolé, et ses efforts pour
élever à la liberté une nation qui ne l'a pas
encore conçue, réagissent contre la liberté
même, en donnant aux préjugés les honneurs de l'opposition. C'est ce qui est arrivé
sous M. Turgot ; il a manqué à cet homme
supérieur, pour être un grand ministre,
deux talens que M. Necker possédoit au
plus haut point, celui d'observer l'état des
esprits, et celui de manier avec promptitude
et habileté les ressources de la finance.

Il est peu d'études plus arides que celle
des finances de la France, jusqu'à l'avénement de Louis XVI. Des quatorze contrôleurs-généraux qui se sont succédés depuis
Law jusqu'à M. Turgot, on n'en trouve pas
deux qui soient restés fidèles à un système ;
et si quelques-uns ont eu des idées salutaires, aucun n'a été assez heureux pour
les faire triompher : on se fatigue bientôt de

cette foule d'erreurs, d'abus, de désordres,
de règlemens sans objet, d'édits contradictoires, au milieu desquels l'esprit a peine
à saisir un fil qui le guide. Si l'on a dit, avec
raison, que la réunion successive des provinces à la couronne, est une des causes qui
ont contribué le plus puissamment à établir le despotisme en France, il faut reconnoître que la même cause n'a pas eu une
influence moins funeste dans l'ordre financier que dans l'ordre politique. La bigar-
rure de tant de provinces soumises à des
régimes différens, de tant de priviléges de
personnes et de localités, s'est constamment opposée à ce qu'on délivrât le commerce intérieur des entraves qui le gê-
noient, et que l'on donnât à la France cette
homogénéité d'administration, si importante pour l'accroissement de la force et
de la richesse.

M. Turgot entreprit brusquement de
substituer les lignes droites de la théorie
aux innombrables sinuosités de la tradi-
tion; mais il ne calcula pas que s'il étoit
possible de lutter contre les abus de la cour,
ce n'étoit qu'en commençant par être mieux
compris de la nation, et par s'assurer son
appui. M. Turgot fut sacrifié, et Males-
herbes, son vertueux ami, se retira du mi-

nistère, dégoûté d'un ordre de choses qui opposoit trop de résistance aux vues patriotiques d'un homme de bien.

Louis xv disoit avec plus d'esprit que de dignité : *C'est moi qui nomme les ministres des finances, mais c'est le public qui les renvoie.* Il auroit dû ajouter qu'en revanche la cour ne manquoit jamais de renvoyer les ministres qui étoient appelés par l'opinion publique.

Jetons un coup d'œil rapide sur l'état des finances à cette époque. Je trouve ce passage remarquable dans un Mémoire inédit, remis au roi par M. d'Invau, peu de temps avant le moment où il fut remplacé par l'abbé Terray.

« Les finances de Votre Majesté sont
« dans le plus affreux délabrement. Il s'en
« faut aujourd'hui de cinquante millions
« que les revenus libres n'égalent les dé-
« penses. On a eu tous les ans recours à des
« affaires extraordinaires, pour couvrir ce
« déficit qui existe depuis long-temps. Elles
« ont épuisé et ruiné le crédit, et n'ont
« rempli qu'une partie de leur objet. Cha-
« que année a accumulé une nouvelle dette
« à celles des années précédentes. Tout ce
« qui entoure et sert Votre Majesté, domes-
« tiques et fournisseurs, n'a reçu depuis

« long-temps que de foibles secours, insuf-
« fisans pour leurs besoins les plus urgens.
« Ces dettes, qui sont véritablement ce
« qu'on appelle des dettes criardes, mon-
« tent aujourd'hui à près de quatre-vingt
« millions. Pour comble d'embarras et de
« malheur, les revenus entiers d'une année
« sont consommés par anticipation ; il n'ar-
« rive d'argent au trésor royal que par l'ef-
« fet d'un crédit qui ne se soutient, tant
« bien que mal, que par les frais ruineux
« qu'il coûte, et qui menace à chaque mo-
« ment de manquer tout-à-fait. Cette situa-
« tion est plus qu'effrayante ; il n'est pas
« possible de la soutenir plus long-temps,
« et nous touchons au moment où elle je-
« teroit le royaume dans les plus grands
« malheurs, sans qu'il restât de moyens
« pour y remédier. »

Tel étoit le tableau alarmant que traçoit
M. d'Invau au moment de sa retraite. Si les
nombreuses injustices envers les créanciers
de l'état, qui ont acquis une triste célébrité
au ministère de l'abbé Terray, procurèrent
au trésor un soulagement précaire, du
moins ne contribuèrent-elles pas à augmenter le crédit. Lorsque M. Turgot fut
chargé du département des finances, il dit
au roi, dans une lettre qui a été souvent

citée, que si l'on ne parvenoit pas a réduire
la dépense au-dessous de la recette, et assez
au-dessous pour pouvoir consacrer annuel-
lement une vingtaine de millions au remboursement des anciennes dettes, *le pre-*
mier coup de canon forceroit l'état à faire
banqueroute. Le temps manqua à M. Turgot pour réaliser ses vues bienfaisantes ;
lorsqu'il quitta le ministère, la rupture avec
l'Angleterre étoit devenue très-probable, et
il existoit encore un déficit de vingt-quatre
millions entre la recette et la dépense :
c'est ce qui fut établi dans le compte remis
au roi par M. de Clugny, successeur immédiat de M. Turgot.

Ce successeur mérita peu d'estime par
son caractère et par ses talens. Il resta à
peine quelques mois en place ; mais ce
court ministère lui suffit pour détruire le
bien que M. Turgot avoit commencé. On lui
doit le fatal présent de la loterie royale (*),

(*) L'établissement de la loterie royale date du 3o juin
1776 ; le préambule de l'édit qui institue ce déplorable
impôt se fonde sur ce qu'il importe d'empêcher les sujets
du royaume de porter leurs fonds dans les pays étrangers, *pour y courir les hasards et tenter fortune dans*
le jeu des loteries qui y existent. N'est-il pas triste que
de nos jours on voie reproduire un sophisme qui ne mérite pas même d'être réfuté ? Personne ne nie l'influence
désastreuse de la loterie sur les classes inférieures de la

invention funeste que réprouvent également
les principes de la morale et ceux de l'économie publique, et que M. Necker eût
infailliblement supprimée (*), si la guerre
d'Amérique ne l'avoit pas contraint à ne
sacrifier aucune des ressources du trésor.

M. de Clugny fut remplacé au contrôle
général par M. Taboureau des Réaux,
conseiller d'état, magistrat intègre, assez
au fait des affaires contentieuses, mais

---

société ; et le gouvernement, lui-même, ne manque jamais d'en convenir, tout en venant redemander chaque
année un impôt dont il déplore la prétendue nécessité.
Au moins faudroit-il ne pas faire illusion au public sur
l'étendue des sacrifices que coûte aux contribuables la
plus immorale de toutes les ressources du fisc. En effet,
pour obtenir un produit net de neuf millions, l'administration de la loterie n'en reçoit pas moins de cinquante-cinq des contribuables. En vain objecteroit-on
que quarante et un millions sont restitués aux lots gagnans;
la somme énorme de cinquante-cinq millions n'en a pas
moins été prélevée sur la classe la plus pauvre, sur celle
que la passion du jeu expose aux tentations les plus funestes. Autant vaudroit dire que les impôts étant employés à salarier des fonctionnaires publics, ou à payer
des dépenses au profit d'un certain nombre de fournisseurs, les sommes prélevées par le fisc sont restituées à
la nation, et que, par conséquent, peu importe que le
budget de l'état soit plus ou moins considérable. Les deux
raisonnemens sont en entier de la même nature.

(*) Cette intention est indiquée dans le préambule de
l'arrêt du conseil du 20 juillet 1777, concernant l'administration de la loterie.

dont les talens n'étoient pas au niveau de
la première place de l'administration ; car
il faut se rappeler que la plupart des attributions actuelles du ministère de l'intérieur
ressortissoient, sous l'ancien régime, au département des finances : le reste des affaires
administratives étoit réparti entre le ministre de Paris et le ministre de la maison du roi.

Cependant le délabrement des finances,
devenu plus dangereux, alors que la guerre
avec l'Angleterre sembloit imminente, ré-
veilla pour un moment l'insouciant égoïsme
du premier ministre. M. de Maurepas sentit
qu'il étoit indispensable de relever le crédit,
et ses regards se tournèrent vers l'homme
qui passoit pour en connoître le mieux toutes
les ressources, espérant sans doute échapper ainsi à la nécessité des réformes sé-
rieuses, qui étoient cependant le seul remède
efficace à l'état des finances. Il fit demander
à M. Necker un mémoire sur la situation
du trésor. Ce mémoire, quoique composé
d'après des données fort incomplètes, détermina M. de Maurepas à appeler à son
secours les lumières de l'auteur, et, après
avoir eu quelques entretiens avec M. Necker, il l'adjoignit à M. Taboureau (*), sous

---

(*) 22 octobre 1776.

le titre de Directeur général du trésor royal.

On a beaucoup répété, avec une intention malveillante pour M. Necker, que M. de Pezay avoit puissamment contribué à sa nomination, en le mettant en rapport avec M. de Maurepas. J'attache peu d'importance à vérifier cette anecdote ; mais j'ai sujet de la croire controuvée. Du moins plusieurs lettres de M. de Pezay, qui sont sous mes yeux, n'en donnent aucun indice ; et une de ces lettres, entre autres, adressée à mon grand-père dans un moment où M. de Pezay sollicitoit la place de Directeur général des ponts et chaussées, vacante par la mort de M. Trudaine, ne fait nullement supposer qu'il se crût en droit de compter sur la protection de M. Necker.

Dans un gouvernement représentatif, le premier ministre est celui que ses talens, son crédit, ses relations politiques désignent comme le chef de la majorité. En France, un premier ministre n'étoit qu'un personnage chargé d'épargner au roi jusqu'au plus léger travail, jusqu'au moindre usage de son intelligence, dans le choix des dépositaires de l'autorité. M. de Maurepas, que ses amis mêmes désignoient sous le nom du *vieux renard*, étoit un de ces politiques dont l'égoïsme est le seul mobile,

et la ruse le seul talent ; race pitoyable dont
le grand jour de la tribune achèvera tôt ou
tard de nous délivrer.

M. de Maurepas avoit ce goût pour la
médiocrité qui accompagne si souvent la
puissance. Le choix des collègues dont il
s'étoit entouré en offre la preuve. C'étoient
le prince de Monbarrey, à la guerre ; à la
marine, M. de Sartines, qui après s'être
passablement acquitté de la surveillance de
la police de Paris, étoit venu dévoiler, dans
une place plus relevée, toute l'étendue de
son incapacité ; c'étoit M. Bertin, au ministère de Paris ; c'étoit à la maison du roi,
un M. Amelot, parent de M. de Maurepas,
et dont il avoit dit lui-même, en l'instal-
lant : « On ne se plaindra pas du moins que
« celui-ci ait trop d'esprit. » Ce M. Amelot
n'avoit guère d'autre occupation que de recueillir chaque jour quelques anecdotes
scandaleuses, et de les transmettre à M. de
Maurepas, qui en amusoit la cour : c'étoit
ce qu'on appeloit gouverner. Mais si, dans
la plupart des départemens, les commis sup-
pléoient à l'intelligence des chefs, il n'en
étoit pas de même pour les finances ; là, il
ne suffisoit pas de suivre avec nonchalance
la marche tracée par la routine ; il falloit
trouver des ressources ; il falloit pourvoir

aux besoins urgens de l'état ; et M. de Maurepas ne se dissimuloit point qu'il étoit impossible de rencontrer dans le même homme des talens supérieurs et la complaisance d'un ambitieux subalterne. Aussi ne cessa-t-il pas d'observer le nouveau ministre d'un œil d'inquiétude et de jalousie ; mais il s'alarmoit à tort ; il ne connoissoit que l'ambition des âmes vulgaires, et il auroit dû comprendre le pouvoir de la reconnoissance sur une âme élevée. En effet, lorsque, plus tard, il dirigea contre M. Necker les plus misérables intrigues, M. Necker ne cessa point de se rappeler que c'étoit à ce vieux ministre qu'il devoit sa place, et ce souvenir l'empêcha toujours d'attaquer M. de Maurepas auprès de Louis XVI.

Le département des finances avoit été confié jusqu'alors à des hommes tirés du parlement ou de la carrière des intendances ; ce fut donc une grande innovation que le choix de M. Necker, négociant, étranger, et protestant. Les protestans n'étoient que tolérés en France ; ils y étoient privés de l'état civil, ils y vivoient sans garantie sous l'empire d'un code barbare ; et cependant un protestant se voyoit appelé à l'une des premières places de l'état ; tant il est vrai que le caprice et le hasard étoient les seuls régulateurs de la prétendue constitution de la France.

M. Necker ne mit qu'une condition à son entrée au ministère, c'étoit que ses fonctions fussent gratuites. Deux motifs le déterminèrent à cette résolution : d'une part, possédant une fortune suffisante pour soutenir honorablement son rang, il répugnoit à accroître les dépenses de l'état ; et de l'autre, persuadé que des retranchemens sévères dans toutes les parties pouvoient seuls rétablir les finances, il ne vouloit pas que les fonctionnaires supprimés pussent comparer les avantages qu'ils perdoient avec ceux qu'auroit conservés le ministre réformateur. Louis xvi hésita s'il consentiroit à la condition demandée par M. Necker, et il ne manqua pas de courtisans intéressés à lui peindre la délicatesse sous les couleurs de l'orgueil ; mais le roi finit par s'associer aux scrupules de son nouveau ministre, avec un sentiment digne d'éloges. Dès lors M. Necker a servi la France pendant sept années ; et non-seulement il a refusé les appointemens de ministre des finances et de ministre d'état, ainsi que les pensions attachées à ces places, mais il a rejeté, sans exception et sans réserve, les droits annuels de contrôle, les *pots-de-vins* pour le renouvellement

des baux et des régies, les gratifications extraordinaires, les présens des pays d'états,
les exemptions de droits, les étrennes, et
en un mot, tous les émolumens sans nombre que la loi, l'usage ou l'abus avoient
attribués au ministère des finances. M. Necker s'étoit prescrit, de plus, en devenant
ministre, de n'accorder de places à aucun
de ses parens, et de ne compter pour rien
les recommandations de l'amitié, à moins
qu'elles ne fussent appuyées par un mérite
incontestable. Il n'a pas cessé d'être fidèle
à cette règle; et l'on ne pourroit citer une
seule exception.

Je vais essayer de donner quelque idée
des opérations les plus importantes de
M. Necker, et des principes qui lui servi-
rent de guides dans sa première administration. Ces principes sont simples; leur
application seule étoit difficile, et exigeoit
une persévérance dans le but, et une sagacité dans le choix des moyens, dont peu de
personnes peuvent se vanter d'être capables.

Dès l'abord il se mit à la poursuite (ce
sont ses propres expressions) de toutes
les dépenses superflues, de tous les gains
illicites ou inutiles, persuadé qu'aucun nouvel impôt ne pouvoit être légitime qu'a-
près avoir épuisé toutes les ressources de

l'économie. Le sentiment qui l'animoit à cet égard, il sut si bien l'imprimer à tout ce qui l'entouroit, que c'étoit à qui, parmi les employés de sa dépendance, lui découvriroit un abus à réformer, une dépense à réduire. Passionné pour l'ordre et pour la justice, ces deux grandes idées présidoient à toutes ses opérations ; mais il y a des esprits qui ne conçoivent l'ordre que dans le nivellement des hommes, que la moindre colline feroit douter de la rondeur de la terre, et qui croient tout perdu lorsqu'ils sont obligés de tourner quelques difficultés, de faire quelque concession à la nature des choses. M. Necker, au contraire, doué d'un esprit plein de nuances, savoit suivre une même idée sous mille formes diverses ; jamais une théorie ne le faisoit manquer de respect pour les faits, et jamais aussi les faits ne se présentoient à lui, sans qu'il les rattachât à des idées générales ; ne repoussant aucun système, et n'en adoptant aucun avec superstition ; sachant apprécier la puissance de certaines méthodes, mais sachant aussi qu'aucune méthode ne supplée à l'action vivante du caractère et de l'esprit. Probité et publicité, telles ont été ses seules maximes invariables dans son premier ministère. Ceux qui, dès lors, lui ont prêté l'in-

tention de changer la forme du gouvernement et d'y introduire des institutions républicaines, ont montré une complète
ignorance de ce qu'il étoit. Sans doute, il
désiroit une amélioration graduelle de l'organisation politique de la France, il vouloit
préparer les voies à la liberté, par l'ordre et
par la morale dans l'administration; mais ses
idées ne devoient, ne pouvoient pas s'étendre au-delà. Car alors l'opinion publique
ne demandoit pas autre chose, et personne
n'observoit mieux que M. Necker le développement de cette puissance d'un nouveau
genre.

Peu de temps avant de devenir ministre, il avoit fait un voyage à Londres,
pour y voir plusieurs des personnages marquans de l'Angleterre, avec lesquels il étoit
en relation. Il avoit admiré la structure de
ce bel édifice social; mais son attention
s'étoit portée principalement sur les effets
de la publicité en finances, et sur la force
qu'elle devoit prêter à un ministre, soit pour
résister aux demandes abusives, soit pour
fonder le crédit sur une base solide. Et cette
publicité, l'un des innombrables bienfaits
des gouvernemens libres, lui paroissant pouvoir être introduite en France, ce fut surtout vers ce but qu'il dirigea ses efforts.

Le premier acte de l'administration de
M. Necker, fut un règlement pour la liqui-
dation des dettes et le payement des dépenses de la maison du roi (*). Le désordre étoit à son comble, les dettes arriérées
montoient à des sommes énormes, et les
dépenses courantes ne se payoient jamais
moins de quatre ans après l'époque où elles
avoient été faites : de là naissoient deux inconvéniens graves; d'une part, des marchés toujours chers, et souvent scandaleux,
étoient passés avec les fournisseurs qui, in-
certains de l'époque de leur payement,
étoient en droit d'exiger des conditions plus
lucratives ; et d'un autre côté, les ordonnateurs ne pouvoient être soumis à aucun
contrôle, puisque le ministre des finances
n'avoit jamais le moyen de comparer an-
nuellement les dépenses avec les ressources.
M. Necker pensa que c'étoit au roi à donner le premier l'exemple de l'ordre et de la
morale dans l'administration de sa maison,
et, à cet égard, il trouva beaucoup d'appui
dans les vertus de Louis XVI. On doit remarquer, du reste, que M. Necker se bor-
noit alors à régulariser l'ordre existant,
sans entreprendre encore de le réformer :

_____

(*) 22 décembre 1776.

ce ne fut qu'en 1780, après quatre années d'une administration glorieuse, qu'il se crut assez fort pour attaquer de front les abus dont la maison du roi fourmilloit, et pour supprimer une partie de ces innombrables charges, dont les noms ridicules suffisoient seuls pour indiquer l'inutilité. Nous parlerons plus tard de cette réforme, et nous verrons qu'en contrariant les intérêts de plusieurs personnages de la cour, qui ne dédaignoient pas les profits les plus subalternes de la domesticité, elle eut une grande part aux circonstances qui amenèrent la retraite de M. Necker.

Le règlement pour les dépenses de la maison du roi étoit accompagné d'un autre acte non moins important sur les pensions, les croupes et autres grâces pécuniaires. On désignoit sous le nom trivial de *croupe,* les intérêts dans les bénéfices de la ferme générale, attribués gratuitement à des personnes que l'on vouloit favoriser. Ce genre d'abus avoit été porté si loin, que, sous l'abbé Terray, les croupes absorboient le quart des bénéfices de la ferme, et que sur soixante fermiers-généraux, cinq seulement avoient place entière, tandis que tous les autres étoient grevés de croupes ou de pensions. En général, on doit remarquer que si la gêne habituelle du trésor mettoit obstacle à la distribution des gratifications en argent, on accordoit, avec la plus insouciante facilité, des grâces infiniment plus onéreuses pour l'état, telles que des intérêts dans les compagnies financières, des concessions de domaines, des exemptions de droits. Le royaume de France ressembloit à ces maisons de grands seigneurs, où, au milieu du gaspillage et de la profusion, l'argent manque souvent pour payer des dettes criardes.

Par le règlement du 22 décembre 1776, toute attribution d'intérêt dans les fermes ou les régies fut interdite, si ce n'est en faveur des personnes attachées à ces administrations(*). Il fut ordonné que les demandes de

---

(*) Les croupes furent définitivement réformées par l'arrêt de règlement du 9 janvier 1780. Voici comment s'exprime M. Necker dans le préambule de cet acte important, dont nous nous occuperons bientôt :

« C'est pour tendre encore à ce but (l'économie) que « Sa Majesté s'est proposé de réformer un abus long- « temps consacré dans la ferme générale, et dont le bail « actuel fournit des exemples frappans ; cet abus est ce- « lui des croupes, des pensions et des intérêts accordés « dans les places des fermiers-généraux à des personnes « absolument étrangères à cette manutention, abus qui, « en admettant diverses classes de la société au partage « des bénéfices des financiers, a dû prêter de la force à « leurs prétentions, et accroître les obstacles qui se pré- « sentent toujours aux projets de réformes et d'amélio-

grâces pécuniaires de toute nature seroient
désormais présentées au roi, à la fin de
chaque année, afin qu'on pût en former le
tableau général, et juger comparativement
des titres de tous les pétitionnaires. Il fut
établi en outre, que toutes les pensions nouvelles seroient assignées sur le trésor royal,
et que les personnes qui les obtiendroient
seroient obligées de faire connoître tous les

« rations; abus encore qui donne des armes à l'intrigue
« contre le talent, en favorisant entre les prétendans
« aux places de finance, les hommes les plus disposés à
« faire des sacrifices, au préjudice de ceux qui croient
« pouvoir se reposer sur leur capacité et sur leurs ser-
« vices; abus enfin qui cache aux yeux du souverain
« l'étendue des grâces qu'il accorde, en même temps
« qu'on est souvent parvenu à faire envisager cette espèce
« de dons comme une simple distribution d'intérêt in-
« différente aux finances de Sa Majesté; quoiqu'il fût aisé
« d'apercevoir que tous ces partages, dans les bénéfices
« des fermiers, retomboient tacitement sur le prix du
« bail, et diminuoient les revenus du roi. »

En parcourant sommairement, comme je le fais, les
principales opérations de M. Necker, je dois sans cesse
renvoyer mes lecteurs à son *Compte rendu*, à son ouvrage sur l'*Administration des finances*, et surtout aux
préambules mêmes de ses édits. Ces préambules étant
destinés à instruire les magistrats et le public des motifs
de chaque disposition législative, et à suppléer par conséquent au résultat que, dans les pays libres, on obtient
d'une manière plus complète de la discussion publique
des projets de loi; ces préambules, dis-je, ont tous été
rédigés avec soin par M. Necker lui-même, et c'est une
des lectures les plus instructives auxquelles un homme
d'état puisse se livrer.

traitemens dont elles pourroient jouir sur
d'autres caisses.

Les grâces viagères de toute nature s'é-
levoient alors à vingt-huit millions. M. Necker, frappé de l'énormité de cette charge,
s'écrie, dans le *Compte rendu* : « Je doute
« si tous les souverains de l'Europe ensem-
« ble payent en pensions plus de moitié
« d'une pareille somme. » Et cependant,
après la retraite de M. Necker, le gouvernement ne songea pas même à profiter des
extinctions qui arrivoient naturellement.

Il y avoit peu de mois que M. Necker
étoit chargé de la direction des finances; et
déjà, non-seulement en France, mais en
Europe, on fondoit les plus grandes espérances sur son administration. Un monarque, homme d'esprit, écrivoit alors à son
ambassadeur à Paris (*) : « Ce que vous
« me dites des talens de M. Necker, et de
« la sagesse de ses opérations, ne me sur-
« prend point. Cela répond parfaitement à
« l'idée que j'avois de lui. Sa marche sûre
« et réfléchie prouve qu'il connoît les hom-
« mes et les affaires, et si ses opérations
« réussissent, comme je l'espère, j'en aurai
« la plus grande joie. Il est temps enfin

(*) Lettre de Gustave III au comte de Creutz, 16 juin 1777.

« que la France se relève de l'état où qua-
« torze années de mauvaise administration
« l'ont plongée. Faites mes complimens à
« M. Necker, et dites-lui tout l'intérêt que
« je prends à ses succès. La sûreté et le
« bien-être de la Suède dépendent de la
« prospérité de la France, et de la considé-
» ration qu'elle acquiert par le rétablisse-
« ment de ses finances. S'il vient à bout de
« cette entreprise, il aura rendu un aussi
« grand service à moi qu'au roi de France.
« L'Europe lui devra sa tranquillité; car
« c'est la France seule qui est en état de
« la maintenir. Je vais, de mon côté, faire
« en petit ce qu'il fait en grand : je sens
« combien il est doux et en même temps
« difficile de faire le bonheur d'un peuple,
« et j'ai cependant l'intrigue de moins à
« surmonter. »

Nous avons vu que M. Necker avoit
été adjoint à M. Taboureau, sous le titre
de directeur-général du trésor royal. En
cette qualité, il étoit spécialement chargé
du mouvement des caisses et de toutes les
affaires relatives aux recettes et aux payemens du trésor. En thèse générale, ce seroit une idée fort sage, que la division du
département des finances en deux ministères, dont l'un seroit chargé d'asseoir les

impôts et d'en faire le recouvrement, tandis que l'autre en recevroit le produit, pour le distribuer ensuite sur tous les points où les dépenses seroient nécessaires (*). C'est ainsi qu'un riche propriétaire fait verser chez son banquier les fonds perçus par son régisseur. Mais cette division, pour être salutaire, suppose des principes fixes, une bonne classification des impôts, une distribution méthodique du travail : au lieu de cela, il n'y avoit alors en France qu'abus et confusion ; et, pour opérer des réformes urgentes, l'unité de vues étoit indispensable.

Quoique M. Necker fût placé directement sous les ordres du roi, il étoit obligé de concerter toutes ses opérations avec M. Taboureau, et il se voyoit entravé à chaque instant par cette nécessité de traîner après soi un collègue dont les idées ne pouvoient pas marcher de pair avec les siennes. M. Taboureau le sentoit, c'étoit un homme doux et modeste, et il méditoit depuis quelque temps sa retraite, lorsqu'il y fut déterminé par une opération financière dont je vais rendre compte.

(*) Voyez à ce sujet une brochure publiée par M. Masson, esprit éminemment clair et philosophique.

La plus grande partie du détail des affaires de finances étoit distribuée entre six conseillers d'état, que l'on nommoit *intendans des finances*. Quoique ces intendans fussent placés sous les ordres du contrôleur-général, cependant l'étendue de leurs fonctions et l'inamovibilité de leurs charges, leur donnoient une importance souvent gênante pour l'administrateur principal. M. Necker reconnut que des charges constituées en titre d'offices ne convenoient nullement à des fonctions administratives qui, n'étant qu'une délégation des pouvoirs du ministre, devoient nécessairement être révocables à la volonté du gouvernement, si l'on vouloit donner au département des finances cette unité de système et d'action dont le besoin se faisoit si impérieusement sentir. D'ailleurs ces intendans n'étoient rien moins que nécessaires ; leur travail pouvoit aisément se répartir entre d'autres employés, et le remboursement de la finance de leurs offices offroit à l'état une économie assez importante ; tels furent les motifs qui déterminèrent M. Necker à les supprimer. M. Taboureau recula devant une mesure aussi hardie que le sembloit alors cette suppression ; et effrayé, soit du crédit des intendans des finances et de leur nombreuse clientèle, soit du surcroît de responsabilité que prenoit sur lui le chef du département, il se retira, et laissa M. Necker seul chargé du portefeuille des finances.

Si le nouveau ministre agrandissoit à la fois la sphère de son action et l'étendue de sa responsabilité, il voulut aussi s'entourer de plus de lumières, et il proposa au roi l'établissement d'un comité de trois magistrats, chargé de prononcer sur toutes les questions contentieuses qui lui seroient renvoyées par le ministre des finances. Les affaires, suivant leur nature, devoient y être rapportées par des maîtres des requêtes, ou présentées par les premiers commis. Deux des membres du comité contentieux furent pris dans le nombre des intendans supprimés ; l'un d'eux, M. Moreau de Beaumont, en eût la présidence. Ce conseiller d'état, en qui M. Necker avoit la plus grande confiance, se montra digne de ses nouvelles fonctions par de rares connoissances autant que par une austère probité ; et les nombreux services que rendit le comité contentieux, prouvèrent combien l'idée de cette institution étoit heureuse.

Il eût été naturel que M. Necker, devenu désormais chef unique du département des finances, fût admis au conseil, et prît,

comme son prédécesseur, le titre de Contrôleur-général ; mais les usages de la monarchie s'y opposoient, disoit-on. Ces prétendus usages de la monarchie étoient sin-
gulièrement flexibles entre les mains du
plus fort ; mais comme, dans ce cas-ci,
ils signifioient la jalousie de M. de Maurepas, on jugea qu'il étoit impossible de les
enfreindre, et l'on fit revivre le titre de
Directeur-général des finances, inusité depuis 1718, parce qu'il n'emportoit pas,
comme celui de contrôleur-général, la
qualité de ministre et le droit de prendre
séance au conseil. Plus un pays est dé-
pourvu d'institutions réelles, plus les futi-
lités de l'étiquette y acquièrent d'importance : la liberté seule place les choses,
aussi-bien que les hommes, dans le rang
que la nature leur a assigné.

Le 29 juin 1777, M. Necker fut nommé
directeur-général, et dès ce jour-là même,
il s'efforça de perpétuer l'une des économies
que l'état devoit à son désintéressement,
en abolissant les droits de contrôle qui
étoient attribués au chef du département
des finances, et formoient une partie importante de son revenu. Ces droits res-
tèrent supprimés jusqu'en 1783, époque à
laquelle M. de Calonne ne manqua pas de

les rétablir, en reprenant le titre de contrôleur-général.

M. Necker eut bientôt l'occasion de mettre en pratique ses principes sur le commerce des blés. Une grande cherté de cette denrée se fit sentir dans tout le midi de la France, et avertit l'administration qu'elle devoit être sur ses gardes. Trois arrêts du conseil interdirent l'exportation des grains dans les provinces de Guienne, de Roussillon, de Languedoc et de Provence ; et les prix rentrèrent dans le niveau. Ces arrêts, il est essentiel de le remarquer, tout en mettant quelques entraves momentanées au commerce extérieur, stipulèrent expressément la plus libre circulation dans l'intérieur de la France, et la faculté constante de réexporter les grains venus de l'étranger.

L'opération financière la plus importante de cette année (1777), fut l'arrêt du conseil relatif à la répartition des vingtièmes. Cette opération, qui fut vivement attaquée par les parlemens, m'oblige à entrer dans quelques détails.

Le premier établissement des vingtièmes remonte à 1710, époque où, le trésor public étant épuisé par la guerre, Louis XIV mit un impôt proportionnel d'un dixième

sur le revenu de toutes les terres. Cet impôt avoit été abrogé et rétabli à plusieurs
reprises : en 1749 la quotité en avoit été
réduite à un vingtième, auquel, en 1771,
on avoit ajouté un second vingtième, im-
posable, ainsi que le premier, sur les produits présumés de l'industrie, comme sur
le revenu des biens-fonds.

Les impôts proportionnels au revenu
présumé des contribuables sont sujets à
beaucoup d'inconvéniens. Il faut ou courir
le risque d'être trompé, en s'en rapportant
à la déclaration des propriétaires, ou soumettre les fortunes à une inquisition qui
devient facilement vexatoire. Cependant
ces inconvéniens se supportent chez les
peuples où la liberté identifie la chose publique avec les intérêts privés, et où chaque
citoyen considère comme un devoir de
prendre sa part des charges de l'état ; mais
combien ces mêmes inconvéniens ne de-
voient-ils pas être douloureusement sentis,
dans un pays où les privilégiés avoient tant
de manières d'éluder les recherches du fisc,
et de rejeter sur les classes inférieures le fardeau des taxes publiques ! Aussi l'inégalité la
plus choquante régnoit-elle dans la répartition des vingtièmes. Les opérations entreprises pour vérifier la valeur des propriétés

avoient toujours été abandonnées, soit par la
difficulté réelle de ces sortes d'évaluations,
soit par le crédit des propriétaires nobles qui,
en général, ne payoient l'impôt des vingtièmes que dans une proportion fort inférieure à celle que devoient porter leurs revenus, soit enfin à cause de l'opiniâtreté avec
laquelle les parlemens s'opposoient à toute
espèce d'amélioration dans la répartition
des impôts. Déjà (en 1759) M. Bertin avoit
été victime de cette opiniâtreté, lorsqu'il
avoit conçu le projet d'asseoir la taxe des
vingtièmes d'une manière moins arbitraire,
et de la répartir avec une véritable équité,
proportionnellement au revenu des terres.
L'exemple de M. Bertin n'effraya point
M. Necker, et, pour remédier à des abus
qui accabloient la classe pauvre, il provo-
qua l'arrêt du conseil du 2 novembre 1777.
Cet arrêt ordonnoit que les vérifications des
biens-fonds, commencées en 1771, conti-
nueroient d'avoir lieu, mais qu'une vérification une fois faite ne pourroit plus être
renouvelée avant vingt années révolues,
espace de temps suffisant pour donner une
tranquillité parfaite aux propriétaires.

Il étoit ordonné, de plus, qu'aucun propriétaire ne pourroit être imposé au-delà
de sa cote précédente, si ce n'est sur une

vérification générale et publique de tous les
fonds de la paroisse, afin d'être assuré que
la répartition se feroit d'une manière équitable. On pourvoyoit encore, dans l'intérêt
de la classe pauvre, à ce que l'évaluation des
biens non affermés se fît avec modération.
Enfin on supprimoit les *vingtièmes d'industrie* dans les bourgs et dans les campagnes,
et l'on annonçoit l'intention de supprimer
également ce genre d'impôt dans les villes,
aussitôt que l'état des finances le permettroit.

L'arrêt du conseil du 2 novembre 1777,
donna lieu, de la part du parlement de Paris,
à des remontrances fort curieuses, où les
intérêts de la noblesse étoient défendus sous
d'apparentes couleurs de justice, et où les
droits de la nation étoient mis en avant
pour servir de bouclier aux abus dont pro-
fitoient les classes privilégiées. « Tout pro-
« priétaire, étoit-il dit dans ces remon-
« trances, a le droit d'accorder les subsi-
« des, ou par lui-même, ou par ses repré-
« sentans ; s'il n'use pas de ce droit en corps
« de nation, il faut bien y revenir indivi-
« duellement ; autrement il n'est plus maître
« de sa chose, il n'est plus tranquille pro-
« priétaire (*). La confiance aux déclara-

_____

(*) Voilà donc la doctrine de la résistance individuelle

f

« tions personnelles est donc la seule in-
« demnité du droit que la nation n'a pas
« exercé, mais n'a pas pu perdre, d'accor-
« der, et de répartir elle-même les vingtiè-
« mes. Le royaume est inondé d'abus et re-
« tentit de plaintes, est-il dit plus loin, dans
« les mêmes remontrances ; les élections
« sont ravagées par des hommes sans frein
« comme sans titre, qui sont aux yeux
« de la justice des concussionnaires. Votre
« parlement auroit dû les rechercher peut-
« être : cependant il a cru pouvoir sus-
« pendre l'exercice de ses fonctions rigou-
« reuses, pour s'occuper du soin d'éclairer
« votre justice. » Or ces concussionnaires
que le parlement, s'il faut l'en croire, auroit
dû rechercher, n'étoient autres que les commissaires départis, que les fonctionnaires
administratifs agissant au nom du roi, et
faisant exécuter ses ordonnances. Quel état
que celui où les tribunaux sont en protes-
tation permanente contre l'administration,
où l'ordre établi n'est lui-même qu'un abus,
et où tous les rouages du gouvernement

_____

préchée ouvertement en 1778, par ces mêmes hommes
qui, plus tard, ont perverti le sens des paroles d'un
illustre ami de la liberté, pour lui faire un crime d'avoir
dit que l'insurrection contre la tyrannie seroit le plus
saint des devoirs.

sont constamment arrêtés par des résistances partielles, qui gênent l'action du pouvoir sans profiter en rien à la liberté publique!

On ne sauroit nier cependant que l'immutabilité des cotes des contribuables, réclamée par les cours souveraines, ne pût être raisonnablement défendue, et qu'on ne pût produire à l'appui de cette doctrine de beaucoup meilleurs argumens que ceux qui étoient mis en avant dans les remontrances du parlement.

L'impôt foncier est en réalité un impôt sur le capital, ou plutôt c'est une participation du gouvernement à la propriété territoriale des contribuables. Pour se convaincre de la vérité de ce principe, il suffit de remarquer que toutes les fois qu'une propriété change de maître, on estime sa valeur d'après son produit net; c'est-à-dire, que le capital correspondant à l'impôt foncier qu'elle supporte, est déduit du prix de cette propriété calculé sur son revenu brut. Ce capital est perdu pour le vendeur; c'est une portion de sa propriété dont l'abandon a été fait à l'état. Peu importe donc à l'acquéreur d'une propriété foncière, qu'elle soit grevée d'une imposition plus ou moins forte, puisqu'il se trouve remboursé d'avance du capital de la somme annuelle qu'il doit à l'état. Il suit de là que, quelque inégale que soit la répartition de l'impôt foncier entre les différentes propriétés d'un pays, si toutes ces propriétés ont changé de maîtres, ce qui arrive nécessairement dans un temps donné, la condition des nouveaux possesseurs devient égale, pourvu que l'imposition reste la même. Qu'arrive-t-il au contraire, lorsque l'imposition vient à varier? si elle augmente, la terre perd en valeur une somme égale au capital de cette augmentation; si elle diminue, la terre éprouve, sans doute, un accroissement de valeur dont jouit le nouveau propriétaire; mais une véritable injustice est commise au détriment de l'ancien possesseur, qui se trouve avoir vendu sa propriété pour une somme inférieure à celle qu'elle représente depuis la réduction de l'impôt. On voit donc que lorsqu'une imposition foncière, quelque onéreuse qu'elle paroisse, a été payée pendant un certain nombre d'années, elle cesse en quelque sorte d'être une charge, et que la fixation de cet impôt devient la mesure à la fois la plus simple et la plus équitable. Mais pour que cette fixation puisse avoir lieu sans exciter de vives réclamations, il faut qu'il n'y ait pas de trop

choquantes inégalités dans la répartition
de l'impôt, entre les différentes provinces
et les différentes classes d'individus. Or à
l'époque dont nous parlons, c'étoit la classe
la plus pauvre qui payoit les vingtièmes
dans la proportion la plus rigoureuse; en
sorte que l'immutabilité des cotes eût été
une faveur accordée précisément aux propriétaires qui n'en avoient pas beso''
L'arrêt de novembre 1777 étoit d''c un
moyen terme fort sagement c''çu; il sa-
tisfit l'opinion, et pendan' le reste du ministère de M. Necker, il n'y eut pas dix
réclamations sur des règlemens de vingtièmes.

Pour compléter l'esquisse des opérations
relatives aux contributions directes, je crois
devoir anticiper sur l'ordre des temps, et
retracer ici un des actes les plus importans
de l'administration de M. Necker, soit qu'on
le considère sous le rapport politique, ou
financier. Je veux parler de la déclaration
du 13 février 1780, concernant la taille et
la capitation.

De tous les impôts qui se payoient sous
l'ancien régime, la taille étoit à la fois le
plus onéreux pour les contribuables, et celui
qui étoit livré à l'arbitraire le plus absolu.
En effet, tandis que les autres impositions

étoient soumises à la formalité, souvent illu-
soire il est vrai, de l'enregistrement dans
les cours souveraines, la taille étoit laissée
en entier à la volonté des ministres, et de
simples arrêts du conseil d'état décidoient
de l'augmentation ou de la diminution
d'un tel fardeau. Aussi avoit-on abusé de
cette facilité, et la taille s'étoit accrue dans
une progression beaucoup plus rapide que
les autres impôts. M. Necker, pressé de
mettre un terme à cet abus, proposa au
roi de ne plus arrêter à l'avenir qu'un
seul brevet général, qui comprendroit avec
la taille les diverses impositions qui s'y
rattachoient, et d'assujettir ces impôts, si
on jugeoit jamais nécessaire de les augmenter, à l'enregistrement des cours supérieures. Ainsi ce ministre qui ne craignoit pas
de s'exposer à l'irritation des parlemens, en
combattant leur résistance à l'autorité
royale, toutes les fois que cette résistance
n'étoit pas fondée sur la justice, ce même
ministre ne craignoit pas non plus d'accroître leur influence, lorsque le bien du peuple lui sembloit y être intéressé.

L'impôt de la taille se divisoit en *taille
réelle*, qui s'imposoit sur les biens-fonds; en
taille personnelle, qui étoit payée par les
personnes taillables en raison de leur for-

tune présumée, et en *taille mixte*, qui participoit des deux autres. La capitation taillable qui formoit la plus grande partie de la capitation, étoit répartie en proportion de la taille. Dans plus de la moitié de la France, la taille étoit personnelle, et cet impôt, comme l'on sait, portoit uniquement sur les classes pauvres et laborieuses, à l'exclusion des nobles de naissance et de différens officiers dont les charges conféroient la noblesse. L'intérêt et la vanité conspiroient donc pour engager les propriétaires jouissant de quelque aisance, à acheter des offices qui les exemptassent de la taille ; et la portion de cet impôt dont ces nouveaux nobles étoient affranchis, en compensation de la finance de leurs charges, ne manquoit jamais en réalité de retomber sur le peuple. Cependant, les priviléges de date récente étoient toujours plus ou moins précaires, et il n'étoit pas rare que le roi les révoquât, lorsque le trésor éprouvoit quelque gêne extraordinaire ; c'est ainsi que l'édit de 1764 avoit suspendu pendant la guerre tous les priviléges relatifs à la taille, excepté ceux qui étoient attachés à l'ancienne noblesse, et aux offices des cours et compagnies supérieures. L'édit de juillet 1766 rendit aux privilégiés d'un ordre secon-

daire, l'exemption *de la taille d'exploita-*
tion. Cet édit, après avoir fait l'énumération des divers officiers exempts de la taille,
en vertu de leurs charges, ajoute : « Pourvu
« qu'ils ne prennent aucun bail à ferme, et
« ne fassent aucun trafic qui déroge à leur
« privilége. » C'étoit dire en d'autres termes, qu'on les exemptoit de participer aux
charges de l'état, à condition de ne pas
contribuer à l'accroissement de ses richesses.

Les maux résultans de l'inégale répartition de la taille et des impositions qui
en dépendoient, n'étoient rien encore en
comparaison de ceux qui naissoient des
variations continuelles auxquelles ces impôts étoient sujets. Ce fut donc de la part
de M. Necker une conception fort élevée,
que de fixer la quotité de la taille et de la
capitation taillable. Cette mesure, salutaire
dans les provinces où la taille étoit réelle,
le devenoit bien davantage dans celles où
la taille étoit personnelle, c'est-à-dire,
dans la plus grande partie de la France,
car c'étoit un bienfait immense pour les
contribuables, que de se voir affranchis
d'une inquisition annuelle, sur l'étendue de
leurs facultés pécuniaires. Il ne faut pas oublier d'ailleurs, que M. Necker, frappé des

inconvéniens sans nombre de la taille personnelle, se promettoit, à la paix, d'abolir entièrement cet impôt. (*)

Quoique je me sois prescrit de me borner à un récit fidèle des faits, et de n'entrer dans aucune discussion polémique, je ne puis m'empêcher de faire remarquer ici jusqu'où ont été, parmi les ennemis de M. Necker, les étranges contradictions de l'esprit de parti. Défendoit-il l'autorité royale contre l'opposition capricieuse des parlemens ; il abandonnoit la cause de la nation : soumettoit-il à l'enregistrement des cours supérieures des actes abandonnés jusque-là aux décisions arbitraires du conseil d'état ; il détruisoit les prérogatives de la couronne, et manquoit à ses devoirs, comme ministre du roi : ramenoit-il sous la main de l'administration des fonctions qui s'en étoient mal à propos affranchies ; son ambition n'avoit point de bornes : soumettoit-il les décisions contentieuses aux lumières d'un comité de magistrats ; manque de savoir, timidité d'esprit, disoit-on : ordonnoit-il hardiment des réformes justes et indispensables ; témérité, excès de confiance en lui-même, s'écrioient aussitôt

_____

(*) Voyez le *Compte rendu*, tome III, page 90.

ses adversaires. C'est ainsi que l'ami éclairé
de la justice doit s'attendre à voir l'intrigue
revêtir toutes les formes, et se servir de
toutes les armes pour entraver sa marche
vertueuse.

L'établissement d'un Mont-de-Piété à
Paris se rapporte à l'année 1777; cette
opération a été sévèrement et injustement
critiquée. Sans doute les Monts-de-Piété
ont des inconvéniens que M. Necker ne se
dissimuloit point : ces inconvéniens leur
sont communs avec plusieurs établissemens
de charité destinés à soulager l'indigence,
et qui, en diminuant chez les classes pauvres l'activité, seul remède vraiment efficace contre la misère, augmentent quelquefois le mal qu'ils sont censés combattre.
Mais Paris étoit livré alors aux spéculations honteuses d'une foule d'usuriers qui
abusoient avec rigueur de l'ignorance et de
la détresse du peuple, et que l'on ne pouvoit réprimer que par la concurrence d'un
Mont-de-Piété.

Le même principe, trop peu respecté
dans la plupart des législations, qui veut
que l'on ne mette point d'entraves inutiles
à la vente des immeubles, afin de ne pas
les forcer à rester en des mains où ils se
détériorent, au lieu de passer à des proprié-

taires plus riches ou plus industrieux, qui en augmenteroient le produit et la valeur; ce même principe veut aussi que les effets mobiliers restent en la possession de ceux qui en tirent le parti le plus avantageux. Or, comme un meuble ne sauroit avoir pour personne autant de valeur que pour celui qui l'a acheté, ou fait fabriquer pour son usage, rien n'est plus désirable que d'épargner aux individus de la classe pauvre, la nécessité de vendre à vil prix des objets dont la valeur vénale est toujours minime, en comparaison de l'utilité qu'ils ont pour leurs possesseurs.

Cette vérité est si généralement sentie, que dans divers lieux où il existe des Monts-de-Piété, comme, par exemple, dans la plupart des grandes villes de l'Angleterre et de la Hollande, on voit des maisons de prêt particulières s'élever en concurrence avec l'établissement public. Souvent même les emprunteurs des classes pauvres préfèrent porter leurs effets à ces maisons de prêt, et leur payer un intérêt plus considérable, que de s'assujettir à toutes les formalités qu'exigent les Monts-de-Piété. Un prêteur particulier offre, en effet, aux emprunteurs plus de facilités que ne peut en offrir une administration publique, pour

le renouvellement partiel du prêt, pour
l'échange des effets mis en gage, pour
l'heure de l'engagement et du dégagement;
et ces avantages compensent souvent la différence d'intérêts. Mais il n'en est pas moins
incontestable que les Monts-de-Piété agissent comme régulateurs de l'intérêt des
prê sur gages, et que, sous ce rapport du
moins, ils sont utiles à une classe nombreuse d'emprunteurs.

L'année suivante, 1778, fut consacrée
par M. Necker à deux grandes entreprises :
d'une part à préparer l'établissement des
assemblées provinciales, et de l'autre à
assurer, par des réductions dans le nombre
et les profits des gens de finance, des économies suffisantes pour faire face aux emprunts qu'exigeoit la guerre. L'on sait que
M. Necker s'étoit opposé de tous ses efforts
à la rupture avec l'Angleterre : l'on sait
aussi qu'avant lui, M. Turgot, qui pré-
voyoit depuis long-temps la révolution
d'Amérique, avoit songé d'avance aux
moyens d'éviter la guerre, lorsque cette
grande explosion auroit lieu. Cependant
on ne peut soupçonner aucun de ces deux
hommes d'état d'avoir été indifférent à la
plus belle cause dont les annales modernes
conservent le souvenir ; mais ils pensoient

l'un et l'autre qu'aucun succès de politique extérieure ne pouvoit être mis en balance avec les avantages assurés que la paix promettoit à la France, et qu'un pays doué de tant de richesses naturelles n'avoit qu'à perdre aux combinaisons factices de la gnerre. Lorsque l'on considère les résultats de la lutte, l'indépendance du Nouveau-Monde assurée sans violence et sans injustices, la liberté d'un grand peuple fondée par un effort sublime de courage et de raison, l'on a peine à concevoir comment tous les amis de l'humanité n'étoient pas entraînés par cette ardeur qui enflammoit l'âme généreuse de La Fayette ; mais si de ce grand spectacle on abaisse ses regards sur le cabinet de Versailles, sur les motifs mesquins, sur la politique routinière qui engageoient le gouvernement françois dans une querelle dont il étoit loin de sentir le danger pour lui-même, et l'importance pour le monde entier, on reconnoîtra sans doute que M. Necker avoit raison de détourner Louis XVI d'une agression qui n'étoit point alors motivée par la conduite de l'Angleterre envers la France.

Je m'arrêterai peu à parler de l'établissement des administrations provinciales ; je ne pourrois offrir au public qu'une foible

contre-épreuve du Mémoire de M. Necker
sur cette importante question, et du chapitre que ma mère y a consacré dans ses
Considérations sur la révolution françoise.

L'idée première des assemblées provinciales avoit été, comme on sait, conçue
par M. Turgot, et elle se lioit dans son
esprit à l'ensemble d'un projet qui n'alloit
à rien moins qu'à changer toute l'organisation politique de la France. M. Necker
adopta un plan moins ambitieux, ou plutôt
moins impraticable. Il y a deux manières
de procéder en politique : l'une, qui satisfait
davantage les esprits systématiques, consiste à renverser ce qui existe et à tout re-
construire sur de nouvelles bases ; l'autre,
à laquelle des observateurs plus attentifs de
la nature humaine donnent la préférence,
consiste à créer d'abord une institution salutaire, et à laisser ce germe de vie se développer et triompher progressivement des
obstacles qui gênent son accroissement.
Ce fut cette dernière marche que suivit
M. Necker : il établit d'abord une administration provinciale, puis deux, puis
trois, se fiant à l'avenir pour démontrer
les bienfaits de cette institution, et vaincre
l'opposition intéressée des parlemens. L'assemblée provinciale du Berry, et celle de

la Haute-Guienne, eurent en peu de temps les résultats les plus salutaires ; l'abolition des corvées et une répartition plus équitable des impôts en furent les fruits immédiats. Celle du Dauphiné éprouva quelques retards, à cause des difficultés qui survinrent, soit pour la présidence, soit pour concilier les prétentions des anciens barons des états avec celles de l'ordre de la noblesse (*), et M. Necker éprouva d'autant plus de regret de ces difficultés, que le parlement de Grenoble, se distinguant honorablement des autres cours supérieures, avoit mis beaucoup de zèle à favoriser une institution destinée pourtant à diminuer son influence dans les affaires administratives. L'établissement de l'assemblée provinciale du Bourbonnois fut entravée par la résistance de l'intendant de Moulins, et nous verrons plus tard que le déplacement de cet intendant fut demandé par M. Necker,

---

(*) Saint-Lambert écrivoit à madame Necker, au sujet de l'administration provinciale du Dauphiné : « Je « vois avec bien de la satisfaction que M. Necker a pu « composer les nouveaux états provinciaux d'un moindre « nombre d'évêques et de nobles que ceux du Berry, et « qu'ils ne seront pas présidés par un prêtre. Je ne désire « plus qu'une chose, c'est que ce nouveau genre d'admi- « nistration, le meilleur possible, à ce qu'il me paroît, « soit établi d'une manière durable. »

en 1781, comme une des conditions sans
lesquelles il ne pouvoit consentir à rester
ministre. Nous verrons aussi par quelle
trahison fut rendu public le Mémoire sur
les administrations provinciales, mémoire
qui n'étoit destiné qu'à éclairer la décision
du roi.

Les assemblées provinciales furent composées par moitié de membres du clergé et
de la noblesse, et de députés des villes et des
campagnes. Je ne répondrai point à ceux qui
dès lors trouvèrent mauvais que l'on fît la
part de la nation égale à celle du privilége :
sans parler de justice, ni de sens commun,
un obstacle positif empêchoit que l'on n'admît une plus grande proportion de nobles
dans les administrations de province; c'est
que l'intérêt et la vanité ayant depuis long-
temps attiré à Paris toutes les principales
familles de la noblesse, il eût été impossible
de trouver parmi les membres de cet ordre
un nombre suffisant d'hommes qui réunis-
sent des connoissances locales à des idées
d'administration. Quelques personnes, en
revanche, blâmèrent M. Necker d'avoir
placé trop de prêtres dans ses nouvelles
assemblées. Ce reproche, qui seroit fondé
aujourd'hui, ne l'étoit nullement alors, puisque le clergé possédant, comme propriétaire

ou comme usufruitier, une portion des terres
du royaume, dont les revenus ne montoient
pas à moins de cent vingt millions, ses intérêts avoient évidemment droit à être re-
présentés. Il faut se rappeler d'ailleurs
que le clergé de France étoit riche alors en
savoir et en vertus, et qu'à une époque où
le catholicisme n'étoit pas encore devenu
une des armes de l'esprit de parti, on rencontroit souvent parmi les membres de
l'ordre ecclésiastique le patriotisme le plus
éclairé. Aussi M. Necker, quoique protestant, avoit beaucoup d'estime pour le haut
clergé, et en étoit à son tour fort considéré. Je citerai à l'appui de cette assertion
un fait assez curieux.

L'archevêque de Paris, ce même Chris-
tophe de Beaumont que l'éloquence de
J. J. Rousseau fera passer à la postérité,
étoit un homme charitable et religieux,
bien qu'étroit dans ses idées sur la philosophie. Ayant gagné en 1779, contre la Ville
de Paris, un procès considérable qui éta-
blissoit son droit de censive sur plusieurs
édifices, il abandonna à M. Necker, pour
être appliqués à quelque objet d'utilité publique, les arrérages qui lui étoient dus,
et qui montoient à une somme très-forte :
« Consentant, disoit-il dans sa donation,

g

« que M. Necker dispose de ces fonds pour
« le plus grand avantage de l'état, et nous
« en rapportant à son zèle, à son amour du
« bien public et à sa sagesse, pour l'emploi
« le plus utile desdits fonds ; et voulant de
« plus qu'il ne lui soit demandé compte de
« cet emploi par quelque personne que ce
« soit. » Les cent mille écus, ou environ,
qui provinrent de ces arrérages, furent
consacrés à l'amélioration de l'Hôtel-Dieu,
M. Necker pensant que cet usage charitable
seroit le plus conforme aux intentions du
donateur.

M. de Pontchartrain disoit à Louis xiv :
« Toutes les fois que Votre Majesté crée
« une charge, Dieu crée un sot pour l'ache-
« ter. » Aussi les charges de cour, de
finance, de judicature, avoient-elles été
multipliées à l'excès : c'étoit la ressource la
plus habituelle lorsqu'on avoit besoin d'argent. Cependant le véritable sot en cette
affaire, c'étoit l'état ; car les secours mo-
mentanés que le trésor retiroit de la finance
de tous ces offices, n'étoient nullement en
proportion avec la dépense durable dont le
gouvernement se chargeoit en les créant.
M. Necker voyoit un double avantage dans
la suppression des charges inutiles dont la
finance étoit encombrée : d'une part une

économie immédiate, et de l'autre une distribution plus méthodique du travail, qui
promettoit de nouvelles économies pour
l'avenir. Cette réflexion est encore essentiellement applicable à l'état actuel de la
France ; le gouvernement impérial, joint
aux traditions de l'ancien régime, y a mul-
tiplié les emplois dans une proportion dé-
mesurée ; et les hommes instruits des questions administratives, s'accordent à dire
que l'on rendroit service à la chose publique, en supprimant dans presque tous
les ministères un très-grand nombre de
places, dût-on même conserver aux titulaires, pendant leur vie, les traitemens dont
ils jouissent aujourd'hui, sans autre condition que celle de ne rien faire. M. Necker
consacra quatre années à la réforme des
charges inutiles de son département, entreprise difficile, qui commença en 1777
par la suppression de plus de cinquante
offices de contrôleurs et receveurs des domaines, et qui fut achevée en 1780, par
celle de quarante-huit places de receveurs
généraux. Nous parlerons plus tard de cette
dernière opération, et des haines actives
qu'elle suscita contre M. Necker : nous
avons maintenant à nous occuper de la réduction du nombre des trésoriers et des

améliorations dans la comptabilité qui en furent la conséquence.

Il y avoit autrefois auprès de chaque département ordonnateur, et même auprès de chaque division de ce département, un payeur entre les mains duquel on versoit par avance les fonds nécessaires pour la dépense présumée de chaque service. Ces payeurs généraux, sous le nom de trésoriers, caissiers, argentiers, etc., s'étoient multipliés au point qu'il n'y en avoit pas moins de treize pour les seules dépenses de la maison du roi; huit pour la guerre, deux pour la marine, deux pour les ponts et chaussées, un pour la police, un pour les haras, un pour les postes, un pour les mines et l'agriculture; je ne finirois pas si je voulois en épuiser le nombre. A chaque office de trésorier étoient attachées une, deux et jusqu'à trois charges de contrôleurs : tous ces employés divers étoient alternativement en exercice, et prenoient le titre d'ancien, d'alternatif, de triennal ou de quatriennal, suivant que leur tour revenoit tous les deux, tous les trois ou tous les quatre ans.

Ceux qui, par l'étude des comptes de finance, ont pu se convaincre de la difficulté de clore un exercice, jugeront aisément com-

bien cette difficulté étoit accrue par la multiplication du nombre des comptables. Aussi
étoit-il presque sans exemple que le compte
d'un exercice fût définitivement apuré moins
de trente ans après la fin de cet exercice. La
faculté accordée aux trésoriers, de recevoir
des dépôts d'argent étrangers à leurs fonctions, sans être tenus d'en faire mention dans
leurs écritures publiques, achevoit d'em-
brouiller la comptabilité, et rendoit impossible de vérifier, avec exactitude, l'état de
leurs caisses.

Un autre inconvénient bien plus grave du
système des trésoriers, c'étoient les voyages
continuels que faisoit l'argent, en passant
des caisses des receveurs élémentaires à
celles des trésoriers généraux, et en retour-
nant de là, diminué des frais de transport
et des taxations des trésoriers, sur les lieux
où les dépenses devoient être acquittées.
Chacune des caisses entraînoit un fonds
mort qui étoit enlevé à la circulation, ou
dont l'intérêt du moins étoit perdu pour
l'état; car d'un autre côté, tous les principaux trésoriers, pour tirer parti des sommes qui leur étoient confiées, mettoient en
circulation des billets au porteur, à l'insu
de l'administration des finances, et sans sa
participation. Enfin, au lieu que les tré-

soriers reçussent un traitement fixe, leurs
taxations étoient en raison directe de la
somme des payemens qu'ils avoient à faire;
d'où il résultoit qu'ils étoient tous intéressés
à l'accroissement de la dépense, et que
leurs revenus augmentoient en temps de
guerre, c'est-à-dire, dans le moment même
où il étoit le plus nécessaire de réduire les
frais de l'administration intérieure. On conçoit de reste tous les inconvéniens d'un pareil système, et l'importance que M. Necker
mit à le réformer.

Il commença par soumettre toutes les
caisses de dépenses à une comptabilité régulière; il exigea, soit des trésoriers gené-
raux soit des trésoriers de provinces, d'en-
voyer mois par mois à l'administration des
finances la copie de leur journal : il leur
interdit de faire, pour le service de leurs
départemens, ni avances ni billets à terme,
sans y être formellement autorisés par le
ministre des finances; il régla leurs taxations d'après des bases plus raisonnables,
en offrant le remboursement de leurs
charges à tous ceux qui ne seroient pas
satisfaits du nouvel ordre de choses. Enfin,
il réduisit progressivement le nombre des
caisses, et substitua à tous ces trésoriers
et contrôleurs dont j'ai indiqué l'énumé-

ration, un trésorier payeur général pour la guerre, un pour la marine, un pour les ponts et chaussées et la navigation, un pour les maisons du roi et de la reine, et un pour les dépenses diverses. C'étoit encore beaucoup peut-être, et si les besoins de la guerre avoient permis à M. Necker de renoncer à la ressource que lui offroient les finances de ces offices, il y a lieu de croire qu'il eût poussé la reforme plus loin, et qu'il eût examiné jusqu'à quel point il étoit nécessaire d'avoir deux espèces de caisses, les unes destinées à la recette, les autres à la dépense, et s'il n'étoit pas possible de supprimer en entier les payeurs.

Aujourd'hui nous avons encore des payeurs en France, et ce système vicieux trouve des défenseurs. On se fonde sur ce que la recette et la dépense étant des opérations opposées, on ne peut les confier aux mêmes agens : mais il y a là erreur dans les termes ; on confond la *dépense* avec le *payement.* Dépenser ou ordonnancer, c'est un acte d'administration qui exige la connoissance de tel ou tel service, et dont l'ordonnateur est responsable sous le rapport de son intelligence, comme sous celui de sa fidélité ; dépenser, en un mot, c'est gouverner. Mais payer, n'est qu'un acte ma

tériel, qui se concilie si bien avec celui de
recevoir, qu'on ne peut se figurer ni un
payeur qui ne soit en même temps receveur,
ni un receveur qui ne soit payeur à son
tour. Quel négociant songeroit jamais à
avoir deux caisses, dont l'une seroit chargée
de recevoir les profits de son commerce, et
l'autre d'acquitter ses lettres de change ?

C'est une étude sèche, sans doute, que
celle de la comptabilité; mais son importance lui donne pourtant quelque intérêt.
On se rappelle que Sully raconte dans ses
Mémoires, comme un trait d'une grande
profondeur, la précaution qu'il eut de garder par-devers lui un bordereau des recou-
vremens que lui avoit valus sa tournée dans
les provinces; et en effet une telle précaution étoit alors si inusitée, qu'au bout de
quelques mois le contrôleur-général avoit
déjà frustré l'état d'une partie de ces recou-
vremens, ne doutant pas que le bordereau,
moyen unique de vérification, ne fût égaré,
comme M. le surintendant s'étoit amusé à
le faire croire, pour tendre un piége aux
gens de finance. Un siècle plus tard, la comptabilité publique étoit encore tellement
dans l'enfance, que l'on voit Pélisson, dans
sa défense de Fouquet, s'étonner comme
d'une chose inouïe, que l'on puisse, au bout

de trois ans, demander raison à un ministre de l'emploi des revenus d'une année.

Lorsque M. Necker entra en place, les
choses n'étoient, en vérité, guère plus avan-
cées, et les états de finances qui ont précédé
le *Compte rendu* ne sauroient être considérés que comme des aperçus de l'esprit
de tel ou tel ministre. Les comptes du trésor royal, loin d'offrir une description
fidèle de toutes les opérations financières,
ne donnoient à cet égard que les renseigne-
mens les plus incomplets et les plus obscurs : une partie des impositions n'y figu-
roit point en recette, et un grand nombre
de dépenses, étant acquittées par toutes
ces caisses dont nous avons fait mention,
ne laissoit aucune trace au trésor royal. Les
dépôts des chambres des comptes ne pouvoient nullement suppléer à ces lacunes,
non-seulement à cause du temps prodi-
gieux qu'exigeoit la production et l'apure-
ment d'un compte, mais parce que les
chambres des comptes étant au nombre de
onze, l'on ne pouvoit obtenir un résultat
général qu'en faisant à grand'peine le dé-
pouillement d'une masse énorme de papiers. L'on sait d'ailleurs combien, même
sous un ordre de choses plus régulier, il est
difficile de faire cadrer des comptes admi-

nistratifs avec des comptes sur pièces, tels
que ceux que l'on présente à une chambre
des comptes. M. Necker remédia à une
partie de ces inconvéniens, en établissant
une comptabilité centrale, et en ordonnant
que désormais aucun comptable ne seroit
valablement déchargé, qu'en rapportant des
quittances des gardes du trésor royal. Ce
nouvel ordre fut un progrès important, et
les gens instruits en jugèrent ainsi. Le parlement de Metz, qui faisoit fonction de
cour des comptes, écrivit à M. Necker, au
sujet de la déclaration du 17 octobre 1779,
concernant le trésor royal : « La com-
« pagnie y a reconnu, avec satisfaction, la
« supériorité de vues qui caractérise votre
» administration. Vous parvenez à recueil-
« lir tous les avantages d'un plan général,
« en même temps que vous continuez à
« vous procurer les éclaircissemens que les
« connoissances locales peuvent répandre
« sur les diverses branches. On ne peut
« imaginer un système plus sage et mieux
« combiné. »

Dès lors, on a fait un grand pas de plus.
Un administrateur, dont le nom est justement honoré, a appliqué à la comptabilité
des finances le système des écritures commerciales, système ingénieux, qui ne tolère

point de lacune dans la description des faits ; et les divers perfectionnemens qui sont encore désirables à cet égard, découleront tous de l'organisation introduite par M. le comte Mollien.

Si l'on compare la France soit à la Hollande, soit surtout à l'Angleterre et à l'Amérique, on est frappé de voir à quel point nous sommes arriérés dans la science des moyens de crédit et de circulation. Tandis qu'à Londres, par exemple, l'art des viremens a été perfectionné au point que les principaux caissiers de la cité font, jusqu'à trois fois par jour, la compensation de leurs mandats, et soldent des comptes énormes par des appoints de quelques livres sterling ; en France, tout se fait en argent ; tous les banquiers, tous les négocians ont dans leurs caisses une masse considérable de fonds morts ; une grande partie des contributions publiques arrive en numéraire à la trésorerie, et il n'est pas rare que les caves de la banque soient encombrées de plus de deux cent millions d'espèces. Ces inconvéniens tiennent à plusieurs causes, dont les principales sont d'abord une grande absence de lumières dans les provinces, ensuite le peu de rapports commerciaux qui existent entre Paris et le reste de la France,

enfin, la terreur que les assignats ont laissée
dans les esprits, et qui fait confondre toute
espèce de papier avec le papier monnoie.
Ces mêmes causes existoient à un degré
beaucoup plus fâcheux sous l'ancien régime,
si ce n'est qu'au souvenir des assignats, il
faut substituer le souvenir non moins
effrayant de la banque de Law. Aussi le
mot seul de banque étoit un épouvan-
tail, et ce ne fut pas sans peine que, sous
le ministère de M. Turgot, quelques gens
d'esprit parvinrent à fonder à Paris une
caisse d'escompte. Mais cette institution
resta fort languissante, jusqu'au moment
où M. Necker lui donna la vie, moins par
ses actes comme ministre, que par l'autorité que son nom et ses lumières avoient
conservée chez les négocians. Il fit connoître au commerce les avantages de cet utile
établissement, il engagea les principaux
banquiers de la capitale à y placer des
fonds et à recevoir ses billets dans leurs
payemens; et enfin, lorsque l'expérience
eut démontré que l'organisation de la caisse
d'escompte étoit bonne, il se détermina,
sur la demande des actionnaires eux-mêmes, à en faire sanctionner les statuts par
un arrêt du conseil du 7 mars 1779.

M. Necker étoit persuadé, du reste, que

l'indépendance est en général une des conditions essentielles aux succès d'une banque
d'escompte, et qu'à moins que le crédit de
l'état ne repose sur les bases les plus solides,
les établissemens de ce genre doivent éviter
de lui confier leurs fonds. M. Necker, pendant son premier ministère, loin de demander des avances à la caisse d'escompte, a
souvent employé quelques millions en re-
connoissances de cette caisse, afin de tirer
parti des fonds morts du trésor royal.

En parcourant les opérations financières
et administratives de l'année 1779, je ne
puis passer sous silence un acte de justice
qui fit bénir le nom de Louis xvi et de son
ministre; je veux parler de l'abolition du
droit de main-morte. Cette servitude, reste
barbare du régime féodal, existoit encore
dans quelques provinces, et principalement
dans la Franche-Comté, la Bourgogne et le
Nivernois. Elle étoit de deux espèces : l'une,
de *ténement*, privoit le main-mortable de
la disposition de sa personne et de ses biens ;
il ne pouvoit ni se marier, ni vendre, ni
emprunter, ni même transmettre sa propriété à ses enfans, sans l'autorisation de
son seigneur; et pour se racheter de cette
condition, il falloit qu'il allât s'établir dans
un lieu franc, en faisant l'abandon gratuit

de ses héritages. L'autre espèce de servitude, nommée *servitude de corps*, étoit encore plus rigoureuse; le malheureux qui y étoit assujetti pouvoit, lorsqu'il s'absentoit de la seigneurie, être imposé à une taille arbitraire, ou même rappelé à la servitude, et tous les biens acquis par son industrie, dans quelque lieu qu'ils fussent situés, devenoient la propriété de son seigneur, comme appartenant à un serf fugitif. C'étoit ce qu'on appeloit le droit de *suite*. S'étonnera-t-on qu'un pays où, il y a quarante ans, de semblables barbaries existoient encore au profit des seigneurs de fiefs et des communautés religieuses, s'étonnera-t-on, dis-je, qu'un tel pays embrasse avec passion les bienfaits d'un nouvel ordre de choses, et que ses habitans, dans les classes inférieures de la société, soient faciles à alarmer à la moindre apparence de retour vers l'ancien régime?

L'abolition du droit de mainmorte, telle qu'elle fut opérée par M. Necker, offre une comparaison curieuse entre son caractère et celui de M. Turgot. M. Turgot ne voyoit pas les restes de la servitude avec moins de douleur que M. Necker; mais son esprit roide se refusoit à toute transaction avec les circonstances; et, ne pouvant pas racheter le droit de mainmorte des mains des seigneurs de fiefs, ne voulant pas d'ailleurs considérer comme une propriété ce qui n'étoit à ses yeux qu'une injustice, il attendoit que le bien naquît de l'excès du mal, et que l'indignation publique lui donnât un jour la force de triompher de la résistance des privilégiés, et d'abolir d'un seul coup toutes les traces de la féodalité. M. Necker, au contraire, pensoit que ni la prudence, ni même la morale, ne permettoient de différer le bien, parce qu'on ne pouvoit l'accomplir dans toute son étendue, et comme la guerre ne laissoit pas à sa disposition des fonds suffisans pour racheter le droit de mainmorte, il commença par le supprimer dans les domaines du roi, et dans les domaines engagés, se fiant à l'empire de l'exemple pour déterminer les seigneurs de fiefs à l'abolir également dans leurs terres. Il fut plus sévère relativement au droit de suite, dont l'injustice lui parut si criante, que par le même édit d'août 1779, il l'abolit, sans compensation, dans tout le royaume. L'espérance de M. Necker ne fut point déçue; presque tous les propriétaires nobles imitèrent l'exemple du roi, et si un petit nombre de seigneurs ou de chapitres s'y refusèrent, ils furent justement flétris par l'opinion publique.

Il faut encore mettre au nombre des opérations importantes de l'année 1779 l'arrêt du conseil du 15 août, destiné à réduire progressivement ces innombrables péages établis sur les grandes routes et les rivières navigables, au profit de divers propriétaires, péages qui entravoient le commerce à chaque pas, et dont les tarifs compliqués exigeoient une véritable étude de la part des marchands et des voituriers. Cet arrêt, dicté par les idées les plus justes en économie politique, étoit un premier pas vers l'abolition des douanes à l'intérieur, et vers l'établissement d'un système fiscal uniforme, grand objet que M. Necker avoit constamment en vue, et qui est en effet d'une telle importance, que ce résultat de la révolution, fût-il le seul, suffiroit pour compenser amplement les richesses perdues par vingt années de guerre civile et étrangère.

L'arrêt du 15 août 1779 n'est pas moins remarquable par le soin avec lequel il pourvoit aux indemnités dues aux propriétaires des péages abolis. Jamais M. Necker ne s'est cru permis de supprimer un droit, quelque onéreux qu'il fût pour l'état, sans accorder un dédommagement raisonnable à ceux qui en jouissoient de bonne foi. Les mesures rigoureuses n'a-

planissent les difficultés qu'en apparence ,
et l'on ne tarde pas à voir les prétentions
lésées renaître sous mille formes diverses :
l'équité seule satisfait les âmes, et garantit
la paix de l'avenir.

Quelque nombreuse, quelque active que
soit aujourd'hui la race des solliciteurs,
l'état actuel des choses ne peut donner
qu'une foible idée des demandes dont un
ministre des finances étoit assailli sous
l'ancien régime, et du degré de fermeté
qu'il falloit pour y résister. Aujourd'hui,
du moins, un homme en place trouve dans
quelques lois fixes , et dans la nécessité de
rendre devant une assemblée délibérante
le compte annuel de sa gestion, des moyens
de se prémunir contre sa propre foiblesse,
ou contre l'insistance des demandeurs ;
mais lorsqu'il n'y avoit point de bornes à
l'arbitraire , lorsque la cupidité ne voyoit
d'obstacle à surmonter que dans la sagesse
et la conscience d'un ministre , il n'étoit
aucun moyen qu'elle ne mît en œuvre pour
parvenir à son but. Des places , des pensions, des grâces pécuniaires de tout genre,
des exemptions de droits , des concessions,
des échanges onéreux pour l'état, des intérêts dans les compagnies financières, étoient
demandés à toutes les heures du jour par

h

des hommes qui, non contens des priviléges qu'ils devoient à la faveur ou à la
naissance, vouloient encore que les impôts
levés sur le pauvre fussent prodigués, pour
leur rendre plus faciles toutes les jouissances
de la vanité. Les grands airs, l'impertinence recherchée, qui faisoient une partie
essentielle de l'éducation des gens de cour,
venoient à l'appui de toutes ces démarches
dépourvues de sentiment moral et de dignité. Enfin les princes de la famille royale
accordoient leur protection avec une déplorable facilité aux demandes les plus inconsidérées, et croyoient ensuite leur honneur engagé au succès de leurs recommandations. L'on doit lire, à ce sujet, le
beau chapitre sur les sollicitations des
grands, dans l'*Administration des finances;*
et si le ménagement des convenances ne
me retenoit pas, je pourrois citer ici quelques correspondances où se montreroient
d'un côté l'arrogance du rang, et de l'autre
la fermeté respectueuse de la raison. Plus
tard, on a vu des hommes prenant un
cynisme subalterne pour du courage, se
croire des Romains lorsqu'ils insultoient
bassement à des grandeurs déchues. Aujourd'hui, que la marche de la liberté et de
la morale tend à diminuer progressivement

l'empire des distinctions factices, pour faire place aux distinctions naturelles, aujourd'hui, dis-je, il devient facile à un homme de bon sens de concilier les égards extérieurs que l'on doit à de certaines conditions sociales avec la juste appréciation des personnes et des choses ; mais on doit se reporter à l'ancien régime, si l'on veut rendre justice à la supériorité de caractère qu'il falloit, pour opposer à tant de prétentions diverses une résistance toujours inébranlable, mais toujours accompagnée d'urbanité et de modération. La plupart des ministres succomboient à la tâche ; et tandis que les uns prenoient le parti d'une complaisance servile, d'autres cherchoient à se tirer d'embarras par des promesses dilatoires. Mais de tels subterfuges étoient indignes de l'âme élevée de M. Necker ; car s'il étoit sujet à l'irrésolution, lorsqu'il ne s'agissoit que de choisir entre différentes vues de l'esprit, il n'y avoit pas d'homme plus décidé lorsque la ligne du devoir étoit tracée devant lui.

Qu'on me permette de citer deux traits que je choisis entre mille, parce que leur simplicité les rend d'autant plus caractéristiques.

Un grand seigneur, croyant ou feignant de croire que M. Necker étoit favorable à

une grâce qu'il sollicitoit avec l'appui de
la reine, pensa qu'il seroit d'une tactique
habile d'exprimer sa reconnoissance au
ministre dans les termes les plus obsé-
quieux, comme si l'affaire eût été déjà
terminée. M. Necker auroit pu se borner
à attendre en silence les ordres du roi,
mais il ne voulut ni accepter des remercîmens qu'il ne méritoit pas, ni même
laisser de doute sur son opinion dans l'esprit du noble solliciteur, et il lui écrivit la
lettre que voici :

« Quoique j'attachasse beaucoup de prix,
« monsieur, à votre reconnoissance, je dois
« à la vérité de ne point accepter ce qui ne
« m'appartient pas. Toutes les fois que la
« reine m'a fait l'honneur de me parler de
» votre affaire, j'ai fait, en loyal adminis-
« trateur des finances, toutes les observa-
« tions contre, que j'ai cru pouvoir me per-
« mettre. Sa Majesté m'a ensuite parlé de
« la volonté du roi, qui me seroit mani-
« festée, et de ce moment, je n'ai eu à
« montrer que mon respect et mon obéis-
« sance. Vous voyez donc, M. le duc, que
« si le roi me donne des ordres, vous ne
« me devrez rien. Après cet aveu, qui me
« fait perdre un titre à votre bienveillance,
« je vous prie de croire au désir sincère

« que j'ai d'en acquérir, et je chercherai
« avec empressement les occasions de vous
« en convaincre. »

Une des manières d'accroître leur fortune dont les courtisans faisoient le plus
d'usage, c'étoit de solliciter à vil prix des
échanges ou des engagemens de domaines.
Ils commençoient par présenter au roi des
états de ces domaines, où leur valeur étoit
portée fort au-dessous de la réalité; ensuite,
comptant sur la bonté facile de Louis xvi,
et sur l'appui de quelque personnage éminent, ils offroient de ces domaines un
prix qui pouvoit à peine paroître raisonnable, en le comparant avec les états de
revenu qu'eux-mêmes avoient préparés.
Voici un exemple assez curieux de cette
sorte de transactions.

Le chef d'une famille riche et titrée,
parent et ami de madame de Polignac, et
comme tel, vivement protégé par la reine,
demandoit la concession d'un duché, avec
reversibilité à la couronne, à défaut d'hé-
ritiers mâles. Le duché, selon lui, rapportoit de vingt-cinq à trente mille livres de
rente, et il citoit comme un des motifs à
l'appui de sa demande, la perte récente
d'un procès qui lui avoit enlevé la possession d'une baronnie considérable. Louis xvi,

pressé par les sollicitations de la reine, sou-
haitoit vivement de complaire à son désir
et à celui de son amie ; mais arrêté par un
sentiment louable, d'ordre et de sagesse, il
refusa de prendre une décision avant d'a-
voir consulté le ministre des finances.
M. Necker fut donc chargé de faire un rapport sur cette affaire, et voici comment il
le terminoit. Après avoir démontré que le
domaine dont on sollicitoit l'engagement,
rapportoit quatre-vingt mille livres de rentes, et non vingt-cinq ou trente mille,
comme on vouloit le persuader au roi,
M. Necker ajoutoit : « Enfin, dans une af-
« faire pareille, il faut aussi compter pour
« quelque chose l'opinion publique. De
« quelque manière que le marché se fasse,
« on le verra toujours comme une faveur
« absolument en désaccord avec les prin-
« cipes que V. M. observe : et cette
« exception majeure ne manqueroit pas
« d'exciter des prétentions de toute es-
« pèce. La perte d'un procès ne peut pa-
« roître une raison plausible pour accorder
« une pareille grâce ; car un procès gagné
« ou perdu n'est qu'une propriété conser-
« vée à qui elle appartient. D'ailleurs, les
« pensions et les titres que V. M. a accordés
« à cette maison, paroîtront toujours des

« faveurs dont il est peu d'ambitions qui
« ne puissent être satisfaites. Il est bon que
« V. M. sache que les plus grandes maisons
« de France ne cessent de faire des deman-
« des à peu près semblables à celle-ci. J'ai
« constamment répondu que V. M. ne veut
« céder aucun domaine. Si l'on voit une si
« grande exception, chacun ne manquera
« pas de revenir à la charge ; et si, après
« moi, un ministre des finances favorise
« ces demandes, comme on l'a fait scanda-
« leusement autrefois, on achevera de dé-
« pouiller V. M. de ses domaines, à l'aide
« de ces calculs si faciles à faire, par les-
« quels les particuliers ont l'air d'offrir un
« bon marché au roi, en gagnant cent
« pour cent. Il faut donc que V. M. par-
« donne au zèle qui m'engage à lui dire la
« vérité, même dans les affaires où je puis
« contrarier ses affections. »

Sur ce rapport, la grâce que l'on sollicitoit du roi fut refusée, ou du moins mo-
difiée ; et je laisse à penser combien tout le
peuple des courtisans se déchaîna contre
M. Necker. M. de Beauvau, ayant osé se
prononcer en sa faveur ; « Voilà comme
« vous êtes, lui dit-on ; vous avez toujours
« pris le parti de l'opposition. » Car ce
qu'on appeloit prendre le parti de l'oppo-

sition, c'étoit soutenir un ministre coura-
geux, et un monarque homme de bien,
contre les intrigues des antichambres de
Versailles.

Dix-huit mois plus tard, M. Necker
chercha à remédier à quelques-uns des
abus sans nombre dont les domaines engagés étoient la source, en obligeant les
engagistes à produire devant un comité de
magistrats tous les titres sur lesquels se
fondoit leur jouissance, et en les assujet-
tissant à une redevance annuelle pendant la
durée du règne de Louis xvi. (*)

L'année 1780 s'ouvrit par une grande
opération financière, dont les ennemis
mêmes de M. Necker ont à peine osé contester les avantages; je veux parler de la
nouvelle organisation des fermes et régies,
et de la distribution méthodique de tous les
impôts indirects entre trois compagnies
principales. Dès l'année 1777, M. Necker
avoit opéré une amélioration importante,
en réunissant en une seule régie plusieurs
droits épars entre des compagnies diverses;
mais il méditoit une réforme plus complète, et il attendoit, pour la réaliser, l'expi-
ration du bail de la ferme générale (celui

(*) Voyez l'arrêt du conseil du 14 janvier 1781.

de David), qui devoit arriver en 1780. L'adjudicataire du bail de la ferme étoit, comme l'on sait, un prête-nom, dont les fermiers-généraux étoient censés les cautions. Il y avoit alors soixante fermiers-généraux, outre vingt-sept adjoints, et un nombre infini d'intéressés. Les fortunes rapides de tous ces traitans s'élevoient à des sommes énormes ; et l'on peut voir dans les célèbres remontrances de la Cour des Aides, par quelle oppression sur les classes inférieures les employés de la ferme se consoloient de leur complaisance servile envers les grands ; et quelles insultes journalières les hommes sans protection avoient à souffrir des agens de la finance. M. Necker se proposoit donc deux grands objets, en réformant l'organisation de la ferme générale ; d'une part le soulagement des contribuables, et de l'autre l'économie qui devoit résulter d'un ordre plus régulier et d'une meilleure division du travail. Il distribua la perception de tous les droits entre trois compagnies. La première, qui conserva le nom de *ferme générale*, eut dans ses attributions les douanes et la vente exclusive du sel et des tabacs. La seconde, sous le titre de *régie générale*, fut chargée du recouvrement des impôts sur la consommation, et en particulier des aides et des droits réunis. Enfin, la troisième, sous le nom d'*administration générale des domaines et droits domaniaux*, eut pour département le revenu des domaines et bois, les droits d'enregistrement et le timbre.

Cette division, introduite par M. Necker, est encore celle qui s'observe aujourd'hui entre les trois administrations financières, sauf que la vente des tabacs a passé de la direction générale des douanes à celle des contributions indirectes.

Le nombre des fermiers-généraux fut réduit de soixante à quarante, et celui des membres de la régie générale fut fixé à vingt-cinq, ainsi que celui des administrateurs des domaines. Tous les adjoints et les intéressés furent supprimés; les nouvelles compagnies furent affranchies, sans exception, de toute espèce de croupes et de pensions, de même que des pots-de-vin dont avoient joui jusqu'alors les ministres des finances. Enfin, les émolumens des fermiers et des régisseurs furent réglés avec une stricte économie.

L'on discutoit alors dans une foule de brochures, quel étoit, des fermes ou des régies, le système le plus avantageux pour les finances de l'état; et l'on opposoit,

ainsi qu'il arrive entre gens qui n'ont que
des connoissances superficielles, des généralités vagues à des considérations tirées
de l'intérêt personnel. M. Necker remit la
discussion sur son véritable terrain, en
montrant que les fermes et les régies, d'a-
près les modifications qu'elles avoient su-
bies, ne différoient que pour la forme,
puisque dans un cas, l'on disoit aux régisseurs : vous participerez pour telle proportion aux bénéfices qui excéderont une certaine somme; et que dans l'autre, on disoit aux fermiers : l'état se réserve telle part
dans les revenus qui dépasseront le prix
de votre bail.

Lorsque l'état vend à une compagnie
financière quelque branche des impositions
publiques, il fait sans doute l'aveu tacite
de son incapacité pour les recouvrer; incapacité qu'il paie par le sacrifice d'une partie
de ses revenus. Mais il y a toujours dans les
administrations les mieux organisées, un
point où il faut que le gouvernement appelle
à son aide l'activité ingénieuse de l'intérêt
personnel; et l'habileté du ministre consiste
à bien poser les limites.

M. Necker fixa le bail de la ferme générale
à un prix assez modique (122,900,000 fr.),
pour que les fermiers ne pussent avoir au-

cune perte à redouter ; mais en même
temps, il ne les admit à partager par moitié que les bénéfices qui excéderoient cent
vingt-six millions ; tandis que d'après le bail
précédent, les fermiers-généraux s'étoient
réservé trois cinquièmes sur les quatre premiers millions qui dépasseroient le prix de
leur bail, sept dixièmes sur les quatre sui-
vans, et huit dixièmes sur tout le reste ; en
sorte que sur cinquante-cinq millions de
bénéfice, il n'en revint que treize à l'état.

Par une suite du même système, le produit de la régie générale et celui de l'administration des domaines furent fixés à
quarante-deux millions, et l'on admit les
régisseurs à participer, pour deux vingtièmes, aux six premiers millions de bénéfice
qui excéderoient cette somme, pour trois
vingtièmes à six autres millions, et ainsi
de suite. Enfin, dans une circulaire qui
accompagnoit le département arrêté pour
le nouveau bail, M. Necker traçoit aux
fermiers-généraux un plan de travail à la
fois simple et ingénieux, et il les assujet-
tissoit à un mode de comptabilité qui lui
permît d'avoir constamment sous les yeux
la situation des produits de la ferme.

Tel est l'exposé sommaire d'une opération qui, sans aucune charge nouvelle pour

les peuples, valut à l'état une augmentation de quatorze millions dans ses revenus.

Mais, dira-t-on peut-être, pourquoi M. Necker n'a-t-il pas poussé la réforme plus loin? pourquoi n'a-t-il pas supprimé tous les fermiers-généraux, et réuni leur département aux attributions directes de l'administration des finances? Certes, ceux qui feroient cette demande n'auroient nulle connoissance des difficultés d'une semblable entreprise, et de la résistance qu'opposoit alors la puissante ligue des financiers. L'opération dont je vais rendre compte en donnera quelque idée.

Aujourd'hui, que la toute-puissance de la révolution a aplani le terrain, aucune entreprise politique ou financière ne semble plus impossible; mais telle réforme qui devint facile à l'assemblée constituante, exigeoit alors de la part d'un ministre, des efforts et des précautions sans nombre. M. Necker établit lui-même ce parallèle. « Que l'on rapproche, dit-il (*), de cette « force immense de l'assemblée nationale « les moyens et les tentatives d'un ministre « des finances qui, éperdu, pour ainsi dire, « au milieu d'une cour depuis long-temps

_____

(*) De l'administration de M. Necker, par lui-même.

« étrangère aux idées d'ordre et d'écono-
« mie, s'efforce de propager ces mêmes
« idées, et se voit dans la nécessité de com-
« battre seul contre tous. On ne saura ja-
« mais toute la constance dont j'ai eu be-
« soin. Je me rappelle encore cet obscur
« et long escalier de M. de Maurepas, que je
« montois avec crainte et mélancolie, in-
« certain du succès auprès de lui, d'une
« idée nouvelle dont j'étois occupé, et qui
« tendoit le plus souvent à obtenir un ac-
« croissement de revenu par quelque opé-
« ration juste, mais sévère. Je me rappelle
« encore ce cabinet en entresol, placé sous
« les toits de Versailles, mais au-dessus des
« appartemens du roi, et qui, par sa peti-
« tesse et sa situation, sembloit véritable-
« ment un extrait, et un extrait superfin de
« toutes les vanités et de toutes les ambi-
« tions. C'étoit là qu'il falloit entretenir de
« réforme et d'économie un ministre vieilli
« dans le faste et dans les usages de la cour.
« Je me souviens de tous les ménagemens
« dont j'avois besoin pour réussir, et com-
« ment, plusieurs fois repoussé, j'obtenois
« à la fin quelques complaisances pour
« la chose publique; et je les obtenois, je
« le voyois bien, à titre de récompense des
« ressources que je trouvois au milieu de

« la guerre. Je me souviens encore de l'es-
« pèce de pudeur dont je me sentois em-
« barrassé, lorsque je mêlois à mes dis-
« cours, et me hasardois à lui présenter
« quelques-unes des grandes idées morales
« dont mon cœur étoit animé. »

Il y avoit, avant 1780, pour les vingt-
quatre généralités de pays d'élections, quarante-huit receveurs-généraux des finances,
qui étoient alternativement en exercice, et
qui, de Paris où ils résidoient, correspon-
doient avec les receveurs particuliers, et
versoient au trésor royal le produit des
contributions directes dont le recouvrement leur étoit confié. Ces versemens se
faisoient soit en argent, soit en rescriptions
tirées sur leurs commis établis dans les différentes généralités. Les receveurs généraux
souscrivoient au commencement de l'année
des soumissions à échéances fixes, comme
le font encore aujourd'hui, pour la forme,
les receveurs généraux de département, et
on leur accordoit vingt-un mois pour payer
les impositions qu'ils recevoient en douze.
Leurs occupations principales consistoient
donc dans les escomptes et les viremens,
au moyen desquels ils tiroient parti des
fonds dont ils disposoient pendant un
terme plus ou moins long. Enfin, ils jouis-

soient de taxations proportionnées à l'étendue de leur recette, et on leur allouoit de
plus des primes ou des commissions, à titre
de prompt payement.

L'on voit donc qu'à de légères différences
près, l'organisation actuelle des recettes
générales ressemble beaucoup à ce qu'elle
étoit sous l'ancien régime, si ce n'est que
nous avons quatre-vingt-six receveurs qui
résident dans les départemens, au lieu de
quarante-huit établis à Paris.

Je ne reproduirai point ici tous les motifs qui engagèrent M. Necker à changer cet
ordre de choses; ils sont développés dans
l'*Administration des finances*. Je me bor-
nerai à présenter un point de vue de la question, qui me semble s'appliquer au système
actuel comme à celui que M. Necker étoit
parvenu momentanément à réformer.

Les fonctions des receveurs généraux sont
de deux espèces. D'une part, ils rassemblent,
comme agens centralisateurs, les impositions perçues par les receveurs particuliers;
de l'autre, ils font office de banquiers pour
faciliter les viremens de fonds et aider le
trésor de leur crédit.

Sous le premier de ces rapports, les receveurs généraux ne sont nullement nécessaires, puisqu'il seroit facile, au moyen

de quelques changemens dans l'ordre de la comptabilité, de mettre la trésorerie en rapport direct avec les receveurs particuliers, qui ne sont aujourd'hui qu'en seconde ligne.

Sous l'autre rapport, l'utilité des receveurs généraux dépend de deux conditions ; premièrement, de la plus ou moins grande facilité qu'ils ont à se procurer dans les provinces du papier sur Paris ; et secondement, du degré de crédit dont ils jouissent auprès des capitalistes. Or le peu de relations commerciales qui existe entre Paris et les départemens, oblige, la plupart du temps, les receveurs généraux à faire leurs versemens en espèces ; et, d'un autre côté, la confiance que ces mêmes receveurs généraux inspirent à quelques capitalistes, tient bien plus à leur place qu'à leur solvabilité personnelle ; c'est donc en réalité le gouvernement qui prête son crédit aux receveurs généraux, lors même qu'il semble recourir au leur. Ces observations, que je crois justes pour le moment actuel, avoient bien plus de force sous l'ancien régime, puisque les quarante-huit receveurs généraux résidoient tous à Paris, qu'ils n'avoient de correspondance avec les provinces que par l'intermédiaire de leurs commis, et qu'enfin les relations commerciales

entre Paris et le reste de la France, étoient
encore bien moins étendues avant la révolution qu'aujourd'hui.

M. Necker reconnut que les soumissions
signées par les receveurs généraux n'étoient
dans le fait qu'une simple forme de comptabilité, puisqu'il n'y avoit nulle proportion entre leur fortune et les engagemens
qu'ils prenoient ; il jugea qu'il en étoit de
même à l'égard des rescriptions qu'ils tiroient sur le produit des impositions à
venir, puisque, ni la compagnie en masse,
ni chaque receveur général en particulier,
ne pouvoit être garant des faits du gouvernement. Dès lors il ne vit plus dans ces
quarante-huit caisses établies à Paris, qu'autant de fonds morts pour l'état, et autant
de sources de fortunes exorbitantes pour
les gens de finance. Il les supprima donc,
sans se laisser arrêter par la crainte des ennemis redoutables qu'il alloit avoir à combattre, et il réunit leurs fonctions à une
seule compagnie de douze personnes, qui
furent placées sous l'inspection immédiate
du ministère des finances, et auxquelles
on alloua un traitement fixe au lieu des
taxations considérables dont jouissoient les
anciens receveurs.

De toutes les réformes, les plus diffi-

ciles sont les économies dans le nombre
et les appointemens des employés, parce
qu'on a contre soi les regrets de ceux dont
on diminue les bénéfices, sans être secondé
par l'action de nouveaux intérêts. Personne
n'étoit plus convaincu de cette vérité que
M. Necker ; mais sa bonté, jointe à la conscience de ses forces, l'empêcha de prendre
dans cette circonstance toutes les précautions que la prudence auroit commandées.

Dès le commencement de ses nombreuses réformes, il s'étoit prescrit la
règle de donner aux employés supprimés
la préférence pour toutes les places nouvelles, ou pour celles qui viendroient à vaquer. Il ne voulut pas s'écarter de ce principe équitable ; et quoique dans la recette
générale il n'y eût point de comparaison à
établir entre les travaux et les bénéfices,
quoique les prétendus droits des familles
de finance fussent fondés, non sur des services, mais sur des profits, M. Necker crut
devoir porter à douze le nombre des receveurs généraux, bien que dans son opinion
six personnes eussent pu suffire pour ce
département ; et il choisit les membres de
la nouvelle compagnie parmi ceux de l'ancienne. C'étoit confier à l'ennemi la garde
de la citadelle. En effet, ces douze finan-

ciers regrettant leur situation précédente,
et ligués d'intérêts avec leurs anciens collègues, mirent tout en œuvre pour amener
la chutè d'un ministre en qui tous les genres
d'abus avoient un ennemi si austère ; et à
peine en furent-ils délivrés, que l'on vit les
quarante-huit charges de receveurs généraux des finances rétablies dans toute la
splendeur de leur opulente oisiveté. Voici
comment M. Necker termine les raisonnemens sans réplique par lesquels il com-
bat le rétablissement des receveurs généraux. (*)

« Les réflexions que je dépose ici sont,
« je crois, un véritable service ; car si elles
« ne tombent pas dans un profond oubli,
« l'on doutera peut-être un jour que qua-
« rante-huit receveurs généraux soient né-
« cessaires au royaume de France. Mais si
« jamais on veut revenir à un ordre plus
« simple, je conseille à celui qui l'entre-
« prendra, de profiter d'une faute que j'ai
« faite, et de n'admettre qu'un ou deux
« receveurs généraux supprimés dans l'ad-
« ministration économique qu'il proposera
« au roi de former ; car l'habitude d'un an-
« cien état, et le souvenir de plus grands

_____

(*) Admin. des Fin. Liv. I. chap. IV.

« bénéfices, sont de trop forts liens à rom-
« pre, et l'on ne peut pas compter sur un
« pareil abandon de soi-même. Dès lors,
« cependant, l'établissement nouveau qu'on
« a fondé se trouve privé de ses défenseurs
« naturels. Ce n'est pas qu'un ministre ne
« puisse aisément s'assurer du zèle de toutes
« les personnes dont il surveille les travaux ;
« et c'est par ce motif que je cédai sans
« crainte à des égards d'équité pour les
« personnes, en proposant au roi d'appeler
« à l'administration nouvelle les principaux
« d'entre les receveurs généraux qui per-
« doient leur état par ce changement. Mais,
« à la vérité, n'envisageant pas alors la fin
« de ma carrière ministérielle comme si
« prochaine, je croyois avoir le temps de
« rendre cet établissement indestructible. »

L'on voit avec quelle sagacité d'esprit
et quelle franchise de caractère M. Necker
reconnoît son erreur. Nous aurons occasion
de nous convaincre, par la suite, que c'est
presque toujours dans ses ouvrages que l'on
a pris des armes pour le combattre, et que
la plupart de ses détracteurs eussent été
hors d'état de l'attaquer, s'ils n'avoient pas
emprunté à l'*Administration des finances*
des connoissances dont ils étoient entièrement dépourvus.

L'ordre chronologique me conduit à raconter ici l'événement qui changea en une haine active l'inquiétude jalouse de M. de Maurepas contre M. Necker.

Depuis long-temps M. Necker voyoit avec chagrin qu'au milieu d'une ·guerre maritime, le ministère de la marine fût confié à un homme dont l'inaptitude pour cette place étoit reconnue. C'étoit surtout dans la gestion financière de son département que l'incapacité de M. de Sartines se faisoit sentir (*) ; et comme, en refusant à M. Necker le titre de contrôleur-général, on lui en avoit ôté aussi une des fonctions les plus importantes, celle de contrôler les dépenses des ministères ordonnateurs ; comme d'ailleurs M. Necker n'assistoit point aux délibérations du conseil, les départemens de la guerre et de la marine pouvoient aisément se soustraire à l'inspection du département des finances. Dans les pays où les budgets et les comptes des différens ministères sont soumis à la discussion et à l'examen de la législature, il est naturel que le rôle du ministre des finances se borne à celui de faiseur de fonds ; mais

_____

(*) Il étoit dû alors seize mois de solde à l'escadre de M. d'Estaing, et quatorze à celle de M. d'Orvilliers.

dans un ordre de choses où il n'y avoit ni publicité ni responsabilité, l'on ne sauroit nier que le contrôle du chef de la trésorerie ne fût au moins une garantie nécessaire pour éviter de trop grands écarts.

On doit se rappeler que l'arrêt du conseil du 18 octobre 1778, avoit interdit aux payeurs généraux de faire des billets à terme sans y être autorisés par l'administration des finances : tout à coup M. Necker apprend que, malgré cette défense, le trésorier de la marine a fait pour quatre millions de billets à son insçu, et qu'il est obligé de suspendre ses payemens. Consterné de cette nouvelle, M. Necker se fait représenter les écritures de M. de Saint-James, et il acquiert la triste certitude que ce n'est pas à quatre millions, mais à vingt que se montent les billets mis en circulation par la caisse de la marine. Voici la lettre qu'il écrit à la hâte à M. de Maurepas : « Vous avez vu samedi, M. le comte, « mon chagrin et mon étonnement de ce « que M. de Saint-James s'est permis de « faire quatre millions de billets à mon « insçu, et vous avez partagé ces sentimens ! « D'après une nouvelle conférence que j'ai « eue avec lui, ce n'est plus quatre mil- « lions, c'en est vingt, tant en billets qu'en

« autres engagemens contractés avec ordre
« de les cacher, et qui n'étoient point com-
« pris dans les états qu'il certifioit vérita-
« bles. C'est un coup de bombe aussi inat-
« tendu qu'incroyable. Le trésorier ne sait
« comment s'excuser, d'autant plus que
« j'ai maintenant deux états à quatre jours
« de distance, qui diffèrent de seize mil-
« lions. Je voulois aller vous conter tout
« cela moi-même, mais je suis si étourdi
« du bateau, je sais si peu dans ce moment
« ce qu'il faut faire, que j'ai besoin de ré-
« flexion. Qu'il est malheureux de voir tant
« de soins et d'efforts compromis, et les
« intérêts du roi ainsi violés et contrariés! »

M. de Maurepas, qui assistoit toujours
au travail du roi avec les ministres à portefeuille, étoit alors retenu chez lui par un
accès de goutte. La circonstance étoit pressante, on ne pouvoit pas laisser à la tête
du département de la marine un homme
qui toléroit de tels abus, ou en ignoroit
l'existence. M. Necker, travaillant seul
avec le roi, pendant la maladie de M. de
Maurepas, n'hésita donc pas à lui demander le renvoi de M. de Sartines, et à
faire nommer à sa place un homme éminemment digne de cette confiance, M. le
marquis, depuis maréchal de Castries.

Cette marque du crédit que M. Necker commençoit à acquérir sur l'esprit de Louis xvi, fut aux yeux de M. de Maurepas un crime irrémissible, et dès lors tous les moyens parurent bons à ce vieux courtisan pour perdre l'homme dans lequel il croyoit voir un rival, ou du moins un successeur. M. de Maurepas n'avoit plus alors que quelques mois à vivre, et pourtant, loin d'envisager avec calme des intérêts dont il alloit se séparer pour jamais, il sembloit se cramponner aux derniers restes du pouvoir et de la faveur. La vieillesse rapproche du ciel les âmes attirées vers les hautes pensées, mais elle attache de plus en plus à la terre celles qui se traînent dans les basses régions de l'intrigue et de la vanité.

Pour achever de parcourir les principales économies que l'on dut à l'administration de M. Necker, j'ai à parler maintenant de la grande suppression de charges qui eut lieu dans la maison du roi, en 1780. Plus cette réforme étoit commandée par la raison, plus elle étoit inabordable à la critique, et plus elle valut d'ennemis au ministre qui eut le courage de l'ordonner. Dès l'année précédente, nous avons vu que treize offices de trésoriers avoient été supprimés dans les maisons du roi et de la reine. Ce premier pas fut suivi, au mois de janvier 1780, de deux édits dont l'un réunit aux parties casuelles, comme appartenant au domaine de la couronne, les charges domestiques dont les grands officiers avoient disposé jusqu'alors à leur profit ; et l'autre abolit plusieurs places d'intendans et de contrôleurs, dont les fonctions divisées furent remises à un *Bureau général des dépenses de la maison du roi.*

« Cette première idée, quoique simple
« et raisonnable, dit M. Necker dans le
« *Compte rendu,* parut d'abord hardie, et
« j'ignore si elle m'a fait des ennemis, car
« je n'ai jamais arrêté ma vue sur ces com-
« binaisons particulières. J'ai cru que là
« seule manière dont Votre Majesté devoit
« être servie, et la seule aussi dont il me
« convînt de la servir, c'étoit d'étudier mes
« devoirs et de les suivre ; qu'il n'y a point
« d'autre marche digne d'une grande place
« et d'une âme élevée ; et comme de pa-
« reils motifs ont toujours dirigé ma con-
« duite, j'ai espéré qu'un jour ou l'autre on
« y rendroit justice, et qu'on sauroit dis-
« tinguer cette fermeté simple qui conduit
« les pas d'un administrateur partout où
« il y a du bien à faire, de ce fol esprit

« de prétention qui recherche l'autorité
« pour le vain plaisir de la déployer. »

Pour concevoir en quoi cette réforme
étoit en effet hardie, il faut se rappeler
que les charges subalternes de la maison
du roi étoient vendues par les grands officiers, en raison des profits illicites que l'on
pouvoit y faire, et qu'élevant quelquefois
la finance de ces charges à des prix exorbitans, ils se trouvoient engagés à dissimuler les abus les plus scandaleux.

Voici comment s'exprimoit le roi, dans
le préambule de l'édit de janvier : « Nous
« nous réservons d'examiner dans notre
« justice quel dédommagement peut être
« dû à nos grands officiers, pour la pri-
« vation de ce revenu casuel, qui n'ajoute
« rien à l'éclat des charges éminentes dont
« ils sont revêtus; nous en conservons d'ail-
« leurs les divers priviléges, et elles seront
« toujours, comme aujourd'hui, essentiel-
« lement distinguées par le rang et la di-
« gnité des personnes auxquelles nous les
« confierons. »

Il n'y avoit pas moyen de se fâcher ouvertement contre des expressions si honorables; mais les nobles personnages à
qui elles s'adressoient n'en furent pas
moins piqués au vif. Ils n'étoient point de

l'avis que les petits profits de leurs charges n'ajoutassent rien à leur éclat; et, n'osant pas se plaindre à haute voix, ils firent ligue avec les créatures de M. de Maurepas et les financiers mécontens, pour renverser par de sourdes menées, un homme d'état qu'il étoit trop difficile d'attaquer en face. N'oublions pas pourtant qu'à la cour même, M. Necker avoit de vertueux défenseurs, aux sentimens desquels il se plaît à rendre justice dans son ouvrage sur l'*Administration des finances*.

Cependant, les édits de janvier ayant averti le public qu'une grande réforme se préparoit dans la maison du roi, l'achat des charges subalternes avoit cessé, et quelques mois après M. Necker put accomplir la suppression dès long-temps méditée, de cette multitude d'officiers qui, selon l'expression du *Compte rendu*, étoient à la fois fournisseurs, apprêteurs et convives.

Voici les titres d'une partie de ces quatre cents charges, dont quelques-unes conféroient la noblesse, et qui toutes exemptoient de divers impôts, au préjudice des contribuables des provinces. Les noms indiquent assez l'importance des fonctions.

Dix-huit gentilshommes servans.

Seize contrôleurs clercs d'office.

Treize chefs et cinq aides de panneterie-bouche.

Treize chefs et cinq aides de panneterie-commun.

Treize chefs et cinq aides d'échansonnerie-bouche.

Vingt chefs et douze aides d'échansonnerie-commun.

Quatre coureurs de vin.

Huit sommiers de bouteilles.

Deux conducteurs de la haquenée.

Dix écuyers de cuisine-bouche, et douze écuyers de cuisine-commun.

Quatre maîtres-queux de cuisine-bouche, et huit maîtres-queux de cuisine-commun.

Seize hâteurs de rôts.

Quinze galopins.

Seize porteurs.

Deux avertisseurs.

Douze chefs, et douze aides de quartier pour la fruiterie.

Deux aides pour les fruits de Provence.

Six sommiers des broches.

Six porte-tables, etc. etc.

Pourra-t-on croire aujourd'hui qu'il y avoit alors des personnes qui ne rougissoient pas de soutenir que la suppression de ces emplois burlesques portoit atteinte à la majesté du trône? et faut-il s'étonner

qu'une cour livrée à de si déplorables niai-
series, se soit trouvée sans force pour résister à une nation vigoureuse et irritée ?

Après avoir donné quelque idée des principales réformes par lesquelles M. Necker
augmenta les revenus de l'état, sans accroître les charges des contribuables, il me
reste à parler des ressources extraordinaires
au moyen desquelles il pourvut aux dépenses de la guerre d'Amérique. Aucune partie
de son administration n'a été attaquée avec
autant d'amertume que ses emprunts ; et cependant, quoi qu'on en ait pu dire par ignorance ou par esprit d'hostilité, je ne crains
point d'affirmer qu'aucune partie de son administration ne mérite de plus justes éloges,
et que si, sur d'autres points, la science
financière a fait des progrès, l'exemple de
M. Necker, et ses écrits, sont encore une
des meilleures écoles où l'on puisse étudier
le maniement du crédit public.

Reportons-nous pour un instant à l'époque où M. Necker fut appelé à diriger les
finances. Une succession non interrompue
de banqueroutes, depuis Law, et l'on pourroit même dire depuis Sully jusqu'à l'abbé
Terray, avoient deshonoré l'état et discré-
dité ses engagemens. Le mot même de
banqueroute avoit presque cessé d'être un

terme de blâme, et l'on en étoit venu vers
la fin du règne de Louis xv, à considérer
comme une des ressources ordinaires du
gouvernement, ces manques de foi dont
l'injustice égale à peine l'absurdité. Aucune
publicité en matière de finances ne permettoit aux prêteurs de savoir sur quelle
garantie reposoit l'argent qu'ils confioient
à l'état; aucun ordre dans la comptabilité
ne permettoit au ministre lui-même de
juger avec exactitude des ressources dont il
pouvoit disposer. Une seule chose étoit
certaine, c'est que les dépenses fixes excé-
doient les revenus ordinaires d'une somme
considérable. Telle étoit la situation des
finances, après quinze années de paix; et
ce fut de là que partit M. Necker pour faire
la guerre sans augmenter les impôts, et sans
causer, par ses emprunts, aucune baisse
dans le prix des effets publics. Bien loin de
là, ils montèrent progressivement depuis
l'année 1776 jusqu'en 1781, et pendant la
même période, les fonds anglois suivirent
une marche inverse. Les rescriptions suspendues, qui perdoient 16 p. $\frac{0}{0}$ en 1776, ne
perdoient plus que 8 p. $\frac{0}{0}$ au moment de la
retraite de M. Necker, et les 3 p. $\frac{0}{0}$ anglois, au contraire, qui valoient 83 p. $\frac{0}{0}$ avant
la guerre, étoient tombés à 59 en 1781.

M. Necker a emprunté cinq cent trente millions dans le cours de quatre années. Sur cette somme,

3oo millions sont le produit de rentes via-gères ou de loteries, négociées direc-tement par le trésor royal;

97 proviennent d'emprunts faits par l'in-termédiaire des pays d'états;

36 ont été empruntés sur le crédit de la Ville de Paris, du clergé et de l'ordre du Saint-Esprit;

9 ont été empruntés à Gênes;

48 représentent les cautionnemens et les avances de différens employés des fermes et régies;

4o enfin sont le résultat d'un accroisse-ment des anticipations.

_____

53o millions.

Les hommes qui ont l'habitude des ques-tions financières, apercevront dans ce simple résumé la trace des motifs qui ont dirigé M. Necker dans le choix de ses moyens de crédit, et celle des obstacles qu'il a eu à surmonter.

La première condition pour emprunter, c'est d'aller chercher l'argent là où il est. Ce principe, dont l'expression est triviale, n'en est pas moins d'une application rare et difficile. Sans doute en vendant des rentes sur l'état à tout prix, en faisant du grand livre de la dette publique une espèce de planche à assignats, on parvient toujours à tenter des propriétaires d'argent par l'énormité du taux de l'intérêt, et à faire sortir les capitaux des diverses entreprises commerciales ou industrielles, où ils étoient plus utilement employés. Ce n'est pas là une œuvre de beaucoup de génie; tout le secret est, comme le dit Burke en parodiant la cérémonie du Malade imaginaire, *assignare, et ensuita assignare.* Mais attirer dans les caisses de l'état l'argent qui se consommeroit en dépenses superflues, mais recueillir les capitaux qui cherchent un emploi momentané en passant d'une industrie à une autre, sans jamais arrêter les sources de la reproduction, c'est une tâche plus compliquée, et c'est là ce qu'a fait M. Necker avec une rare habileté.

Il savoit que les affaires pécuniaires, et surtout les placemens dans les fonds publics, qui sembleroient ne devoir être dirigés que par le calcul, sont essentiellement soumis à l'influence de l'imagination, et que les nuances les plus subtiles suffisent pour attirer ou pour repousser la confiance. Il savoit aussi que les capitaux ont, comme

les personnes, de certaines habitudes qu'il
est difficile de vaincre ; il pensa donc que
la première chose essentielle étoit d'étudier
la nature des prêteurs auxquels il devoit
s'adresser, et il vit bientôt qu'il n'y avoit
en France que Paris où l'on pût trouver des
capitaux disponibles pour les emprunts publics; que le reste du royaume étoit, sous ce
rapport, entièrement étranger à la capitale ;
et que s'il avoit quelque crédit à espérer
dans les provinces qui jouissoient du bienfait d'une administration indépendante, ce
ne pouvoit être que par l'intermédiaire des
états de ces provinces.

Les emprunts des pays d'états ne four-
nissoient jamais que des sommes fort mo-
diques, et n'offroient d'ailleurs que des ressources momentanées. La forme de ces
emprunts étoit fixée par l'usage ; c'étoient
des rentes à 5 p. $\frac{0}{0}$, avec un fonds d'amortissement égal à une année de revenu, ou,
en d'autres termes, c'étoient des annuités
de quatorze ans.

M. Necker jugea donc qu'il ne pouvoit
s'adresser qu'aux capitalistes de Paris et de
l'étranger, et que par conséquent il devoit
adopter le genre d'emprunt le plus convenable pour cette classe de prêteurs.

Paris renfermoit alors une véritable na-

tion prêteuse, que la révolution et la mobi-
lisation des deux tiers de la dette publique
ont à peu près détruite. Elle se composoit
de financiers, d'anciens rentiers de profession, d'officiers qui, à raison de leurs
charges, avoient déjà des rentes sur l'état à
un bas intérêt, et qui tous étoient disposés
à accroître leurs revenus en achetant des
contrats de rentes viagères avec le fruit de
leurs économies ; elle se composoit surtout d'une foule d'anciens serviteurs des
princes ou des grands seigneurs que la cour
attiroit à Paris et à Versailles. Toutes ces
diverses classes d'individus, pour la plupart célibataires, avoient des motifs particuliers à leur situation pour rechercher de
préférence les placemens en viager. Si
M. Necker avoit voulu emprunter en perpétuel, il n'auroit trouvé que fort peu de
prêteurs ; pour les rentes viagères, au contraire, les prêteurs étoient tout trouvés.

En vain objecteroit-on les emprunts
en rentes perpétuelles faits de temps à
autre par la Ville de Paris, par le Clergé,
par l'ordre du Saint-Esprit, ou par d'autres corporations ; c'étoient toujours des
emprunts pour de petites sommes fournies
par des personnes attachées à ces corporations. Si l'on avoit usé fréquemment de

cette ressource, l'intérêt auroit bientôt monté à un taux extrêmement onéreux.

M. Necker avoit en outre observé que le peuple de Paris avoit, plus qu'aucun autre, le goût de courir les chances de la fortune; et c'est ce qui le détermina à employer la forme des loteries, pour faire deux emprunts remboursables à échéances, et un autre emprunt en vingt-cinq mille lots de rentes perpétuelles et viagères (*). Je n'ai pas besoin de faire sentir la différence totale qui existe entre l'impôt ruineux et immoral de la loterie, et des intérêts distribués sous forme de primes à des prêteurs dont le capital étoit toujours assuré.

Les étrangers s'étoient pliés aux mœurs des rentiers de Paris, et il s'étoit formé dans différentes villes de Suisse et de Hollande, mais principalement à Genève, des marchés de fonds publics et des associations pour les placemens en viager, connus sous le nom des *trente têtes.*

Les économistes, les partisans outrés de l'accroissement de la population, ont fait un reproche à M. Necker d'avoir, par la

----

(*) Le prix des Obligations de la Ville, comparé avec leur valeur réelle, prouve que le goût du peuple de Paris pour les emprunts en loterie, est resté le même aujourd'hui qu'avant la révolution.

multiplication des rentes viagères, diminué le nombre des mariages et favorisé les jouissances égoïstes du célibat. Ce reproche n'a jamais été fondé : le besoin de la durée est si inhérent à l'esprit humain, qu'il est bien peu d'hommes qui prennent de propos délibéré la résolution de consommer toute leur fortune de leur vivant ; les rentiers sont toujours économes, et pour peu qu'ils aient des parens ou des amis, ils ne manquent pas d'épargner une portion des intérêts élevés qu'ils reçoivent, pour remplacer le capital qui s'éteindra à leur mort. Mais d'ailleurs tous les hommes éclairés savent aujourd'hui, par la lecture de l'important ouvrage de Malthus, que dans la plupart des états de l'Europe la population, loin de rester en arrière des moyens de subsistance, menace au contraire de les dépasser, et que, par conséquent, si les gouvernemens ont quelque précaution à prendre à cet égard, ce n'est sûrement pas d'encourager la multiplication des mariages.

On a fait à M. Necker un reproche d'une nature plus pratique, en disant que les tables de mortalité fondées sur les relevés généraux des naissances et des décès, donnoient pour résultat une probabilité de vie beaucoup moindre que celle d'un certain

nombre de personnes choisies avec soin
dans une classe exempte des chances de la
guerre et de la pauvreté; que par conséquent la spéculation des trente têtes rendoit fort onéreux pour l'état des intérêts
calculés d'après les chances moyennes de
la vie humaine.

L'intérêt de 10 p. $\frac{o}{o}$ en rentes viagères
sur une seule tête, n'équivaut, a-t-on
dit, à celui de 5 p. $\frac{o}{o}$ en perpétuel, qu'autant qu'on place une somme égale sur un
grand nombre de personnes de tout sexe
et de tout âge; mais en plaçant sur trente
têtes choisies, ce même intérêt viager de
10 p. $\frac{o}{o}$ revient à 7 $\frac{1}{2}$ pour $\frac{o}{o}$ en perpétuel.

Sans vérifier l'exactitude de ce calcul, je
dirai seulement qu'il faudroit, pour que
le reproche eût de l'importance, démontrer en même temps que M. Necker pouvoit trouver des prêteurs à des conditions
plus avantageuses. Or, la preuve du contraire ressort de deux faits incontestables:
d'une part, quoique les emprunts ouverts
par M. Necker se soient remplis avec facilité, surtout à la fin de son administration, les rentes créées par ces divers emprunts ne se sont jamais élevées brusquement à un prix fort supérieur à celui pour
lequel on les avoit aliénées, signe certain

que le point juste avoit été rencontré par le ministre. D'autre part, il faut se rappeler qu'en pleine paix, et avant les premiers indices de la guerre d'Amérique, les contrats de rente perpétuelle à 4 p. $\frac{o}{o}$ sur l'Hôtel de Ville, les plus recherchés qu'il y eût à cette époque, se vendoient 60 p. $\frac{o}{o}$ sur la place, ce qui porte l'intérêt à 6 $\frac{2}{3}$ p. $\frac{o}{o}$. Le prix de 60 pour les rentes à 4 p. $\frac{o}{o}$ équivaut rigoureusement à celui de 75 pour des rentes à 5 p. $\frac{o}{o}$; mais comme dans le premier cas la chance de bénéfice sur le capital est plus forte, on ne peut guère évaluer les 5 p. $\frac{o}{o}$ qu'à 70; ce qui porte en résultat l'intérêt à 7 $\frac{1}{5}$ p. $\frac{o}{o}$ (*). Or, l'intérêt perpétuel de 7 $\frac{1}{5}$ rapproché de l'intérêt viager de 10 p. $\frac{o}{o}$ sur une tête, ou de 8 p. $\frac{o}{o}$ sur quatre têtes, suffit pour défendre M. Necker de toute critique à ce sujet.

Du reste, si la spéculation des trente têtes sembloit rendre onéreux à l'état le calcul des intérêts viagers, elle contribuoit réellement à élever le produit des em-

---

(*) Dans les pays où il existe des rentes perpétuelles à différens taux d'intérêts, on observe constamment que celles dont l'intérêt est le moindre sont proportionnellement plus élevées que les autres. On peut s'en convaincre par le prix actuel des 3 p. $\frac{o}{o}$ en Angleterre et en Amérique, comparé avec celui des 5 p. $\frac{o}{o}$ dans le premier de ces pays, et des 6 p. $\frac{o}{o}$ dans le second.

prunts, en attirant les capitalistes étrangers,
et en facilitant les ventes et les achats de
rentes. Cette vérité n'étoit pas reconnue
du temps de M. Necker ; peut-être M. Necker lui-même l'eût-il mise en doute ; mais
il n'en est pas moins constant aujourd'hui
que, toutes conditions égales d'ailleurs,
plus le transfert d'un effet public est aisé,
et plus cet effet a de valeur.

M. Necker, a-t-on dit, a fait des emprunts sans leur donner pour gage de nouveaux impôts ; c'étoit tendre un piége aux
prêteurs, qui confioient leurs fonds à l'état
sans avoir d'hypothèque assurée. Non, certes ; car s'il a libéré par ses économies une
portion des revenus publics précédemm-
ment affectée à des dépenses superflues, où
étoit la nécessité de gréver la France d'un
surcroît d'impositions ? Il y a long-temps
que Cicéron a dit : *Optimum et in privatis
familiis et in republicâ vectigal est par-
cimonia.* (*)

_____

(*) Pour insister sur ce reproche, il faut n'avoir pas
lu les actes de l'administration de M. Necker. Voici comment il fait parler le roi dans les préambules de trois
édits.

Édit de novembre 1778, *portant création de quatre
millions de rentes viagères :* « Nous nous serions toute-
« fois déterminés à mettre une imposition extraordi-
« naire, du moins jusqu'à la concurrence de l'intérêt du

En assignant, comme M. Necker l'a fait, le payement des intérêts de ses emprunts sur les fonds libres des impositions existantes, il a même rendu la condition des prêteurs beaucoup meilleure qu'en créant à leur profit des impositions additionnelles; car le produit d'une taxe existante est connu, tandis que celui d'une taxe nouvelle est incertain.

D'ailleurs les hypothèques spéciales, les

« nouvel emprunt, si d'après la connoissance que nous
« avons prise de la situation de nos finances, nous l'avions
« jugé nécessaire; car nous envisagerons toujours comme
« une de nos étroites obligations, de ne jamais emprunter
« sans avoir assuré l'intérêt des prêteurs qui, se fiant à
« notre justice et à notre bonne foi, nous dispensent de
« recourir à des impositions proportionnées aux besoins
« de l'état, et dont le poids seroit trop aggravant pour
« nos peuples. »

Édit de novembre 1779. « Les principes d'exactitude
« et de bonne foi que nous nous sommes proposés, et que
« nous voulons suivre constamment, nous auroient mis
« dans la nécessité d'imposer une somme équivalente
« aux intérêts de l'emprunt que nous venons de déter-
« miner, si nous n'étions pas, dès à présent, certains de
« nous procurer une augmentation de revenus propor-
« tionnée et même supérieure, par l'arrangement pro-
« chain du nouveau bail de nos fermes générales. »

Édit de février 1781. « Autant nous avons à cœur de
« préserver nos peuples de nouveaux impôts, autant il
« importe à notre justice de manifester le soin que nous
« prenons de la sûreté des personnes qui, dans des cir-
« constances difficiles, nous donnent des preuves de leur
« confiance. »

fonds consolidés, toutes les garanties de cette nature, offertes par les gouvernemens à leurs créanciers, sont toujours illusoires entre deux contractans dont l'un est tout-puissant par rapport à l'autre. Les seules garanties réelles que le souverain, peuple ou roi, puisse donner aux individus, ce sont des principes d'ordre et de justice, et la publicité, qui empêche que l'on ne soit tenté de s'en écarter. L'observation constante de ces principes est aussi la seule règle à laquelle un gouvernement doive s'astreindre. Les engagemens qu'il prend envers ses créanciers, il faut qu'il les remplisse; mais si une taxe peut être remplacée par une économie, ou par une taxe moins onéreuse, il ne faut pas que le législateur s'interdise d'avance les améliorations, en affectant spécialement le produit de cette taxe à tel ou tel de ses engagemens.

Panchaud a prétendu qu'il avoit proposé à M. Necker de lui développer le système de l'amortissement à intérêt composé, plusieurs années avant qu'il eût été introduit en Angleterre, et il s'est plaint d'avoir été repoussé. Je ne puis rien affirmer à l'égard de cette anecdote. On ne sauroit contester à Panchaud du savoir et des idées en finances; mais le mauvais succès avec

lequel il avoit géré ses propres affaires,
inspiroit des doutes légitimes sur son ap-
titude à diriger celles de l'état : d'ailleurs
aucun talent ne pouvoit compenser aux
yeux de M. Necker des principes équivo-
ques en fait de morale; et si une règle
austère, à cet égard, peut exclure par hasard quelque conseiller habile, de quels
bienfaits solides et constans n'est-elle
pas la source? Rien heureusement n'est
si rare que l'alliance du génie et de l'im-
moralité.

L'amortissement d'une dette perpétuelle,
par l'effet de l'intérêt composé, est sans
doute une invention ingénieuse, mais elle
ne mérite pourtant pas un culte supersti-
tieux. Il n'y a point de miracles en fait de
finances; les gouvernemens, comme les
particuliers, n'éteignent leurs dettes qu'en
prélevant sur leur avoir une somme égale
à ce qu'ils doivent en capitaux et intérêts;
et si l'amortissement à intérêt composé est
plus rapide qu'un autre, c'est tout simplement parce qu'au lieu de diminuer annuel-
lement les charges de l'état d'une somme
égale à l'intérêt de la portion de la dette
qui a été rachetée, on conserve les mêmes
impôts jusqu'à ce que la dette soit entièrement amortie; mais les contribuables ne

payent pas moins dans une hypothèse que
dans une autre. On peut même soutenir,
et M. Necker a développé cette idée dans
l'*Administration des finances*, que la valeur relative de l'argent tendant à décroî-
tre, un amortissement plus lent est, dans
le fait, moins onéreux pour les contribuables.

L'établissement d'un fonds d'amortissement a deux objets, l'un de diminuer la
dette publique, l'autre de retirer de la circulation les effets qui encombrent la place,
et d'en maintenir ainsi le prix à un taux plus
élevé. De ces deux objets, le premier étoit
obtenu sous M. Necker, soit par l'extinc-
tion naturelle des rentes viagères, soit par
des remboursemens annuels : quant au second, dont je suis loin de contester l'importance, on doit reconnoître cependant que
cette importance est moindre dans un
pays qui emprunte seulement pour des cas
extraordinaires, que dans un pays comme
l'Angleterre, où les emprunts sont la ressource habituelle du trésor. Et d'ailleurs,
en se rappelant les motifs qui forcèrent
M. Necker à donner la préférence aux emprunts en rente viagère, on reconnoîtra
aussi que la classe de prêteurs qui recherche ce genre de placement, attache beau-

coup plus de prix au payement exact de ses rentes, qu'à la plus ou moins grande valeur nominale du capital.

En terminant ces réflexions, je dois fixer l'attention sur les préambules dont M. Necker a fait précéder les édits d'emprunts, et sur le ton de grandeur et de sincérité qui y règne (*). « Je n'ai lu qu'hier « les lettres patentes pour l'emprunt, » écrivoit Dalembert à madame Necker, après la création de rentes qui eut lieu à la fin de 1778; « c'est le plus parfait « modèle de l'éloquence législative. » Il ne sera pas inutile de donner aussi l'idée de l'effet que ces actes produisoient dans l'étranger. Voici ce que le duc de Richmond écrivoit à M. Necker, au commencement de 1779, après avoir fait, dans la chambre des lords, l'éloge de son administration : « Il est certain, monsieur, que je suis « rempli d'admiration pour vos talens et « vos ressources. Je serois bien heureux que « la seule concurrence entre l'Angleterre et « la France, fût pour l'imitation de l'exem- « ple que vous donnez, en rendant le prince « et le peuple plus heureux par cette sage « économie, qui règle les besoins, anéantit

_____

(*) Voyez Tome III, pages 1 à 36.

« le pillage, et ne charge le sujet que du
« nécessaire, par les voies les moins oné-
« reuses. Vous avez trouvé les moyens
« d'établir ce système, et de l'exercer même
« en temps de guerre. Je conserve l'édit
« auquel vous avez donné lieu, comme un
« monument précieux de ce que peut pro-
« duire le génie. »

Je ne puis achever l'esquisse du premier
ministère de M. Necker sans rappeler quelques-unes des améliorations opérées par
lui, dans les hôpitaux et les prisons.

Lorsqu'il entra en place, les hôpitaux de
Paris présentoient le spectacle le plus hideux. A Bicêtre, de malheureux vieillards,
atteints d'infirmités différentes, languis-
soient entassés jusqu'à neuf dans le même
lit, recouverts de linges corrompus. La
plupart des hospices destinés à la vieillesse
étoient dépourvus d'infirmeries, et lorsqu'un des infortunés renfermés dans ces
tristes asiles étoit atteint de quelque maladie aiguë, il falloit le transporter à l'Hôtel-
Dieu, et le plus souvent on le voyoit mourir
dans la route. Les infirmeries des prisons
étoient si petites et si malsaines, qu'un mé-
decin ou un prêtre osoit à peine y pénétrer.
Enfin, des prisonniers de tout âge, de tout
sexe, ou pour dettes, ou pour crimes, ou

pour de légères contraventions, étoient souvent confondus dans l'espace le plus étroit.

La première démarche de M. Necker fut d'établir une commission chargée d'examiner les moyens d'améliorer les hôpitaux, et de recueillir toutes les lumières à cet égard. Bientôt après il pourvut à l'augmentation de leurs revenus, en les encourageant à vendre tous leurs immeubles, et à recevoir en échange des contrats de rente à 5 p. $\frac{o}{o}$ susceptibles d'être augmentés d'un dixième tous les vingt-cinq ans. Il ordonna que les comptes annuels des hôpitaux de Paris fussent rendus publics. Il attribua aux hôpitaux des villes de provinces les bénéfices des croupiers intéressés dans les octrois de ces villes. Il fit construire des infirmeries spacieuses et aérées dans chacune des maisons dont se composoit ce qu'on appeloit à Paris l'Hôpital général. Il améliora la Conciergerie, et fit établir dans le local de l'Hôtel de la Force, de nouvelles prisons plus saines et mieux distribuées, destinées à remplacer le Petit-Châtelet et le For-l'Évêque. Il supprima dans le Grand-Châtelet les cachots pratiqués sous terre, « ne voulant pas, fai-« soit-il dire à Louis XVI, que des hommes « accusés ou soupçonnés injustement, et

« reconnus ensuite innocens par les tribu-
« naux, aient subi d'avance une punition
« rigoureuse par leur seule détention dans
« des lieux ténébreux et malsains. Notre
« pitié jouira même d'avoir pu adoucir,
« pour les criminels, ces souffrances in-
« connues et ces peines obscures qui, du
« moment qu'elles ne contribuent plus au
« maintien de l'ordre, par la publicité et
« par l'exemple, deviennent inutiles à notre
« justice, et n'intéressent plus que notre
« bonté. » Enfin, le dernier acte de l'administration de M. Necker, qui ne pré-
céda sa retraite que de quelques jours, ce
furent des lettres patentes pour l'amélioration de l'Hôtel-Dieu, en y appliquant les
fonds abandonnés, ainsi que nous l'avons
vu, par l'archevêque de Paris, et les offres
gratuites faites par les fermiers et régisseurs généraux, après la signature des derniers traités.

Lorsque l'on parle des réformes salutaires opérées dans les hôpitaux et les prisons, le nom de madame Necker vient toujours se joindre à celui de son époux. Non-
seulement elle partageoit ses travaux dans
cette branche de l'administration, mais elle
fut elle-même chargée par le gouvernement de la direction d'un hospice normal.

Cet établissement, fondé par ses soins charitables, et qui a conservé son nom, est le premier qui ait ouvert la voie aux améliorations que les hôpitaux de France ont dues et doivent encore chaque jour au zèle de plusieurs citoyens vertueux. Depuis 1778 jusqu'à la révolution, madame Necker n'a pas cessé de diriger cet hospice, et ni l'intérêt des affaires politiques, ni les distractions de la vie sociale, ni l'état chancelant de sa santé, ne l'ont détournée d'en publier les comptes annuels, et d'en surveiller tous les détails avec une attention soutenue.

L'hommage public rendu par M Necker au secours qu'il avoit trouvé dans le zèle éclairé de sa femme, pour toutes les administrations de bienfaisance; cet hommage si mérité a été l'objet de beaucoup de sarcasmes. Peut-être, connoissant la société parisienne, auroit-il dû éviter de prêter le flanc à ses plaisanteries sur cette marque de tendresse conjugale; mais il est si beau et si rare de rester sensible au milieu du monde et des affaires; et il y a tant de gens au contraire qui, par la froide étude des convenances, se croient dispensés de toute affection et de toute vertu! On trouvoit simple, en France, que les maîtresses

des rois et des ministres disposassent des
places, dirigeassent par leurs intrigues les
affaires de l'état, et vinssent solliciter pour
leurs maris ou leurs amans, ce que ceux-ci
auroient rougi de solliciter pour eux-
mêmes : mais qu'une femme vertueuse
s'associât à des entreprises bienfaisantes,
qu'après s'être dévouée à ces occupations
charitables, auxquelles les femmes semblent spécialement appelées par la Providence, elle trouvât dans le suffrage public
de son époux sa plus flatteuse récompense,
cela devoit, en effet, sembler étrange au
peuple des salons.

Quatre années s'étoient écoulées, et la
France jouissoit au milieu de la guerre,
d'avantages inconnus jusqu'alors en pleine
paix. L'ordre étoit rétabli dans les finances;
la guerre avoit été soutenue avec honneur,
sans accroître les charges des peuples; le
sort des provinces s'amélioroit par des administrations locales, et le gouvernement
commençoit à entrer sans secousse dans la
route tracée par l'opinion. M. Necker voulut perpétuer quelques-uns des bienfaits de
son administration; il voulut trouver dans
la publicité une garantie contre le retour
des abus; il voulut que si la nation ne dis-
posoit pas librement de ses richesses, elle

pût au moins en connoître l'emploi ; il
voulut asseoir le crédit sur une base plus
solide, et hâter le retour de la paix, en montrant à l'Angleterre l'étendue des ressources
dont sa rivale pouvoit encore disposer ; il
voulut enfin, car pourquoi le nier, trouver
dans la reconnoissance des François le seul
prix de ses travaux qu'il ambitionnât. Tels
furent les motifs qui, approuvés par
Louis XVI, déterminèrent la publication
du *Compte rendu.*

Il seroit difficile de donner une juste idée
de l'effet inouï que produisit cet événe-
nement sur une nation fatiguée des honteuses puérilités du règne de Louis XV, et
dont l'activité demandoit à s'exercer sur des
sujets sérieux (*). On vit avec admiration

(*) Je ne puis rappeler ici les témoignages sans nombre de respect et de reconnoissance que la publication
du *Compte rendu* valut à M. Necker, de la part des différens corps constitués, aussi-bien que des hommes les plus
éminens de la France ; mais une lettre du parlement de
Grenoble me paroît mériter une exception, à cause du
patriotisme sage et éclairé qui animoit le Dauphiné.

« Le parlement de Grenoble a lu avec le plus grand
« intérêt, le compte public que vous avez rendu au roi
« de l'état de ses finances. Il a admiré un ministre qui a
« levé le voile qui en couvroit le mystère ; vous avez
« associé tous les cœurs françois à votre administration,
« et ils font tous des vœux pour que, encouragé par vos
« succès et soutenu par l'excellent prince qui nous gou-

le déficit comblé, cinq cent millions empruntés pour les dépenses de la guerre, sans
avoir eu recours à de nouveaux impôts,
la somme des revenus annuels dépassant
de plus de dix millions celles des dépenses
fixes, la comptabilité éclaircie, les prodigalités de la cour diminuées, le nombre et
les profits des financiers réduits à de plus
justes limites, les charges inutiles suppri-
mées, l'impôt de la taille soustrait au caprice du conseil d'état, les impôts indirects classés dans un ordre plus régulier et
plus économique, la vie rendue aux pays
d'élection par l'établissement des assemblées provinciales, les restes du servage
féodal abolis, le sort des prisonniers et des
infirmes amélioré par une bienfaisance
éclairée. De si beaux résultats étoient peu
de chose encore, à côté de ceux qui étoient
indiqués pour l'avenir, et que les travaux

_____

« verne, vous soyez à même de perfectionner l'ordre et
« l'économie que vous avez établis dans les finances.

   « Ce témoignage obtenu d'un corps destiné à porter
« au pied du trône l'exacte vérité, est l'éloge le plus
« sincère que vous recevrez de votre administration, et
« la récompense à laquelle votre grande âme sera le plus
« sensible.

   « Le parlement désire tenir de votre main un exem-
« plaire du compte que vous venez de rendre au roi;
« son intention est de le placer dans ses archives,
« comme un monument qui fera époque dans ce siècle. »

de M. Necker avoient déjà préparés, tels que la suppression des douanes intérieures, une répartition plus équitable de la gabelle, qui pesoit alors sur la France d'une façon si inégale, que le prix du sel varioit, suivant les provinces, depuis soixante francs jusqu'à trente sols le quintal; la réforme des droits d'enregistrement, l'abolition entière du droit d'aubaine, etc. etc. (Voyez à cet égard le *Compte rendu* et *l'Administration des finances.*) Mais un avenir si prospère n'étoit pas réservé à la France, et c'étoit déjà une espèce de miracle qu'un ministère comme celui de M. Necker, eût résisté près de cinq ans aux intrigues de tous ceux qui faisoient cause commune avec les abus.

Une sorte de pudeur m'empêche de reproduire les déclamations vides de sens auxquelles les ennemis de M. Necker se livrèrent contre la publication du *Compte rendu*; il seroit même difficile d'expliquer aujourd'hui comment on pouvoit sérieusement faire un crime à un ministre d'avoir soustrait les finances à cette *obscurité majestueuse* dont les affaires d'état veulent, disoit-on, être enveloppées. Si l'on raisonne selon le sens commun, les nations ont droit à connoître l'étendue de leurs sacrifices et l'emploi de leurs richesses; si l'on raisonne suivant l'ancien régime, la publication du *Compte rendu* a été permise, elle a été commandée par Louis xvi. Laissons donc de côté un reproche qu'on ne sauroit réfuter sans faire injure à l'époque où nous vivons. Une critique moins dénuée de prétexte a été dirigée plus tard par M. de Calonne contre la forme même du *Compte rendu*, et je dois encore remarquer ici que c'est M. Necker lui-même qui, en instruisant ses adversaires, leur a fourni des armes pour l'attaquer.

Il y a deux manières de rendre un compte de finances, ainsi que le fait observer M. Necker(*) : l'une est de mettre en regard l'universalité des recettes et l'universalité des dépenses de toute nature ; l'autre, que l'on reproche à M. Necker d'avoir adoptée, consiste à soustraire des recettes brutes les charges assignées sur les différentes caisses, et à ne porter en recette que le produit net, et en dépense que les sommes acquittées par le trésor royal. Nul doute que la première de ces méthodes ne soit préférable en thèse générale, et que ce ne soit celle à laquelle le législateur doive aujourd'hui astreindre les ministres. Ce

---

(*) *Compte rendu*, page 10.

fut aussi celle que suivit M. Necker, lorsque, en 1789, il voulut donner à l'assemblée nationale les moyens d'étudier à fond
la situation des finances. Mais deux motifs
puissans le déterminèrent à donner, pour
le *Compte rendu*, la préférence à la seconde. D'une part, il importoit à la chose
publique que la confiance due à ce compte
fût établie sur des bases solides, et ce résultat ne pouvoit être obtenu qu'autant que
les différens caissiers seroient en état de
vérifier l'exactitude de chaque article.
D'autre part, il importoit à M. Necker lui-
même que des déclarations signées en connoissance de cause par les agens comptables, lui donnassent le moyen d'éclaircir
tous les doutes. Et en effet, s'il n'avoit pas
eu la précaution de conserver ces pièces
justificatives, il n'auroit pas pu confondre,
comme il le fit quelques années plus tard,
des attaques inspirées par l'étourderie autant que par la mauvaise foi.

Nous touchons au moment où les ennemis de M. Necker alloient triompher. Les
financiers ligués avec les courtisans, trouvoient un appui chez M. de Maurepas, dont
l'inimitié contre M. Necker s'étoit accrue,
en lisant le *Compte rendu*, et en y cher-
chant en vain un éloge que la plus basse

flatterie auroit pu seule lui accorder. Mais
des intrigues obscures ne suffisoient pas
pour renverser un ministre soutenu par
l'opinion de la France et de l'Europe ; on
avoit besoin de manœuvres plus étendues,
et l'on alla chercher de nouveaux auxiliai-
res dans les parlemens, dont l'union avec
la cour devoit être fatale à celui que ces
deux puissances, rarement alliées, atta-
queroient de concert.

Le Mémoire sur les assemblées provinciales, confié sous le sceau du secret à un personnage de la cour, tomba entre les mains
d'un M. Cromot, qui avoit des prétentions
en finances, et qui étoit devenu l'ennemi
de M. Necker, pour avoir rencontré en lui
une résistance invincible à des demandes
tout au moins fort déraisonnables. Il crut
avoir trouvé l'occasion de se venger. Le
mémoire de M. Necker, destiné à combattre auprès de Louis xvi les objections à
l'établissement des assemblées provinciales, tirées de leur prétendu danger pour la
prérogative de la couronne, présentoit
comme un des argumens en faveur de cette
institution, l'espoir que l'autorité royale
auroit moins à lutter contre les résistances
désordonnées des parlemens, si l'on donnoit à l'opinion publique des organes

plus naturels et plus légitimes que ces
cours souveraines. Il étoit facile de per-
vertir le sens de ce passage, et de faire
accroire aux parlemens qu'il étoit question
de leur enlever le droit de remontrance (*).

(*). Deux lettres échangées au mois de juin 1781, entre
M. Necker et le premier président du parlement de
Grenoble, jetteront du jour sur la retraite de M. Necker,
et sur la part qu'y eut le parlement de Paris.

« Je fus chargé, il y a trois ans, par le parlement de
« Grenoble, de vous féliciter sur le compte que vous
« avez rendu au roi, de l'état de ses finances. Il étoit dif-
« ficile de prévoir que je vous écrirois aujourd'hui, en
« qualité de bon citoyen, pour vous témoigner mes re-
« grets de votre retraite. Ils ne sont pas suspects de la
« part d'un parlementaire, dans les circonstances pré-
« sentes. J'ai lu le Mémoire sur les administrations pro-
« vinciales, que vous avez remis au roi, et qui est de-
« venu public, dans lequel vous annoncez une opinion
« peu favorable de l'esprit qui gouverne les parlemens.
« Il m'a paru qu'elle n'étoit pas établie sur la connois-
« sance exacte de ces compagnies. Le parlement de Gre-
« noble a donné la plus forte preuve de son désintéres-
« sement et de son amour pour le bien général, en sol-
« licitant une administration provinciale, quoiqu'il pré-
« vît que cet établissement diminueroit son autorité et
« son influence dans les affaires publiques. Si les parle-
« mens ne se sont pas montrés constamment plus citoyens
« que parlementaires, c'est la faute du gouvernement,
« qui n'a pas assez veillé sur la composition de ces com-
« pagnies.

« Cependant, si vous aviez le projet d'ôter aux compa-
« gnies souveraines le droit de faire des remontrances,
« vous auriez porté un coup funeste à la monarchie. Il
« est évident que des assemblées provinciales, composées
« de citoyens qui ne sont en place que pour un temps

Le Mémoire sur les assemblées provinciales fut donc imprimé clandestinement,

---

« limité, qui ont des vues ambitieuses pour eux ou pour
« leurs proches, ne sauroient avoir une consistance assez
« forte pour opposer une barrière aux entreprises injustes
« d'un ministre accrédité. Car, suivant le cours des évé-
« nemens, à votre administration économe et éclairée,
« il peut en succéder une despote et désordonnée, et le
« peuple opprimé n'aura plus aucune voie assurée pour
« faire parvenir ses plaintes au pied du trône.

    « Malgré ces réflexions, qui ne sont pas en faveur de
« quelques opinions contenues dans votre Mémoire, je
« tiens le parlement de Paris pour atteint des imputations
« que vous faites aux cours souveraines, s'il a contribué à
« vous éloigner des affaires. Il lui auroit été facile de les
« détruire par des faits et par une conduite patriotique,
« en conseillant au roi de continuer à se servir de vos
« talens, et en vous forçant vous-même à changer d'o-
« pinion à son égard.

    « Mais vous, monsieur, vous devez vous justifier d'a-
« voir quitté le poste qui vous étoit confié ; car si nos cor-
« respondans nous ont dit vrai, vous avez offert votre
« démission, sans y être obligé par les ordres du roi.
« Lorsque vous avez accepté la place que vous occupiez,
« lorsque vous avez exécuté les opérations qui vous ont
« acquis l'estime du roi et la confiance de la nation,
« vous avez dû prévoir que vous seriez assis au milieu
« des cabales et des trahisons, et que vous auriez pour
« ennemis les intrigans, et tous ceux qui vivent aux dé-
» pens de l'état. Permettez-moi de vous le dire, un
« noble orgueil a décidé votre retraite ; l'orgueil est le
« défaut des âmes élevées ; mais c'est un défaut. Si des
» circonstances plus heureuses vous rappeloient au mi-
« nistère, vous devez l'accepter sans hésiter. Vous étiez
« nécessaire pendant la guerre, vous serez encore plus
« utile pendant la paix ; c'est l'espérance de la nation.

    « Ces réflexions, ces conseils vous paroîtront extraor-

et distribué avec une extrême promptitude
à tous les membres du parlement de Paris,

« dinaires de la part d'un homme qui ne vous connoît
« que par la renommée. Mais apprenez que tous les bons
« citoyens partageoient vos peines et vos succès, et que
» nous sommes tous au désespoir de vous voir arrêté au
« milieu d'une si belle carrière. »

Voici la réponse de M. Necker :

« Je suis très-sensible, monsieur, à la marque d'in-
« térêt que vous m'avez donnée par la lettre que vous
« m'avez fait l'honneur de m'écrire, et j'y aurois ré-
« pondu plus tôt, si je n'avois pas eu une maladie qui
« m'a distrait pendant près d'un mois de toute occupation.

« Il n'est jamais entré dans mon esprit qu'il pût être
« du bien de l'état, ni même favorable à l'autorité, que
« les parlemens fussent privés des droits dont ils jouissent,
« et entre autres, de celui de faire des remontrances. On
« a tiré du mémoire que je lus au roi, en 1778, des con-
« séquences absolument contraires à mes intentions. Tout
« occupé du désir de faire adopter les administrations
« provinciales, ma pensée ne se porta que sur ce qui pou-
« voit les favoriser, et détruire les objections qu'on leur
« opposoit, lesquelles portoient presque toutes sur les
« inconvéniens qui résulteroient de cet établissement
« pour l'autorité. Si l'on avoit bien voulu publier le mé-
« moire que je lus au roi, pour le déterminer à sou-
« mettre l'augmentation de la taille à l'enregistrement
« des cours, l'on eût vu clairement mes principes sur les
« parlemens, sur la confiance qu'ils méritent, et sur
« l'utilité dont ils sont au souverain, lorsque seuls ils
« peuvent lui dire des vérités qui ne sauroient lui par-
« venir d'une autre manière. Mais toutes ces réflexions
« sont inutiles aujourd'hui ; ceux qui ont répandu et
« adressé au parlement de Paris le mémoire que j'avois
« lu au roi en particulier, en 1778, savoient bien qu'une
« opinion se prendroit sur quelques paroles, et qu'ils
« feroient l'effet qu'ils se proposoient. Il n'y a pas d'exem-

et aux intendans de province. L'espoir de
M. Cromot et de ses instigateurs ne fut
point déçu, et l'irritation du parlement ne
tarda pas à se manifester par le refus d'en-
registrer les lettres-patentes pour l'établissement d'une assemblée provinciale dans
la généralité de Moulins ; refus qui encou-
ragea M. Guéaux de Reverseau, intendant
de Bourbonnois, dans la résistance qu'il
opposoit aux intentions bienfaisantes de
M. Necker pour cette province.

Depuis plusieurs mois, M. Necker se
voyoit attaqué dans une foule de libelles,
tous favorisés ou publiés par M. de Maurepas, par Sainte-Foix, et par d'autres intrigans plus obscurs dont foisonnoient les
maisons des princes. Ces libelles, distribués publiquement par des hommes sûrs
de l'appui du premier ministre, excitoient

« ple d'un pareil procédé, et il n'y a de plus singulier
« encore que l'indifférence qu'on a montrée pour l'action
« et pour la conduite de son auteur.

    « Je n'ai point à me justifier de ma retraite, puisque
« je n'ai remis ma place qu'à l'extrémité, et après avoir
« proposé les choses les plus raisonnables pour m'affermir
« dans l'opinion, et me donner les moyens de servir le
« roi. Mais on ne peut avec prudence s'expliquer davan-
« tage, et je vous prie, monsieur, que cette lettre en-
« tière soit entre nous ; la vôtre m'y a entraîné, et en-
« core plus les sentimens de reconnoissance qu'elle m'ins-
« pire. »

une curiosité passagère, qui, chez les honnêtes gens, faisoit place au mépris. Si l'on
pouvoit aujourd'hui relire sans dégoût toutes ces facéties grossières, toutes ces plates
critiques, où l'ignorance se montroit à
chaque ligne, on trouveroit peut-être que
M. Necker eût mieux fait de les compter
pour rien. Mais je dois à la vérité de dire
qu'il en étoit affecté. Madame Necker avoit
révélé l'impression qu'il recevoit de ces
pamphlets, en s'adressant à M. de Maurepas, à l'insçu de son époux, et en lui de-
mandant, avec plus de noblesse de caractère que de connoissance du monde, de
réprimer des libelles que lui-même faisoit
répandre ; et l'on peut croire que dès lors
les libelles avoient redoublé. Aujourd'hui
que nous avons vu toutes les factions triompher tour à tour, et que les hommes fidèles
à l'amour de la liberté ont eu à essuyer
successivement les injures les plus opposées, il devient facile de considérer la popularité comme ce qu'elle est, c'est-à-dire,
comme une force dont il faut profiter,
quand on la rencontre sur sa route, et
qu'un homme de bien doit savoir dédai-
gner lorsqu'elle l'abandonne. Mais avant
toutes les aberrations de l'opinion dont
nous avons été les témoins, on conçoit

comment la voix du peuple sembloit vraiment se confondre avec celle de la conscience, et comment un ministre qui aimoit la France avec passion, devoit redouter tout ce qui pouvoit porter la moindre
atteinte à sa popularité. Cette popularité,
d'ailleurs, n'étoit pas seulement pour
M. Necker le prix de ses travaux; elle étoit
aussi son principal moyen de faire le bien,
et la prudence même conseilloit de la ménager avec le plus grand soin.

Cependant il avoit dédaigné de se plaindre
des libelles qui n'attaquoient que sa personne;
mais un mémoire dirigé contre la fidélité
du *Compte rendu*, par un M. Bourboulon,
trésorier de M. le comte d'Artois, parut à
M. Necker exiger une répression éclatante.
La charge que l'auteur remplissoit auprès
d'un prince de la famille royale, pouvoit
donner quelque crédit à ce mémoire, et
l'intérêt de l'état, comme le soin de son
propre honneur, faisoient un devoir à
M. Necker de confondre la calomnie. Il
exigea donc que les imputations de Bourboulon fussent confrontées devant un comité de membres du conseil, avec les pièces
justificatives du *Compte rendu*. Cet examen
qui eut lieu en présence de trois ministres,
dont deux au moins étoient les ennemis de

M. Necker, (M. de Maurepas, M. de Vergennes, et M. de Miromesnil), ne laissa pas l'ombre d'un doute sur l'insigne fausseté du mémoire. Après cela, il étoit naturel que M. Necker désirât qu'une marque non équivoque de l'approbation du roi le mît en état de lutter avec succès contre les attaques toujours renaissantes de ses ennemis. Il demanda donc l'entrée au conseil, trouvant absurde, avec raison, que le ministre chargé de pourvoir aux dépenses de l'état, restât étranger à la discussion de ses intérêts politiques. M. de Maurepas, résolu d'avance à refuser la condition quelconque que M. Necker mettroit à conserver le ministère, lui répondit que sa religion étoit un obstacle invincible à ce qu'il prît séance au conseil, et en même temps il ne rougit pas de lui proposer d'en changer. M. Necker, justement indigné, offrit sa démission. Cependant, pressé par les feintes instances de M. de Maurepas, pressé par sa propre conscience de ne sacrifier qu'à la dernière extrémité une place où il se sentoit si nécessaire, il consentit à renoncer à l'entrée au conseil, et se borna à demander trois choses qui, dans la situation où il se trouvoit alors, étoient devenues indispensables pour que ses plans ne fussent pas entravés

à chaque instant : l'inspection des marchés
de la guerre et de la marine par le ministère des finances, le déplacement de l'intendant de Moulins, qui résistoit ouvertement à ses ordres, et des lettres de jussion
pour l'enregistrement de l'édit qui établis-
soit une assemblée provinciale dans le
Bourbonnois. Ces trois demandes ayant
toutes été refusées, sur des prétextes également frivoles, mais avec une opiniâtreté
également invincible, M. Necker ne pouvoit plus hésiter, et il écrivit à Louis xvi
la lettre que voici :

« La conversation que j'ai eue avec M. de
« Maurepas ne me permet plus de différer
« de remettre entre les mains du Roi ma
« démission. J'en ai l'âme navrée, et j'ose
« espérer que Sa Majesté daignera garder
« quelque souvenir de cinq années de tra-
« vaux heureux, mais pénibles, et surtout
« du zèle sans bornes avec lequel je m'étois
« voué à la servir. »

La reine qui, à cette époque, étoit attachée à M. Necker, et qui avoit peut-être
sur les conséquences de sa retraite un de
ces instincts prophétiques dont l'imagination des femmes est souvent douée, le fit
demander à Versailles, et le pressa avec
instances de reprendre sa démission. La

conversation duroit depuis une heure ; le
jour tomboit, et l'obscurité de l'apparte-
ment empêcha M. Necker de voir des larmes qui s'échappoient des yeux de la reine.
« Je dois rendre grâce à l'obscurité, dit le
« lendemain M. Necker, lorsqu'on lui ap-
« prit que la reine avoit pleuré en le quit-
« tant, car si j'avois aperçu ces larmes, j'y
» aurois sacrifié ma réputation et mon
« bonheur. » En voyant quel empire les
personnes royales avoient alors sur les
cœurs, en se rappelant l'attachement profond, sincère, que M. Necker, exilé trois
fois par le roi, abandonné par lui dans
toutes les circonstances importantes, a
conservé jusqu'à la fin de sa vie pour ce
malheureux prince, on ne peut s'empêcher
de faire un retour sévère sur le parti dont
les fautes sans nombre ont détruit si rapidement un prestige d'amour, auquel les
âmes les plus élevées n'étoient pas insen-
sibles.

M. Necker, en quittant le ministère,
remit au roi un compte particulier dont
son successeur reconnut la parfaite justesse, et duquel il résultoit qu'il y avoit
cent quatre-vingt millions au trésor royal,
en espèces ou en valeurs, que les fonds
extraordinaires demandés pour la campagne

de 1781 étoient rassemblés, et qu'il restoit encore quatre-vingt-quatre millions dont la rentrée étoit assurée pour l'année suivante.

Tel est le récit fidèle de la retraite de M. Necker. On peut consulter à cet égard les Mémoires de Marmontel, qui en donnent un compte assez exact. On y verra que le vieux, le caduc Maurepas, attendoit l'événement avec une impatience si folle, qu'il n'avoit pas même songé au successeur qu'il devoit donner à M. Necker, et que ce fut le hasard qui lui indiqua M. de Fleury.

Je voudrois maintenant pouvoir peindre la sensation que cette retraite produisit en France et en Europe, les citoyens de toutes les classes accourant chez M. Necker, pour lui offrir l'hommage de leurs regrets, la douleur et le respect exprimés dans les lettres des corporations et des administrations locales, les moindres allusions saisies au théâtre avec des transports d'enthousiasme; car déjà la puissance de l'opinion publique alloit croissant, et la cour, qui pouvoit encore la heurter, n'osoit plus étouffer ses plaintes. L'on sait que plusieurs souverains, Joseph ii, Catherine, le roi de Naples, le roi de Pologne, proposèrent à M. Necker de le mettre à la tête de leurs finances. Le

roi de Sardaigne disoit : « Je voudrois que
« celles de mon royaume fussent dignes que
« M. Necker vînt les diriger » (*). Mais il
refusa toutes ces offres ; car il aimoit la
France comme une patrie, je dirois presque
comme une amie de son choix.

Parmi les lettres innombrables où , de
la France et de l'étranger, l'on exprimoit
à M. Necker la douleur que causoit sa retraite, il en est une dont la naïveté touchante m'a paru digne de remarque. Elle
est de Madame Louise , tante de Louis XVI.
Cette bonne princesse , du couvent des
Carmélites où elle est retirée, ne voit dans
la démission de M. Necker que la perte
qu'ont faite les pauvres. « Votre retraite,
« lui écrit-elle, me désole, ainsi que tout
« le monde. Que vont devenir les mal-
« heureux ? L'infortuné N. , que je vous
« avois recommandé, en est aux dernières
« extrémités ; il est en fuite , sans argent,
« laissant quatre ou cinq enfans dénués de
« toute ressource , attendant avec impa-
« tience que la faim termine ses malheu-
« reux jours, et tenté d'avancer de ses pro-

(*) Voyez les lettres de l'impératrice Catherine et du
baron de Grimm, citées dans l'ouvrage de ma mère ,
sur le *Caractère de M. Necker et sa vie privée*, et
dans les *Considérations sur la révolution françoise.*

« pres mains ce déplorable terme. En quel
« état, monsieur, avez-vous laissé les af-
« faires? quelle espérance y a-t-il pour lui?
« à qui faut-il que je m'adresse? Et mon
« pauvre grenadier, qui s'est blessé dans
« les travaux de notre église, a-t-il perdu
« sans retour les charités que vous lui fai-
« siez, en attendant que vous lui trouvas-
« siez une place? Madame Necker a-t-elle
« aussi renoncé au soin des hôpitaux? n'a-
« t-elle plus le moyen de faire du bien aux
« malheureux? N'avez-vous pas eu, mon-
« sieur, quelque regret de laisser impar-
« fait un si bel ouvrage, si bien commen-
« cé? Mais ce que vous n'avez pas fini ne
« nous empêchera pas de reconnoître ce
« que vous avez fait. En mon particulier,
« je conserverai toujours tous mes senti-
« mens pour vous et pour madame Necker.
« Je vous prie, monsieur, d'en être bien
« persuadé. »

La réponse de M. Necker mérite aussi
d'être conservée; la voici:

« Je suis bien sensible aux bontés que
« Madame me témoigne. Ce n'est pas sans
« un véritable regret, dont je ne serai pas
« sitôt guéri, que j'ai quitté une adminis-
« tration où j'avois placé mon unique inté-
« rêt, et que je me suis séparé d'un maître

« dont les qualités personnelles m'avoient
« sensiblement touché. Je croyois n'avoir
« demandé qu'une marque de confiance
« raisonnable, efficace, à mes yeux, au
« service du roi, et que des attaques de
« tout genre avoient rendue nécessaire ;
« mais sans doute je me trompois, puisque
« le roi m'a refusé. Ce sera le malheur de
« ma vie, et je ne trouverai pas de conso-
« lations suffisantes dans le souvenir de
« tout ce que j'ai fait pour servir l'état avec
« un absolu dévouement.

« Le premier commis au contrôle-géné-
« ral suivra l'affaire de N. auprès du nou-
« veau ministre des finances, et je la lui
« recommanderai. Je ne puis plus rien pour
« votre grenadier, madame ; mais jusqu'à
« ce qu'il ait un secours assuré, je le com-
« prendrai bien volontiers dans mes petites
« charités particulières.

« Madame Necker continuera son admi-
« nistration de l'hospice Saint-Sulpice, con-
« jointement avec le curé de cette paroisse,
« et nous donnerons tous les soins qu'on
« nous permettra à l'achèvement des plans
« de bienfaisance que le roi a adoptés pour
« l'Hôtel-Dieu, l'Hôpital général et les
« prisons. »

Quelle noble simplicité respire dans

cette lettre ! et que la douleur sincère d'un
homme d'état vertueux, obligé de renoncer
à l'accomplissement de ses vues pour le
bonheur de la France, se distingue honorablement de cet amour ridicule de la retraite et de la vie champêtre qu'affectent
d'ordinaire les ministres disgraciés !

Ceux qui, par leur situation, ont été à
portée de suivre la marche des affaires, et
que l'esprit de parti n'a pas égarés, sont de
l'avis presque unanime que si M. Necker
fût alors resté en place, la révolution françoise n'auroit pas eu lieu, ou que du moins
les grandes modifications dans l'ordre social que l'état des esprits rendoit inévitables,
se seroient opérées graduellement et sans
secousses. En effet, on peut présumer que
M. Necker auroit hérité de l'empire de M. de
Maurepas sur Louis XVI; et que l'autorité
royale, dirigée par un homme qui jugeoit
l'état de l'opinion avec une sagacité admirable, auroit su accorder progressivement
à la France tout ce qui fut bientôt conquis
par la force.

Ce fut donc un grand malheur que
cette retraite, et M. Necker, dont les scrupules étoient quelquefois poussés jusqu'à
l'extrême, s'est long-temps reproché d'avoir
cédé trop tôt à un mouvement de fierté,

et de n'avoir pas mis aux pieds de la
France toutes les petites insultes dont la
cour l'abreuvoit. J'avoue que je ne partage
point ce sentiment, et que la conduite de
M. Necker, en cette circonstance, me
paroît avoir été la seule qu'il pût tenir. Sous
un gouvernement représentatif, un ministre sûr de la majorité dans les chambres
et dans la nation, peut mépriser les intrigues des courtisans, parce qu'il a toujours
en main la force nécessaire pour en triompher ; mais telle n'étoit pas la position de
M. Necker. Sans doute il étoit soutenu par
l'opinion publique, mais cette opinion n'a-
voit point d'organes. Les parlemens, qui
s'arrogeoient quelquefois le droit de la représenter, et qui se roidissoient contre
elle toutes les fois qu'il falloit lui sacrifier
quelques priviléges, les parlemens, dis-je,
attaquoient M. Necker (*). Le premier mi-

(*) On trouve ce passage original dans une réponse de
Henri IV aux remontrances de la Chambre des comptes,
concernant un édit qui créoit de nouveaux offices de
receveurs : « Vous m'avez dit la charge qu'apporte cet
« édit en mes finances, et que vous connoissez ma néces-
« sité ; mais vous ne m'apportez point de remède pour
« m'en tirer, ni de moyen pour faire vivre mes armées.
« Si vous me faisiez offre de deux ou trois mille écus
« chacun, ou me donnassiez avis de prendre vos gages
« ou ceux des trésoriers de France, ce seroit un moyen

nistre étoit son ennemi déclaré ; parmi ses autres collègues, il ne pouvoit compter que sur le maréchal de Castries ; les maisons mêmes des princes étoient l'atelier de tous les libelles qui se répandoient contre lui, et Louis xvi refusoit de le soutenir contre sa cour. Que pouvoit-il donc faire, si ce n'est de se retirer ? il le devoit à sa propre dignité ; je dirai plus, il le devoit à l'opinion nationale, qui étoit offensée en lui. Ce n'est jamais que sa démission à la main qu'un homme fier peut occuper une grande place. S'il fût resté ministre après un premier échec, l'arrogance de ses adversaires auroit redoublé ; ses moyens de résistance se seroient progressivement affoiblis, et il auroit peut-être été obligé de quitter sans honneur un poste qu'il sacrifioit alors avec gloire.

M. de Maurepas mourut peu de temps après, au mois de novembre 1781, et il

---

« pour ne point faire d'édits. Mais vous voulez être bien
« payés, et pensez avoir beaucoup fait, quand vous
« m'avez fait des remontrances pleines de beaux discours
« et de belles paroles, et puis vous allez vous chauffer,
« et faire tout à votre commodité. Car si seulement il y
« a vacation, vous ne la voulez perdre pour quelque
« affaire pressée que ce soit, et dites : Nous avons accou-
« tumé vaquer toujours ce jour-là. Il vous est bien aisé
« d'en parler. »

fut question alors de replacer M. Necker
au ministère ; il fut question aussi de rappeler M. de Choiseul; mais ces idées furent
bientôt abandonnées, car les hasards qui
amènent des hommes distingués à la tête
des affaires, ne sont pas de nature à se
reproduire souvent dans les gouvernemens
absolus.

M. Necker, après sa démission, se retira
à Saint-Ouen, et commença le grand travail sur les finances de la France, dont il
avoit recueilli les matériaux pendant son
ministère. Ce travail, auquel M. Necker
consacra près de quatre années, ne fut in-
terrompu que par des voyages aux eaux de
Plombières, que nécessitoit la santé chancelante de madame Necker.

Dans un de ces voyages, M. et Mme
Necker s'arrêtèrent à Montbard. Leur visite, attendue depuis long-temps par M. de
Buffon, est assez caractéristique pour être
racontée, et puisque la retraite de M. Necker détourne maintenant nos regards de la
marche des affaires publiques, le récit de
cette anecdote me sera peut-être pardonné.
—. Buffon vivoit alors dans sa terre, entouré
d'une cour subalterne, où la flatterie la plus
obséquieuse lui étoit prodiguée, et où ses
moindres paroles, les moindres fragmens

de ses écrits étoient écoutés avec une admiration souvent méritée , mais toujours de rigueur. Il travailloit à la lumière , dans une espèce de pavillon d'où il excluoit le jour, et où la vue d'aucun objet extérieur ne venoit le distraire. Là, suivant sa maxime connue, que le génie n'est que la patience, il méditoit ses descriptions, et arrondissoit à loisir ses périodes. « Je trace une première esquisse, disoit-il, et je fais ce que cent écrivains en Europe sauroient faire ; je copie , et j'obtiens un résultat auquel vingt personnes seulement pourroient atteindre ; je recopie une seconde, une troisième fois, et j'achève enfin ce dont Buffon seul est capable. » Telle étoit sa façon de parler de lui-même. Malgré ce ridicule , son caractère méritoit de l'estime , et madame Necker avoit une grande admiration pour son génie , et une grande déférence pour ses jugemens. Buffon ne négligea donc rien pour donner au séjour de ses hôtes à Montbard toute la solennité possible , et l'on ne sauroit nier qu'il ne fît preuve de dignité, en recevant avec une distinction marquée un ministre en disgrâce. Mais voici ce qu'il imagina. Il fit placer dans son salon trois immenses fauteuils de velours pour M. , Mme et Mlle

Necker, un quatrième fauteuil moins élevé pour lui-même, et plusieurs chaises en cercle, où les gens de sa cour devoient se placer, et écouter en silence les questions qu'il lui plairoit de traiter. M. Necker souriait de ces préparatifs; sa fille, bien jeune alors, auroit mieux aimé des fauteuils moins majestueux, et un entretien plus animé; mais il n'y avoit pas moyen de se soustraire à tant d'honneurs, et surtout il valoit mieux se résigner à quelques jours d'ennui, que d'abréger sa visite, et de contrister un homme âgé. L'on sait que la conversation de Buffon n'étoit pas au niveau de ses écrits, et que, sans avoir l'élévation qui fait le plus grand mérite de son style, elle manquoit de naturel et de vivacité.

Dans l'été de 1784, M. Necker se rendit en Suisse, pour surveiller l'impression de l'*Administration des finances*, dont deux éditions devoient se publier simultanément, à Lausanne et à Lyon. La prudence le vouloit ainsi; car il étoit à présumer que M. de Calonne, alors contrôleur-général, chercheroit à écarter un ouvrage qui, en rendant les finances populaires, devoit multiplier les juges de sa déplorable administration. Le gouvernement fit en effet, dans

cette occasion, ce qu'il a tant fait depuis; il
irrita l'opinion par des demi-mesures de
despotisme, et il n'eut ni la force ni même
la volonté bien déterminée de l'étouffer.
Les principaux libraires de la capitale eurent défense de réimprimer l'ouvrage ; et ce
ne fut qu'avec peine que Panckoucke obtint plus tard la permission tacite de le faire
entrer à Paris. Une réimpression en ayant
été faite à Avignon, l'inspecteur de la li-
brairie de Marseille donna ordre aux
douanes de ne pas le laisser sortir des frontières du comtat. Mais toutes ces précautions, impuissantes contre l'inexprimable
curiosité du public, n'empêchèrent pas que
plus de quatre-vingt mille exemplaires de
l'*Administration des finances* ne se répan-
dissent en peu de temps; succès inouï,
surtout à une époque où la classe des lecteurs étoit bien moins nombreuse qu'aujourd'hui. Voici la lettre que M. Necker
écrivit au roi en lui envoyant son ouvrage :

« C'est avec une respectueuse timidité
« que je prends la liberté de faire hom-
« mage à V. M., d'un travail auquel je me
« suis livré dans ma retraite. Je ne savois,
« en l'entreprenant, si je le rendrois public;
« et quand il a été fini, de grands motifs
« ont fixé mon incertitude. Je supplie

« V. M. de ne porter de jugement à cet
« égard, qu'après avoir lu l'ouvrage en
« entier. C'est dans sa manière calme et
« supérieure de considérer les hommes et
« les choses que je mets ma confiance ; car
« je n'ai point laissé d'amis autour d'Elle,
« quoiqu'il m'eût été bien facile d'en faire.

  « Loin de tout, et n'aspirant plus à rien,
« c'est avec un sentiment pur et digne des
« rares qualités de S. M. que je désire ar-
« demment son approbation ; et c'est avec
« un cœur pénétré de sa grande bonté, que
« j'ose au moins solliciter son indulgence. »

  Une extrême difficulté de se décider par
lui-même entravoit chez Louis XVI un sens
droit, et de belles qualités morales, en
le soumettant à l'influence de tous ceux
qui l'entouroient. Cette influence étoit alors
exercée par M. de Calonne ; aussi le roi
trouva-t-il mauvais que M. Necker eût mis
la vérité au grand jour, au lieu de lui adresser des mémoires particuliers, qui seroient
restés enfouis dans les cartons du ministère ; et il se crut généreux en se bornant à
faire défendre confidentiellement à M. Necker de venir à Paris, sans l'exiler par une
lettre de cachet.

  L'effet que produisit l'*Administration
des finances* est au-dessus de toute descrip-

tion : d'une extrémité de l'Europe à l'autre, les hommes d'état l'étudioient avec respect; de vieux commis, des employés blanchis dans la routine, pleuroient d'attendrissement, en voyant présentées sous des couleurs si vives des questions qui ne s'étoient encore liées à aucun sentiment moral dans leur cœur, ou à aucune idée générale dans leur esprit; les littérateurs admiroient le style, si élevé dans certains morceaux, si ferme et si simple dans l'ensemble de l'ouvrage; les femmes même les plus étrangères aux questions de finances ou de politique, s'étonnoient d'être attirées par tant d'aperçus ingénieux et d'émotions généreuses. Plus de trente-cinq ans se sont écoulés, et l'ouvrage de M. Necker forme encore la base de l'étude des finances françoises. C'est encore à ce livre que l'on a recours, pour résoudre la plupart des difficultés, et pour découvrir la bonne voie. Sans doute, sur quelques points, la science financière l'a dépassé, mais sur d'autres elle est restée en arrière, et il est bien peu de perfectionnemens désirables qui n'y soient au moins indiqués.

Sous le rapport de l'économie politique aussi, on remarque un progrès très-sensible entre les premiers ouvrages de M. Nec-

ker et l'*Administration des finances*; soit
que les vérités publiées par Adam Smith
fussent déjà devenues plus familières, soit
plutôt que dix années de méditation et cinq
de ministère eussent mûri les idées de
M. Necker. Je ne saurois même disconve-
nir qu'il ne rendoit pas entièrement justice
aux *Recherches sur la richesse des nations*, et je sais que Smith fut blessé de
ne pas voir son ouvrage cité dans celui de
M. Necker.

Les critiques de l'*Administration des
finances* sont tombées dès long-temps dans
un oubli dont elles ne méritent pas d'être
tirées. C'étoient, pour la plupart, de fades
plaisanteries par lesquelles des hommes
incapables de comprendre l'ensemble de
l'ouvrage s'efforçoient d'en persifler quelques détails.

On observa qu'en prenant pour épigra-
phe un passage du début de l'histoire de
Salluste (*), il avoit omis ces mots: *Et mihi
reliquam œtatem à republicâ procul ha-
bendam statui*. En effet, il eût considéré
comme un devoir de reprendre le minis-

(*) *Ubi igitur animus ex multis miseriis atque peri-
culis requievit ,.... non fuit consilium socordiâ atque
desidiâ bonum otium conterere.*

tère, si on l'y eût appelé : je crois même qu'il le désiroit alors ; car, à cette époque, la satisfaction de rentrer en place n'auroit pas été troublée, comme elle le fut quatre ans plus tard, par le sentiment que le sacrifice entier de son être à la chose publique, alloit devenir inutile pour le bien de la France.

Depuis la publication du livre de M. Necker, jusqu'à son rappel en 1788, on peut dire qu'il y eut en France deux ministres des finances, celui de la cour, et celui de l'opinion publique. Tous les désirs, toutes les espérances de la nation se groupoient autour du nom de M. Necker ; on s'appuyoit de son opinion comme d'une autorité publique ; les parlemens mêmes, qui lui avoient été si opposés au moment de sa retraite, prenoient publiquement son livre pour guide. « Consultons, écrivoit le « parlement de Rouen à Louis xvi, au « sujet de l'arrêt du 30 août 1784, consul- « tons un ouvrage récent (l'*Administration* « *des finances*) honoré des regards de V. M. « et des applaudissemens de la nation, ou- « vrage patriotique, qui ajoute encore à la « haute idée que l'auteur avoit donnée de « son génie, et qui manifeste avec éclat « toutes les ressources de la France. »

L'unique objet de cette notice étant de

retracer les principaux événemens de la
vie de M. Necker, je n'ai point à faire l'histoire des fautes commises en finances par
les deux parlementaires qu'il eut pour suc-
cesseurs, M. Joly de Fleury, et M. d'Or-
messon. Je ne suivrai pas non plus M. de
Calonne dans le cours de l'administration
la plus dissipatrice qui fut jamais ; je dois
me hâter d'arriver au moment où, après
avoir épuisé, par des emprunts exorbitans,
en pleine paix, le crédit que M. Necker
avoit su relever et soutenir au milieu des
dépenses de la guerre, M. de Calonne se
vit obligé d'exposer la détresse des finances
devant une assemblée de notables, et de
demander des sacrifices à ces mêmes courtisans auxquels il avoit livré les trésors de
l'état.

Depuis six ans le *Compte rendu* étoit
abandonné à la discussion générale ; ce
compte étoit présenté sous une forme qui
en rendoit l'examen facile à tous les financiers, et cependant, entre tant de gens
parmi lesquels M. Necker comptoit de
nombreux ennemis, il ne s'étoit pas encore
rencontré un contradicteur dont l'opinion
eût la plus légère importance. Tout à coup
le bruit se répand que, dans son Discours
pour l'ouverture de l'Assemblée des no-

tables, M. de Calonne se dispose à accuser d'inexactitude tous les états de finance remis au roi avant son ministère, inculpation qui comprenoit nécessairement le *Compte rendu*. M. Necker témoigna sur-le-champ au maréchal de Castries l'impression qu'il ressentoit d'une semblable nouvelle, et le pria de demander au contrôleur-général si elle avoit quelque fondement. M. de Castries n'ayant obtenu que des réponses évasives, M. Necker écrivit lui-même à M. de Calonne, qu'ayant donné l'attention la plus scrupuleuse à la formation du *Compte rendu*, il le tenoit pour parfaitement juste, et qu'ayant rassemblé toutes les pièces justificatives, il se trouvoit heureusement en état de mettre la vérité dans le plus grand jour; qu'ainsi il se croyoit en droit de demander ou que l'on n'altérât d'aucune manière la confiance due à l'exactitude du *Compte rendu*, ou qu'on le mît à même d'éclairer les doutes qui pouvoient exister, en les lui communiquant.

La réponse de M. de Calonne à cette lettre est un chef-d'œuvre d'insolence jésuitique; en voici un passage (*) : « J'ai

---

(*) Voyez cette correspondance dans son entier, à la page 161 du tome II des Œuvres complètes de M. Necker.

« assuré M. le maréchal de Castries que je
« n'avois nulle envie d'attaquer le compte
« que vous avez rendu au roi, en 1781, et
« que j'éviterois d'en parler. Vous voulez
« que si j'ai des doutes, je les éclaire en
« vous les communiquant; mais je n'en ai
« point; le travail que j'ai été obligé de
« faire m'a fourni des preuves incontesta-
« bles. Le roi ayant voulu prendre une
« connoissance approfondie de la situation
« de ses finances, j'ai dû, pour remplir ses
« intentions, lui rendre compte du déficit
« annuel, de ses causes, de son origine et
« de ses progrès, depuis le moment de
« son avénement au trône jusqu'à présent.
« J'en ai formé le tableau d'après les comp-
« tes effectifs de chaque année, qui, seuls,
« peuvent faire connoître la réalité; et si
« je n'ai pu dissimuler au roi qu'ils ne s'ac-
« cordoient pas avec les états de situation
« qui lui avoient été remis à différentes
« époques par les ministres de ses finances,
« loin d'accuser aucun d'eux d'avoir man-
« qué de soin dans la confection de ces
« états, j'ai expliqué à S. M. ce qui rend
« très-difficile de faire une application juste
« et distincte des recettes et des dépenses
« pour chaque année, de former des états
« de situation tels qu'ils puissent cadrer

« avec les comptes effectifs qui se rendent
« postérieurement, et de présenter une
« balance exacte pour une année ordi-
« naire. »

« Je dois, répondit M. Necker à cette
« lettre si pleine de suffisance, me conten-
« ter des assurances que vous avez bien
« voulu me donner relativement à l'as-
« semblée des notables ; mais je ne puis
« être indifférent à ce que vous me dites
« d'une discordance générale entre les états
« fournis au roi par tous vos prédéces-
« seurs, et ceux que vous lui avez présentés,
« puisque cette assertion comprend néces-
« sairement le compte que j'ai rendu au
« roi en 1781. Vous n'avez, monsieur,
« pour arriver à la vérité, aucun moyen
« que je n'aie eu, et dont je n'aie fait usage ;
« et comme j'attache un prix infini à avoir
« justement obtenu et la confiance du roi
« et l'estime publique, permettez-moi de
« vous confirmer la proposition que je vous
« ai faite ; ou, si vous persistez à ne vou-
« loir point discuter l'exactitude du *Compte*
« *rendu,* je vous offre, avec bien moins
« d'avantages de situation que vous n'avez,
« monsieur, de discuter vos propres cal-
« culs ; et je ne crains point d'assurer d'a-
« vance que si les bases dont vous avez

« fait choix sont justes, et si les dépouille-
« mens qu'on a faits par vos ordres sont
« exacts, les résultats de votre travail de-
« vront s'accorder avec le mien. Observez,
« monsieur, que c'est uniquement la partie
« de vos comptes relative à mon admini-
« stration, que je vous proposerois de me
« communiquer, époque qui ne peut rien
« présenter dont je n'aie déjà connois-
« sance. »

M. de Calonne laissa cette lettre sans
réponse; et trois semaines après, par un
raffinement d'impertinence, il envoya à
M. Necker un exemplaire de son Discours
à l'Assemblée des notables, en l'accompa-
gnant d'un billet où il se faisoit valoir de
n'avoir pas prononcé le nom du *Compte
rendu*, quoique dans le fait il l'eût désigné
et attaqué à chaque ligne.

Ce Discours offre une lecture fort curieuse. M. de Calonne commence par faire
un tableau pompeux des bienfaits sans
nombre que la France doit à son administration, et de ceux qu'il lui prépare
pour l'avenir. Il se complaît à mettre en
parallèle l'économie aimable dont il se pi-
que, cette économie facile sur toutes les
choses qu'il appelle de peu d'importance,
avec l'économie austère de M. Necker, qui

rebutoit toutes les classes de demandeurs. L'économie qui dissipe les trésors de l'état est, en effet, d'une nature très-différente de celle qui les ménage, et l'on ne tarde pas à s'en apercevoir, quand, après ce préambule, M. de Calonne arrive au triste aveu que les dépenses fixes surpassent d'une somme énorme les revenus ordinaires; mais il ajoute que l'origine de ce déficit est antérieure à son administration, et qu'il n'a pas cessé de s'accroître depuis l'avénement de Louis xvi; enfin il propose, pour remédier à la pénurie des finances, diverses ressources plus ou moins bien combinées, dont les principales étoient l'impôt du timbre, et une subvention territoriale, en nature ou en argent, répartie sur tous les habitans de la France, sans distinction de classes. L'abolition des priviléges, en matière d'impôts, étoit, il est vrai, le meilleur moyen de rétablir les finances, mais ce n'étoit pas d'une assemblée composée presque entièrement de privilégiés qu'on pouvoit attendre cette réforme; et d'ailleurs, celui de tous les hommes qui devoit le moins se flatter de l'obtenir, c'étoit le ministre même dont les folles prodigalités avoient amené le délabrement de la fortune publique.

Devant l'Assemblée des notables, M. de Calonne avoit évité d'indiquer la somme à laquelle s'élevoit le déficit; mais au grand comité qui se tint chez Monsieur, il se prononça plus nettement, et déclara que le déficit étoit de 110 à 115 millions, et voici comment il expliquoit ce déplorable résultat :

Depuis 1776 jusqu'en 1786, il avoit été emprunté, disoit-il, 1250 millions, dont 440 appartenoient à l'administration de M. Necker. En 1776, le déficit annuel étoit, selon lui, de 37 millions; les emprunts de M. Necker l'avoient accru de 40 millions, mais en même temps ce ministre avoit augmenté les revenus de l'état de 16 à 17 millions, d'où il résultoit qu'à sa retraite le déficit montoit à 56 ou 60 millions. Quelque temps après M. de Calonne alla plus loin encore, et prétendit qu'en 1781 le déficit étoit réellement de 70 millions. Or, comme le *Compte rendu* annonçoit un excédant de 10 millions des recettes sur les dépenses, l'assertion de M. de Calonne supposoit de la part de M. Necker une erreur de 66 millions, dans une hypothèse, ou de 80 dans une autre. Nous verrons bientôt comment M. Necker réduisit à leur juste valeur ces prétendus calculs qui, dès lors, eurent de sévères critiques à subir de la part de plusieurs membres de l'Assemblée des notables, et en particulier de l'archevêque de Bordeaux, M. de Cicé, qui, plus tard, devint le collègue de M. Necker dans le ministère.

« Rien ne peut égaler, dit M. Necker (*), « l'agitation dans laquelle j'ai vécu depuis « la lecture du discours de M. le contrô- « leur-général. Excité, retenu tour à tour « par toutes sortes de considérations, j'hé- « sitois sur le moment où je devois à tout « prix publier ma défense, lorsque j'appris « la dénonciation précise faite par M. de « Calonne au grand comité des notables, « tenu chez Monsieur, frère du roi ; et, « animé par l'espoir de pouvoir être en- « tendu dans les mêmes lieux où mon ad- « ministration avoit été si outrageusement « inculpée, je pris la liberté d'écrire au roi « la lettre suivante :

« Je supplie V. M. de daigner lire la cor- « respondance dont je joins ici une copie. « V. M. verra tout ce que j'ai fait pour « prévenir que M. de Calonne, par aveu- « glement ou par un mouvement de pas-

_____

(*) Mémoire d'avril 1787.

« sion contre moi, ne se rendît coupable
« d'une injustice éclatante, et ne me con-
« traignît de cette manière à sortir de ma
« vie paisible et retirée, pour me livrer à
« l'agitation d'une défense publique. Tous
« mes soins ont été inutiles ; M. le contrô-
« leur-général n'a pas jugé à propos de
« s'éclairer ; il n'a jugé à propos d'entrer
« en aucune explication avec moi, ni avec
« M. le maréchal de Castries, et, par un
« contraste inouï, il s'est permis cependant
« d'annoncer à l'Assemblée des notables
« qu'il y avoit en 1781, époque du *Compte*
« *rendu*, une différence immense entre les
« revenus ordinaires et les dépenses ordi-
« naires de V. M.

« M. le contrôleur-général vient de con-
« firmer la même assertion dans le grand
« comité qui s'est tenu chez Monsieur, et
« il a, de plus, donné à cette assertion
« une consistance précise, en articulant
« que la différence étoit de 56 millions en
« déficit.

« Je serois l'homme du monde le plus
« digne de mépris, si une pareille inculpa-
« tion avoit le moindre fondement. Je
« dois la repousser au péril de mon repos
« et de mon bonheur, et je viens supplier
« humblement V. M. de vouloir bien me

« permettre de paroître devant mon accu-
« sateur public, ou à l'Assemblée générale
« des notables, ou dans le grand comité
« de cette assemblée, et toujours en pré-
« sence de V. M. La scrupuleuse équité du
« roi lui persuadera sans doute que ma
« justification ne peut être ensevelie dans
« l'obscurité, aujourd'hui que les asser-
« tions injurieuses de M. de Calonne sont
« répandues par toute l'Europe........
« M. de Calonne, en attaquant par de sim-
« ples assertions un compte public, appuyé
« de pièces justificatives, a la bonté de
« m'offrir pour issue les erreurs dont l'hu-
« manité est susceptible ; mais je n'accepte
« point cette retraite. Je n'aurois pas rougi,
« si, contre ma persuasion, je m'étois
« trompé de trois ou quatre millions dans
« le compte des finances du plus grand
« monarque de l'Europe ; et, en supposant
« que tel eût été le résultat des recherches
« de M. le contrôleur-général, j'aurois
« avoué sans honte les erreurs qu'on m'au-
« roit fait apercevoir, et j'aurois eu raison
« peut-être de penser que sortir ainsi d'un
« examen fait avec des dispositions si peu
« favorables, c'étoit acquérir une nouvelle
« preuve de mes soins et de mon attention
« dans la formation du compte de 1781.

« Mais l'administrateur des finances le
« plus ignorant et le plus léger, qui se
« tromperoit, non de 5o à 6o millions,
« comme ose le dire M. de Calonne, mais
« d'une somme infiniment moindre, seroit
« à coup sûr un malhonnête homme. Je
« me crois souillé, en arrêtant un moment
« mon attention sur une semblable image.
« Sire, je vous ai bien servi ; cependant
« l'amour que vous avez pour la justice et
« la protection que vous accordez aux op-
« primés, sont les seuls titres que j'invoque
« en cet instant. »

Quelque fondées que fussent les plaintes
exprimées dans cette lettre, quelque intérêt qu'eût le roi lui-même à constater l'exactitude d'un compte qui avoit reçu sa sanction de la manière la plus authentique, la
demande de M. Necker fut refusée, et dès
lors il ne lui fut plus permis d'hésiter à
prendre l'opinion publique pour juge. Il
écrivit donc, au mois d'avril 1787, un Mémoire où toutes les asssertions de M. de Calonne sont pulvérisées.

Ce Mémoire commence par rappeler
que le déficit sous M. de Clugny étoit de 24
millions, et non de 37 ; ensuite, avertissant
M. de Calonne qu'il se trompe au détriment du système d'accusation qu'il a élevé

contre le *Compte rendu*, M. Necker lui déclare qu'il a emprunté 530 millions, et non 440; il lui déclare aussi que les 530 millions ont produit dans les charges annuelles un accroissement de 45 millions, et non de 40 : « Car, ajoute-t-il, en déve-« loppant moi-même le plan d'attaque de « M. de Calonne, je ne dois pas profiter de « ses erreurs. »

Pour faire face à 24 millions de déficit antérieur, et à 45 millions de charges annuelles, il falloit une augmentation de 69 millions dans les revenus. M. Necker prouve que les économies permanentes dues à son administration se sont élevées à 84 millions, somme plus que suffisante pour couvrir une somme de 69 millions, en supposant même que quelques articles de recettes fussent susceptibles de légères réductions.

Après avoir montré la liaison entre le compte de M. de Clugny et le *Compte rendu*, M. Necker entreprend de faire voir aussi le rapport qui existe entre le *Compte rendu* et l'état des finances présenté par M. de Calonne lui-même. Pour cela, il forme d'une part le tableau des augmentations de revenus obtenues depuis 1781, et il trouve qu'elles montent à 80,200,000 fr.

Il forme d'autre part le tableau des augmentations de charges survenues depuis la même
époque, et qui s'élèvent à 191,900,000 fr.
Prenant la différence entre les deux sommes, il trouve qu'elle est de 111 millions,
c'est-à-dire, précisément égale au déficit
annoncé par M. de Calonne. D'où il résulte
avec évidence que ce déficit est en entier
l'œuvre des six années qui se sont écoulées
depuis la publication du *Compte rendu*.

Enfin, pour achever de mettre au grand
jour l'étourderie de son antagoniste, M. Necker démontre que les emprunts faits depuis
1776 jusqu'à la fin de 1786 se sont élevés à
1,576,000,000 f., au lieu de 1,250,000,000 f.
annoncés dans le Discours du contrôleur-
général, et que par conséquent M. de
Calonne a fait sur cet article une erreur
de plus de 300,000,000 fr.

Tel est le sommaire d'un écrit où la sécheresse des questions financières est rachetée
par des vues élevées d'administration, et
où se montre à chaque ligne la noble fierté
d'un homme de bien qui rougit d'être obligé
de descendre dans l'arène contre un adversaire indigne de lui. Ce Mémoire, lu avec
avidité par les notables, ne laissa aucun
doute dans leur esprit.

Cependant le roi, instruit que M. Necker

préparoit une réponse aux inculpations de
M. de Calonne, lui avoit fait savoir indi-
rectement qu'il en blâmoit la publication ,
mais que d'ailleurs il étoit convaincu de
l'exactitude du *Compte rendu*, et que son
approbation devoit suffire. « Dans les gou-
« vernemens arbitraires, les rois, même
« les meilleurs, ont de la peine à compren-
« dre l'importance que chaque homme
« doit attacher à l'opinion publique. La
« cour leur paroît le centre de tout, et ils
« sont eux-mêmes, à leurs yeux, le centre
« de la cour (*). » C'étoit trop de refuser à
M. Necker un moyen officiel de combattre
son adversaire, et de lui demander encore
le sacrifice de sa réputation; aussi ne se
crut-il point tenu d'obéir à l'injonction du
roi, et, en publiant son Mémoire, il écrivit
à Louis XVI la lettre que voici :

« Je tombe aux pieds de V. M. pour la
« supplier de ne pas désapprouver le parti
« que j'ai pris de défendre mon honneur
« et ma réputation; ce sont des biens plus
« chers que la vie. Le roi, souverain pro-
« tecteur de la justice, daignera, je l'espère,
« considérer dans sa bonté la position ex-
« trême à laquelle j'ai été réduit, malgré

(*) Considérations sur la Révolution françoise.

« tous les efforts que j'ai faits pour éclairer
« M. le contrôleur-général, et pour préve-
« nir ainsi son attaque outrageuse et pu-
« blique. Que lui en auroit-il coûté de
« m'entendre avant de m'accuser? que lui
« en auroit-il coûté de rapporter ensuite
« mes observations à V. M.? C'étoit tout
« ce que je souhaitois; c'étoit tout ce que je
« demandois. J'étois bien sûr que V. M.,
« en se faisant rendre compte des objections
« de M. le contrôleur-général et de mes
« réponses, auroit promptement distingué
« la vérité : mais il a plu à M. de Calonne
« de rejeter cette manière de procéder, si
« simple et si raisonnable, entre deux ser-
« viteurs du même maître. Il a mieux aimé
« que la France et la postérité fussent té-
« moins de son injuste accusation.

« Le cœur magnanime de V. M. l'aver-
« tira sans doute qu'il étoit impossible que
« je restasse sous l'affront inouï que j'ai
« reçu; il étoit impossible que je laissasse
« en doute si j'avois pu être capable de
« tromper le meilleur, le plus vrai, le plus
« loyal des princes; et si j'étois insensible
« à une pareille situation, je me montre-
« rois indigne des bontés dont V. M. m'a
« honoré. Vous jugerez, Sire, après la lec-
« ture de mon Mémoire, si M. de Calonne

« a été injuste envers moi; et cependant,
« V. M. verra que, blessé, offensé autant
« qu'on peut l'être, j'ai conservé, en me
« défendant, la modération la plus parfaite,
« et que je ne me suis jamais écarté un mo-
« ment de l'objet qui devoit m'occuper uni-
« quement.

    « Je réclame avec instance la bonté de
« V. M., et ses nobles vertus, gravées au
« fond de mon cœur, m'inspirent une en-
« tière confiance. »

    Ce fut le 11 avril 1787 que parut le Mé-
moire de M. Necker; et, deux jours après,
il vit arriver chez lui M. Lenoir, lieutenant
de police, lui apportant une lettre de cachet qui l'exiloit à vingt lieues de Paris.(*)

    Du reste, M. Necker trouva dans les té-

(*) Tant de personnes ont entendu parler de lettres
de cachet, sans en avoir lu, qu'on sera peut-être curieux
d'en voir un échantillon.

    « Mons. Necker, je vous fais cette lettre pour vous
« dire qu'aussitôt qu'elle vous aura été remise, vous ayez
« à sortir de la ville de Paris, et à vous retirer dans le
« lieu que vous choisirez, à la distance au moins de vingt
« lieues de ladite ville; vous enjoignant d'instruire le
« sieur baron de Breteuil, secrétaire d'état, du lieu que
« vous aurez choisi, aussitôt que vous y serez arrivé, et
« vous faisant défense d'en sortir jusqu'à nouvel ordre.
« Si n'y faites faute, à peine de désobéissance.
    « Fait à Versailles, le 13 avril 1787.
                « *Signé* LOUIS,
      « *et plus bas*, le baron DE BRETEUIL. »

moignages d'affection et de respect qu'il
reçut en cette occasion, de quoi se dédom-
mager amplement des inconvéniens d'un
exil. Pendant les vingt-quatre heures que
durèrent les préparatifs de son départ, il
eut la visite de tout ce que Paris renfermoit de plus marquant, et entre autres celle
de l'archevêque de Toulouse, qui aspiroit
à remplacer M. de Calonne, et à qui l'intérêt même de son ambition dicta cette
démarche.

Ma mère, en racontant ces événemens,
met en contraste la douleur et l'indignation qu'elle éprouvoit avec le calme que
conserva son père. Il est certain que
M. Necker, loin de garder le moindre ressentiment contre Louis xvi, a souvent cité
comme une preuve de sa bonté la courte
durée de cet exil (*), motivé par une sorte
de désobéissance ; et les lettres qu'il écrivoit à sa fille, pendant son absence de Paris,
montrent une âme également exempte d'a-
mertume contre la cour et d'enivrement de
sa popularité.

L'on sait de quelle manière M. de Calonne fut renvoyé. Louis xvi, voulant enfin

_____

(*) M. Necker eut, dès le 4 juin 1787, la permission
de revenir à Paris.

connoître la vérité sur le déficit, avoit ordonné à ce ministre d'écrire à M. Joly de
Fleury, successeur immédiat de M. Necker, et de lui demander une réponse ca-
tégorique sur l'état où il avoit trouvé les
finances en 1781. Cette réponse ayant con-
firmé la parfaite exactitude de toutes les
assertions de M. Necker, M. de Calonne
inventa mille prétextes pour se dispenser
de la communiquer au roi; mais M. de
Fleury, prévoyant ce manége, avoit adressé
une copie de sa lettre à M. de Miromesnil,
qui n'aimoit pas M. Necker, mais qui dé-
testoit M. de Calonne. Cette lettre fut remise au roi, et dessilla enfin ses yeux.
M. de Calonne fut destitué, et renvoyé de
France; mais, en tombant, il eut encore
le crédit d'entraîner M. de Miromesnil dans
sa chute. (*)

_____

(*) Voici comment s'exprimoit la Cour des aides de
Bordeaux, dans une lettre adressée au roi, à l'occasion
du renvoi de M. de Calonne.

 « SIRE,

   « La gloire de l'état et le bonheur de vos peuples
« formèrent l'objet des premières opérations de votre
« règne; vous aviez ramené les beaux jours de la mo-
« narchie; la France voyoit avec enthousiasme son
« maître devenu le médiateur des rois, le protecteur des
« nations, et l'espoir de l'Europe contre un ennemi
« commun.
   « L'élévation subite d'une marine formidable, les

M. de Calonne, aussitôt après son arrivée en Angleterre, se mit à l'œuvre pour répondre au Mémoire de M. Necker. Il

« puissans secours accordés aux colonies, un plan d'ad-
« ministration sage et profond, l'ordre rétabli dans les
« revenus de l'état, les abus de la finance corrigés, ses
« profits excessifs resserrés dans de justes bornes, le cré-
« dit national porté à son plus haut point; tous ces
« avantages assuroient à la nation une prospérité qui
« répandoit un enchantement universel. Au milieu de
« la gloire qui vous environnoit, votre tendresse pour le
« peuple ne put être distraite; la déclaration des tailles,
« les règlemens des prisons et des hôpitaux, sont des
« monumens précieux qui prouvoient que parmi les
« soins et les troubles de la guerre, V. M. fut plus tou-
« chée du désir de soulager les maux de l'état, que sen-
« sible à l'ambition d'en étendre les limites.

« Une si belle aurore s'est convertie en un jour téné-
« breux. V. M., abusée, éloigna du maniement des
« affaires un homme sage, amoureux du bien public,
« et lui substitua un ministre connu par sa profonde
« corruption. Dès lors une influence fatale dirigea toutes
« les opérations : des emprunts exorbitans, des altéra-
« tions désastreuses dans les monnoies, les domaines de
« la couronne aliénés par des conventions frauduleuses,
« les propriétés particulières attaquées, mais sauvées par
« la généreuse fermeté de vos magistrats, devinrent des
« ressources familières. Pour comble de malheur, des
« traités de commerce ruineux, des infidélités dans
« l'administration des finances, également étranges et
« par leur nature et par la qualité des coupables, livroient
« à l'étranger la richesse nationale.

« Ces abus inouïs perpétueront le souvenir de cet ad-
« ministrateur, et prouveront à jamais que le bonheur
« des peuples tient au choix des ministres, puisque,
« sans eux, les rois ne conserveroient que le vain désir
« de rendre leurs sujets heureux. »

étoit secondé, de Paris, par des hommes
dont l'esprit étoit plus estimé que le caractère, et que l'on désignoit alors sous le nom
de *Comité Calonne.* Mirabeau, qui ne s'é-
toit pas encore relevé par la puissance de
son talent, de l'état d'abjection où son in-
conduite l'avoit plongé, Mirabeau, dis-je,
étoit l'âme de ce comité; Panchaud y jouoit
aussi un rôle important. L'archevêque de
Sens, lorsqu'il devint ministre, donna ordre
que toutes les archives du département
des finances lui fussent ouvertes, pour y
fabriquer à loisir des armes contre M. Necker; et, dans le même temps, on interdi-
soit les critiques de l'administration de
M. de Calonne, ou du moins on en gênoit
la publication par mille obstacles; car les
courtisans, même les plus opposés entre
eux, ne manquoient jamais de se réunir
quand il s'agissoit d'attaquer l'ennemi
commun.

La réponse de M. de Calonne parut au
mois de janvier 1788. Il seroit aujourd'hui
fastidieux de suivre dans ses détails un gros
volume de chiffres qui auroient à peine de
l'intérêt pour ceux qui font des finances
l'objet spécial de leur étude. Il me suffira
de rappeler quel étoit l'artifice dont avoit
usé l'auteur, ou plutôt les auteurs de cet

ouvrage. Ils avoient commencé par poser
d'une manière dogmatique quelques principes généraux, la plupart incontestables,
et à ce début destiné à éblouir le public,
ils avoient cousu des calculs dont ils savoient bien que fort peu de personnes seroient en état de vérifier l'exactitude.

Le ton d'assurance qui régnoit dans cet
ouvrage, les nombreux tableaux de chiffres
qui l'accompagnoient, et qui faisoient illusion aux lecteurs superficiels, imposèrent
à M. Necker la triste obligation de repousser encore cette nouvelle attaque. Mais ce
ne fut pas sans une extrême répugnance
qu'il s'engagea, pour la seconde fois, dans
une lutte dont la réputation de ses talens
et de ses vertus auroit dû le délivrer pour
jamais. Ce sentiment de peine se laisse
voir à toutes les pages des *Nouveaux
éclaircissemens sur le Compte rendu*, ouvrage important d'ailleurs pour l'étude des
finances françoises, et remarquable aussi
par le talent polémique qui s'y manifeste;
quoique l'auteur, arrêté par un sentiment
délicat de la situation de M. de Calonne,
alors sous le coup de l'exil et du blâme
public, semble ménager l'emploi de ses
forces, et épargner un adversaire dont il
est sûr de triompher.

Ce nouvel écrit, qui parut au moment même du rappel de M. Necker au ministère, réfutoit avec tant de précision toutes les allégations de M. de Calonne; il en montroit d'une manière si évidente l'erreur et la mauvaise foi, que les ennemis mêmes de M. Necker furent réduits au silence et s'avouèrent vaincus. (*)

Ce que les attaques de M. de Calonne avoient eu de plus pénible pour M. Necker, c'est qu'elles étoient venues le distraire au milieu d'un travail plein d'attrait pour une âme telle que la sienne; je veux parler de son ouvrage sur l'*Importance des opinions religieuses*. Comme administrateur d'un grand empire, M. Necker avoit étudié les

---

(*) Voici ce que l'abbé Maury écrivoit à madame Necker, au sujet des *Nouveaux éclaircissemens sur le Compte rendu*, et du retour de M. Necker au ministère. Le style de cette lettre est un peu emphatique; mais le nom de l'abbé Maury la rend assez curieuse.

« Le rappel de M. Necker a été celui de Camille.
« Dites-lui bien qu'après ces acclamations générales, il
» ne lui est plus permis d'abaisser ses regards sur ses vils
« ennemis, ni même de croire qu'il en ait encore. Non
« sans doute, il ne doit plus se souvenir de ces malheu-
« reux que la joie publique vient de flétrir. Je leur par-
« donne à présent à tous, à M. de Calonne lui-même,
« qui nous a valu ce nouveau chef-d'œuvre. Qu'on ne
« profère plus son nom devant vous qu'avec reconnois-
« sance. Ce n'est pas dans la maison de Cicéron qu'il
« faut maudire Antoine, Verrès et Catilina. »

principes qui régissent la société humaine;
il avoit reconnu l'insuffisance des motifs
terrestres pour porter les hommes à la
vertu; il avoit vu que les lois, que l'opinion
même, n'exercent qu'une influence extérieure, et que la religion seule agit immédiatement sur les cœurs. Sans cesse occupé
de ces grandes pensées, il les avoit appro-
fondies dans sa retraite, et, après avoir
montré dans l'*Administration des finances*
la connexion intime de la science du
gouvernement avec la morale, il voulut
rendre un nouveau service à la patrie de
son choix, en proclamant l'alliance in-
dissoluble de la morale avec la religion.
Tels étoient les travaux de M. Necker,
tandis que ses ennemis se plaisoient à le
représenter comme dévoré de l'ambition
du pouvoir.

Tant que la philosophie du dix-huitième
siècle avoit eu à combattre l'intolérance et
la superstition, elle avoit sans doute servi
la cause de l'humanité; mais, en ébran-
lant la religion, on avoit relâché tous
les liens de la société, et l'on commençoit
à sentir la nécessité de donner un nouvel
appui à la morale. L'Académie françoise
proposa donc un prix en faveur du meilleur catéchisme fondé sur les seuls prin-

cipes du droit naturel. Les préceptes de
ce catéchisme devoient, aux termes du
programme, être *le résultat de l'analyse, de la méthode, de l'art de diviser,
de définir, de développer les idées et
de les circonscrire.* M. Necker, justement
révolté de ces efforts mesquins, pour dis-
séquer l'être vivant que Dieu a créé à son
image, éprouva le besoin de réfuter une
doctrine aride et superficielle, et il publia
son livre sur l'*Importance des opinions religieuses.*

En lisant ce bel ouvrage, on voit que
l'auteur est un homme d'état qui s'adresse
à des académiciens. La religion se présente
à son esprit comme la base nécessaire de
la société, encore plus que comme l'unique
appui de l'âme contre la douleur, et l'on
trouve dans ce livre des émotions moins
intimes, moins chrétiennes que dans le
cours de morale religieuse, que M. Necker
a publié douze années plus tard. Souvent
même on s'aperçoit que les épanchemens
de son cœur sont gênés par l'idée du public
auquel il s'adresse, et des chicanes de tout
genre dont son livre alloit être l'objet. Cependant on admire la haute pensée qui l'a
dicté, et l'on y reconnoît ce qui forme le
caractère distinctif de M. Necker, la gran-

deur des vues jointe à une extrême délicatesse dans les nuances des sentimens. Mais,
pour apprécier avec justice la valeur morale de cet ouvrage, il faut se reporter à
une époque où croire en Dieu et oser le
dire n'étoit pas une médiocre preuve de
courage d'esprit; il faut se rappeler que
M. Necker a attaqué l'incrédulité au faîte
de sa puissance, lorsqu'elle sembloit être
le génie des hommes les plus distingués,
et qu'aucun résultat sinistre n'en avoit encore fait sentir le danger; bien supérieur
en cela aux écrivains qui ne l'ont combattue qu'alors que les esprits en étoient à la
fois effrayés et ennuyés.

Aussitôt après que M. de Calonne avoit
été sacrifié à la juste irritation des notables
et du public, tous les yeux s'étoient tour-
nés vers M. Necker; mais ses ennemis
n'eurent pas de peine à persuader au roi
que sa dignité seroit compromise s'il
rappeloit à la tête des affaires un homme
qu'il venoit d'exiler. M. de Montmorin fit
de vains efforts pour triompher des préjugés qu'on avoit eu soin d'entretenir dans
l'esprit de Louis XVI. D'un autre côté, le
roi répugnoit à nommer l'archevêque de
Toulouse, quoique vivement protégé par
la reine; et, pour échapper à cette alter-

native, il fit offrir le ministère d'abord à
M. de la Millière qui le refusa, et ensuite
à M. de Fourqueux, vieux magistrat, que
la foiblesse de sa santé et celle de son intelligence rendoient également incapable d'occuper une telle place. Je ne puis mieux
retracer ce qui se passa dans cette circonstance, qu'en transcrivant ici des notes de
M. de Montmorin, citées dans les Mémoires
de Marmontel. (*)

« Lorsque le roi me chargea de sa lettre
« pour M. de Fourqueux (dit le comte de
« Montmorin), je crus devoir lui repré-
« senter que je trouvois le fardeau des
« finances trop au-dessus des forces de ce
« bon magistrat. Le roi parut sentir que
« mes inquiétudes étoient fondées. — Mais,
« qui donc prendre? me dit-il. Je lui ré-
« pondis qu'il m'étoit impossible de ne pas
« être étonné de cette question, tandis qu'il
« existoit un homme qui réunissoit sur
« lui les vœux de tout le public ; que dans
« tous les temps il étoit nécessaire de ne pas
« contrarier l'opinion publique, en choi-
« sissant un administrateur des finances;
« mais que dans les circonstances critiques
« où il se trouvoit, il ne suffisoit pas de ne

___

(*) Mémoires de Marmontel, tome III, page 332.

« pas la contrarier, et qu'il étoit indispen-
« sable de la suivre. J'ajoutai que tant que
« M. Necker existeroit, il étoit impossible
« qu'il y eût un autre ministre des finances,
« parce que le public verroit toujours avec
« humeur et avec chagrin cette place oc-
« cupée par un autre que lui. Le roi con-
« vint des talens de M. Necker, mais il
« m'objecta les défauts de son caractère, et
« je reconnus facilement les impressions
« qu'avoit données de lui M. de Maurepas
« dans l'origine, et que MM. de Vergennes,
« de Calonne, de Miromesnil et de Bre-
« teuil, avoient gravées plus profondément.
« Je ne connoissois pas personnellement
« M. Necker ; je n'avois que des doutes à
« opposer à ce que le roi me disoit de son
« caractère, de sa hauteur, et de son es-
« prit de domination. Il y a apparence que
« si je l'eusse connu alors, j'eusse décidé
« son rappel. J'aurois peut-être dû insister
« davantage, même ne le connoissant pas ;
« mais j'arrivois à peine dans le ministère ;
« il n'y avoit pas six semaines que j'y étois
« entré, et d'ailleurs un peu de timidité,
« pas assez d'énergie, m'empêcha d'être
« aussi pressant que j'aurois pu l'être. Que
« de maux j'aurois évités à la France! que
« de chagrins j'aurois épargnés au roi!

« Qu'auroit-il dit, ajoute Marmontel, s'il
« avoit prévu que pour avoir manqué le
« moment de changer nos funestes desti-
« nées, il seroit massacré lui-même par un
« peuple rendu féroce, et que trois mois
« après sa mort le roi périroit sur un écha-
« faud ! »

Après le court et insignifiant ministère
de M. de Fourqueux, M. de Montmorin
renouvela, de concert avec M. de Lamoignon, ses instances auprès de Louis XVI,
pour qu'il rappelât M. Necker; mais le
baron de Breteuil réussit à faire repousser
ce conseil salutaire.

« Les affaires, dit M. de Montmorin,
« étoient dans une stagnation absolue : le
« crédit achevoit de se détruire de jour en
« jour; les moyens factices et dispendieux
« que M. de Calonne avoit employés pour
« soutenir la bourse, venant à manquer tout
« à coup, produisoient une baisse journa-
« lière et considérable dans les effets ; le
« trésor royal étoit vide; on voyoit comme
« très-prochaine la suspension des paye-
« mens; on n'imaginoit d'autre ressource
« qu'un emprunt, et il étoit impossible de
« le tenter dans un moment de détresse
« aussi désespérant. L'humeur gagnoit dans
« l'assemblée des notables, l'esprit en de-

« venoit mauvais, et déjà on commençoit
« à y murmurer les états-généraux. Dans
« ces circonstances, il étoit urgent d'avoir
« un homme qui dominât l'opinion. M. de
« Lamoignon et moi, nous nous commu-
« niquâmes nos idées, et nous convînmes
« que le seul homme sur qui l'on pût fon-
« der quelque espérance étoit M. Necker.
« Mais je lui parlai des obstacles que j'avois
« déjà trouvés dans l'esprit du roi, et je
« lui annonçai que ces obstacles devien-
« droient encore plus insurmontables par
« la présence du baron de Breteuil. Nous
« conférâmes avec celui-ci, essayant de le
« convertir, mais inutilement. Enfin, après
« une longue séance, nous nous décidâmes
« à monter chez le roi, et lorsque tous les
« trois nous fûmes entrés en matière sur le
« changement qu'exigeoit le ministère des
« finances, je parlai avec force de la néces-
« sité de rappeler celui que demandoit la
« voix publique. Le roi me répondit (à la
« vérité avec l'air de la plus profonde dou-
« leur) : Eh bien ! il n'y a qu'à le rappeler.
« Mais alors le baron de Breteuil s'éleva
« avec une extrême chaleur contre cette
« résolution à moitié arrachée ; il repré-
« senta l'inconséquence qu'il y auroit à rap-
« peler, pour le mettre à la tête de l'ad-

« ministration, un homme qui étoit à peine
« arrivé au lieu qu'on lui avoit prescrit
« pour son exil; combien une pareille con-
« duite auroit de foiblesse ; quelle force
« elle donneroit à celui qui, placé ainsi
« par l'opinion, n'en auroit d'obligation
« qu'à elle et à lui-même. Il s'étendit lon-
« guement et fortement sur l'abus que
« M. Necker ne manqueroit pas de faire
« d'une semblable position. Il peignit son
« caractère sous les couleurs les plus pro-
« pres à faire impression sur un roi natu-
« rellement jaloux de son autorité, et qui
« avoit un pressentiment confus qu'on vou-
« loit la lui arracher, mais qui la croyoit
« encore entière dans ses mains, et qui
« vouloit la conserver. Il y avoit des rai-
« sons fort spécieuses dans ce que venoit
« de dire le baron de Breteuil ; mais elles
« l'auroient été moins, qu'elles auroient en-
« core produit l'effet qu'elles obtinrent sur
« le roi, qui n'avoit cédé à mon avis qu'avec
« une extrême répugnance, et peut-être
« uniquement parce qu'il nous croyoit tous
« les trois d'accord. L'archevêque de Tou-
« louse fut donc proposé et accepté sans
« résistance. Cependant le roi nous dit
« qu'il passoit pour un caractère inquiet
« et ambitieux, et que peut-être nous

« nous repentirions de lui avoir indiqué ce
« choix. »

Au lieu de mettre à profit une époque
décisive pour faire un nouveau pacte avec
l'opinion, l'archevêque de Toulouse irrita
la France par la légèreté de ses principes
et l'inconséquence de son administration.
L'exil des parlemens, l'appareil imprudent
des lits de justice, et la ridicule invention
d'une cour plénière, compromirent gravement l'autorité royale. Le ministre, flot-
tant entre la cour et les philosophes, s'engagea dans une lutte de popularité contre
les parlemens, et ses tentatives furent dirigées avec tant de maladresse, que les parlemens se virent soutenus par l'opinion nationale, dans leur résistance aux réformes
que cette même opinion demandoit le plus
vivement. Il établit dans tous les pays d'é-
lections des assemblées provinciales, où le
nombre des députés du tiers devoit égaler
celui des députés des deux autres ordres
réunis; il supprima la corvée; il voulut
rendre égale la répartition de l'impôt territorial; il abolit les tribunaux d'exception;
il accorda la liberté de conscience aux protestans; et cependant, loin qu'on lui sût
gré de ces concessions, le mécontentement
faisoit chaque jour de nouveaux progrès.

Ce phénomène bizarre s'explique, si l'on réfléchit que les mesures politiques ont bien moins d'importance par elles-mêmes que par l'esprit qui préside à leur conception. Les réformes proposées par l'archevêque de Toulouse étoient sans doute favorables à la liberté; mais elles n'étoient, dans l'intention de ce ministre, qu'un moyen d'acheter l'enregistrement d'un emprunt considérable, et de retarder indéfiniment la convocation des états-généraux; et dès lors l'effet de ces mesures étoit manqué dans l'opinion. Ce ne sont jamais que des idées simples qui servent d'étendard à l'esprit public; la France vouloit alors M. Necker et les états-généraux, et tout ce qui éloignoit l'objet de ses vœux ne servoit qu'à l'irriter. Les cours souveraines s'étoient déclarées incompétentes pour consentir les subsides; elles avoient fait la demande formelle des états-généraux. Le Dauphiné venoit de rétablir ses états provinciaux à Romans, et de décider par avance la question du doublement du tiers et du vote par tête. De toutes parts des milliers de voix réclamoient l'émancipation du peuple françois. Il fallut enfin céder à des vœux si fortement prononcés, et un arrêt du conseil, du 8 août 1788, promit solen-

nellement la convocation des états-généraux, et en fixa l'époque au mois de mai
de l'année suivante.

Sous le rapport financier, l'administration de l'archevêque de Sens n'offre guère
qu'une contre-épreuve de celle de son prédécesseur. Il adopta les mêmes plans que
M. de Calonne, et commit les mêmes fautes.
Bientôt l'argent vint à manquer pour les
dépenses les plus urgentes; tout nouvel impôt étoit impossible, et la ressource du
crédit n'existoit plus. M. de Brienne crut
se tirer d'affaire, en ordonnant, par l'arrêt
du conseil du 16 août, que les deux cinquièmes des rentes sur l'Hôtel-de-Ville et
plusieurs autres dépenses publiques, seroient payés en papier-monnoie : mais cette
banqueroute acheva de révolter les esprits,
et, pour échapper à l'indignation générale,
le ministre se vit forcé d'appeler lui-même
M. Necker à son secours. Il lui fit donc
demander s'il vouloit se charger, sous ses
ordres, de la direction du département
des finances. Une telle proposition n'étoit
pas admissible, et le refus de M. Necker
contraignit enfin l'archevêque à se retirer. Il sortit de place avec des revenus ecclésiastiques dont l'énormité, comparée à la
détresse de l'état, offroit un contraste au

p

moins fort inconvenant; et, cependant, le chapeau de cardinal fut la récompense de sa désastreuse administration; comme si la cour eût pris plaisir à ne pas laisser échapper une occasion d'insulter à l'opinion publique.

Ici commence le second ministère de M. Necker, et la tâche qui m'est imposée approche de sa fin. M. Necker a écrit l'histoire de cette portion de sa vie politique, soit dans l'ouvrage intitulé *de l'Administration de M. Necker, par lui-même;* soit dans celui qui a pour titre: *De la Révolution françoise.* Ma mère en a reproduit les circonstances les plus importantes dans ses *Considérations sur les principaux événemens de la Révolution.* Que pourrois-je ajouter à de tels tableaux? Ce ministère forme la première phase de la grande révolution politique et sociale qui semble destinée à s'accomplir dans le monde entier. Les événemens qui s'y rattachent sont connus de quiconque n'est pas étranger à la marche de notre siècle. Je dois donc me borner à les retracer sommairement, pour ne pas laisser une trop grande lacune dans le récit de la vie de M. Necker. C'est aux actes mêmes de sa seconde administration; c'est à ses Mémoires, à ses Discours à l'assemblée constituante,

que je renvoie ceux qui voudront connoître
en détail les efforts inouïs qu'il a faits pour
maintenir l'ordre en fondant la liberté.
Mais, en se livrant à cette belle et importante lecture, l'on ne doit pas perdre de
vue les obstacles sans nombre dont M. Necker étoit entouré, les concessions de tout
genre qu'il étoit obligé de faire, tantôt à
l'opinion de ses collègues, tantôt à la force
des circonstances, tantôt à la volonté royale
ou à l'aveugle opiniâtreté des classes privilégiées, tantôt enfin à l'inexpérience arro-
gante de l'assemblée constituante. *Mon
association aux mesures du conseil* est
l'expression dont M. Necker lui-même
s'est servi, pour désigner ce période de
sa carrière publique ; et en effet, il a plutôt
été associé à la marche du gouvernement
qu'il ne l'a dirigée. Jamais il n'a été le
maître du terrain, jamais il n'a pu faire
triompher ses idées politiques ; et si l'on
veut les étudier, ces idées, les seules dont
l'adoption sincère puisse assurer à la France
le calme avec la liberté, c'est dans les ouvrages qu'il a composés depuis sa retraite
qu'il faut en aller chercher le dépôt.

Le 26 août 1788, M. Necker fut appelé
au conseil avec le titre de *Directeur-général
des finances*, titre auquel, après l'ouver-

ture des états-généraux, on substitua celui
de *Premier ministre des finances*. Cette nomination fut reçue dans toute la France
avec des transports d'enthousiasme (*). Les
hommes animés de sentimens patriotiques
y voyoient l'accomplissement de leurs généreuses espérances ; les créanciers de l'état,
la sécurité de leur fortune ; les citoyens de

(*) Si je publiois le recueil immense des lettres de
félicitations que reçut M. Necker à sa rentrée au ministère, on verroit peut-être, avec surprise, dans quels
termes de respect et d'admiration lui écrivoient alors des
personnes qui l'ont attaqué depuis avec une insolence
servile. Mais M. Necker a toujours dédaigné ce genre de
vengeance, et sa famille doit imiter son exemple. Entre
les adresses des corps constitués, j'en choisis une seule,
celle des états de Dauphiné :

« La nation étoit dans les alarmes ; elle touchoit à sa
« ruine, lorsqu'un roi juste vous rappelle ; cet événe-
« ment a été seul une grande révolution. Au deuil pro-
« fond qui régnoit dans tout le royaume, ont succédé
« la joie et les acclamations universelles. Les trois ordres
« de la province de Dauphiné reçoivent la récompense
« de leur respectueuse fermeté, en vous voyant re-
« prendre l'administration des finances que, pour le
« bonheur des François, vous n'auriez jamais dû quitter.
« Le passé nous apprend assez ce que nous devons espérer
« de l'avenir. Vous avez toujours pris pour guide l'opi-
« nion publique ; c'est d'elle seule que vous attendez les
« éloges qui vous sont dus : jouissez, monsieur, de votre
« gloire ; jamais un ministre ne fut honoré comme vous
« l'êtes aujourd'hui du témoignage flatteur de l'estime
« et de la reconnoissance des trois ordres d'une pro-
« vince. »

toutes les classes, la garantie de l'ordre et de la justice. M. Necker seul ne partageoit pas l'allégresse générale; il pressentoit des dangers dont aucune prudence humaine ne pourroit triompher, et ce fut avec une véritable tristesse qu'il reprit en main le timon des affaires. « Ah ! s'écria-t-il en recevant « le message du roi, que ne m'a-t-on donné « ces quinze mois de l'archevêque de Sens ! « maintenant, il est trop tard. »

La première entrevue de M. Necker avec le roi eut lieu dans le cabinet de la reine, et en sa présence; car Louis xvi éprouvoit de l'embarras à recevoir celui qu'il venoit d'exiler d'une façon si arbitraire. M. Necker ne parla au roi que de dévouement et de respect, et reprit auprès de lui la même attitude qu'il avoit eue à une autre époque. Mais il s'aperçut dès lors que la disposition de la reine à son égard étoit entièrement changée, et, ce jour-là même, ma mère étant allée faire sa cour à Versailles, et s'y étant trouvée avec la nièce du cardinal de Loménie, la différence marquée de leur réception montra clairement combien la reine préféroit le ministre renvoyé, à celui que les vœux de la France venoient de mettre à sa place.

M. Necker, en rentrant au contrôle gé-

néral, trouva le trésor épuisé, les impositions de tout genre consommées par anticipation, et tous les effets publics dépréciés.
Il y avoit à peine cinq cent mille francs en
caisse, soit en argent, soit en valeurs, et
cependant il falloit trouver plusieurs millions dans la semaine, pour faire face à des
dépenses urgentes, dont le retardement
pouvoit compromettre la sûreté de l'état.
Le nom seul de M. Necker fit renaître la
confiance, comme par magie ; les fonds
remontèrent de trente pour cent en un
jour ; l'arrêt du conseil du 16 août, qui avoit
répandu la consternation parmi tous les
créanciers de l'état, fut annulé de fait, et
peu de jours après, le 14 septembre, il fut
formellement révoqué.

Ces premiers mois du second ministère
de M. Necker sont peut-être l'époque de
sa carrière publique où il a fait preuve de
la plus rare habileté, habileté d'autant plus
méritoire, qu'elle étoit moins récompensée
par les éloges de l'opinion ; car l'attention
publique, uniquement dirigée alors vers
la convocation des états-généraux, ne tenoit compte au ministre que des efforts
qui tendoient immédiatement à ce but.
J'invoquerai ici un témoignage qui ne
sera pas suspect ; car le livre d'où je le tire

contient du reste d'indécentes personnalités
contre M. Necker. (*)

« Nombre de payemens étoient arriérés
« et ne pouvoient être long-temps retardés ;
« la plupart des contributions étoient con-
« sommées par des anticipations auxquel-
« les on avoit donné la plus excessive ex-
« tension ; la création des billets d'état cau-
« soit le plus grand effroi ; toutes les spé-
« culations, toutes les entreprises étoient
« suspendues et paralysées ; le commerce
« étoit en stagnation ; la banqueroute de
« l'état sembloit inévitable, et cependant
« fut évitée sans coups de force, sans con-
« trainte, sans impôts, sans emprunts,
« sans ces billets d'état si effrayans, si fu-
« nestes, dont il ne fut fait aucun usage,
« et qui même ne parurent point ; il fut
« pourvu à tous les besoins ; tous les expé-
« diens, tous les reviremens, toutes les res-
« sources de banque dans lesquels excelloit
« M. Necker, furent mis en œuvre ; nom-
« bre de moyens de détail furent employés,
« foibles séparément, forts par leur réu-
« nion ; et ce fut un grand acte de sagesse,

(*) Particularités et observations sur les ministres des
finances de France les plus célèbres, depuis 1660 jusqu'en 1791.

« de n'admettre dans ce moment aucune
« grande disposition qui eût trouvé des ob-
« stacles insurmontables dans la foiblesse
« et le discrédit du gouvernement, dans la
« force des personnes intéressées à la con-
« tradiction, et dans le défaut de lumières
« des corps dont la sanction étoit nécessaire
« pour de telles dispositions ; ces corps
« voyoient et déploroient les maux de l'é-
« tat, et n'admettoient aucun remède dou-
« loureux, mais efficace.

   « Il n'est aucun temps de l'administra-
« tion de M. Necker où il ait montré au-
« tant de courage, d'adresse, de sagacité,
« de talent ; ses industrieuses et justes com-
« binaisons, et le succès qu'elles ont ob-
« tenu, tiennent du prodige, et cependant
« ce n'est point l'époque de son administra-
« tion qui a été l'objet principal des éloges
« de ses partisans, parce que les hommes
« sont plus touchés, plus reconnoissans du
« bien qu'on leur fait que des maux qu'on
« leur évite, lors même que le service est
« plus grand. »

   L'on se rappelle l'activité que M. Necker
avoit déployée dans sa première administration : chaque jour il étoit à la recherche
d'un abus à réformer, d'une économie à
introduire, d'une institution nouvelle à éta-

blir. Il vit, en reprenant le maniement des affaires, que le bien de l'état lui traçoit désormais une marche différente, et qu'il devoit contenir l'administration des finances dans une sorte de silence et d'obscurité, pour concentrer toutes ses forces vers la grande entreprise dont alloit dépendre le sort de la France. Il s'occupa donc, avant tout, d'assurer la composition sage et la réunion paisible des états-généraux, persuadé que tous les abus de l'administration tomberoient à la fois sous leur main puissante.

« Ce fut en louvoyant, dit M. Necker, « en usant de tous les ménagemens, de « toutes les ressources circonscrites dans « un petit cercle, que je parvins à conduire, « sans brisure et sans échouement, le frêle « vaisseau de l'état jusqu'à l'ouverture des « états-généraux, terme que je considérois « alors comme le premier signal du port « de sauvement. Mais l'assemblée natio- « nale ayant éloigné à grande distance « l'époque où elle vouloit s'occuper des « finances, je me trouvai dans la nécessité « de continuer la manœuvre d'un naviga- « teur en péril, bien plus long-temps en- « core que je ne l'avois d'abord présumé ; « et véritablement j'ai passé près de deux

« ans dans les sollicitudes, toujours oc-
« cupé d'éviter de grands dangers, et de
« prévenir un éclat dont les conséquences
« ne pouvoient être calculées. »

Il faut mettre au premier rang des difficultés que M. Necker eut à surmonter dans
son second ministère, la disette qui vint
affliger la France, dans l'hiver de 1788 à
1789, et qui se prolongea bien avant dans
l'été suivant. Une grêle affreuse avoit ra-
vagé les récoltes de plusieurs provinces,
et surtout de celles qui fournissent ordinai-
rement à la consommation de Paris. Des
besoins se faisoient sentir en même temps
dans les pays étrangers, et l'exportation,
dont la liberté illimitée avoit été proclamée
par l'archevêque de Sens, élevoit rapidement le prix des grains. Le premier soin
de M. Necker fut de se faire rendre compte
de l'état des récoltes, et, ayant acquis la
triste certitude que les ressources de la
France étoient à peine suffisantes pour ses
propres besoins, il défendit l'exportation
par un arrêt du conseil du 7 septembre 1788.
D'autres arrêts du conseil, rendus dans le
courant du mois de novembre, accordè-
rent des primes d'importation, d'abord sur
les grains d'Amérique, et ensuite sur ceux
de la Baltique et de la Méditerranée. L'ex-

trême rigueur de l'hiver amena de nouveaux dangers. La difficulté des transports rendit l'approvisionnement des marchés dispendieux outre mesure, et la nécessité d'employer des moyens extraordinaires, pour remplacer les moulins à eau arrêtés par les glaces, accrut la consommation des grains. A mesure que la cherté augmentoit, les négocians, effrayés de l'effervescence du peuple, se refusoient à faire venir des blés étrangers pour leur propre compte; bientôt ils ne voulurent plus même être employés comme simples commissionnaires, et l'administration se vit obligée de suppléer à l'action du commerce. L'Amérique, les côtes de la Méditerranée, l'Angleterre, la Hollande et Dantzick, furent mis à contribution pour les besoins de la France; M. Necker suivoit de sa propre main cette importante correspondance, et lorsqu'il étoit nécessaire d'obtenir de l'étranger des permissions particulières d'extraction, ses sollicitations instantes étoient presque toujours couronnées par le succès. Sa vigilance n'étoit pas moins active dans l'intérieur; il formoit des entrepôts de grains et de farines dans les lieux les plus favorablement situés; il ordonnoit au directoire des vivres de la guerre de faire des distributions aux villes qui en avoient le besoin le plus urgent, et qui étoient à portée des magasins de cette administration; il accordoit des secours d'argent aux généralités ravagées par la grêle, afin de procurer aux cultivateurs les moyens d'acheter de nouvelles semences ; il faisoit des avances aux villes qui se chargeoient d'assurer leur propre subsistance, ainsi qu'aux boulangers et fariniers de Paris, de Versailles, et des autres grandes villes où la disette pouvoit entraîner les conséquences les plus désastreuses.

Les achats de grains, soit en France, soit à l'étranger, se sont élevés successivement à plus de 70 millions, et, dans l'état de dénuement où étoit alors le trésor royal, ce fut un prodige de crédit que de rassembler une telle somme. La disette, dans un grand pays, est un de ces malheurs devant lesquels la prudence humaine doit reconnoître la foiblesse de ses ressources, et il est toujours facile de critiquer, après le danger, l'administration la plus éclairée. Mais, s'il faut juger celle de M. Necker par les expressions de reconnoissance qui lui furent adressées de tous les points du royaume, il sera difficile de lui refuser les plus grands éloges. L'on ne doit pas oublier d'ailleurs, combien devenoient plus grandes les difficultés inséparables de la disette, lorsque tous les liens de l'ordre politique étoient relâchés, lorsque l'autorité sans force rencontroit des résistances, non-seulement dans les provinces, mais dans les municipalités, et jusque dans les plus petits villages ; lorsque enfin toutes les passions populaires étoient exaltées, et que le moindre retard dans l'approvisionnement d'une grande ville pouvoit entraîner les scènes les plus tragiques. Je reviendrai sur ce sujet, en racontant les événemens de l'année 1789.

Les circonstances relatives à l'ouverture des états-généraux sont trop connues pour que je m'arrête à les discuter, et mon opinion auroit peu d'intérêt sur une question historique de cette importance. D'ailleurs, je l'avoue, j'aurois presque honte aujourd'hui de répondre aux attaques qui ont été dirigées à cet égard contre M. Necker. Deux religions politiques divisent le monde : les uns persistent à ne voir dans la révolution françoise qu'une révolte qu'il eût été facile de réprimer par la force ; pourrois-je espérer de convaincre ceux dont les indestructibles préjugés résistent à l'évidence des faits ? D'autres, et ce sont tous les hommes qui ont suivi les progrès de leur siècle, savent que rien n'arrête la marche toute-puissante de l'esprit humain ; seroit-il nécessaire de justifier à leurs yeux la convocation des états-généraux? Respect pour la morale, déférence pour l'opinion, voilà ce qui faisoit la force de M. Necker ; voilà par quels secrets il avoit relevé le crédit de l'état ; et l'on ose s'étonner qu'un tel ministre n'ait pas conseillé à Louis xvi de trahir sa promesse, et de repousser les vœux légitimes de la France !

Dès les premières conférences que M. Necker avoit eues avec le roi, il lui avoit déclaré qu'il ne pouvoit lui être utile que dans la ligne de l'opinion publique et de la liberté, mais que si les intentions du roi étoient de nature à exiger la volonté despotique d'un Richelieu, il le supplioit de choisir un autre ministre. Louis xvi avoit approuvé ce langage, et on lui doit la justice de dire que jamais, du moins dans ses entretiens avec M. Necker, il n'admit comme possible de rétracter la convocation des états-généraux.

La réunion de ces assemblées nationales tombées en désuétude depuis près de deux siècles, présentoit nécessairement plusieurs questions délicates à résoudre ; mais la plus importante, celle du nombre respectif des députés des différens ordres, étoit déjà décidée dans l'opinion. Cependant, pour donner le moins possible à l'arbitraire, M. Necker crut devoir proposer au roi de réunir de nouveau les notables, et de prendre leur avis (*). Certes, ce n'étoit pas une conception fort démocratique, que celle de consulter une assemblée composée de princes du sang, d'évêques, de grands seigneurs et de magistrats ; et si, comme le prétend le parti de l'émigration, M. Necker avoit eu d'avance la volonté arrêtée de doubler le nombre des députés du tiers, il auroit eu une manière bien simple de parvenir à son but ; c'eût été de réunir à Paris des délégués de toutes les assemblées provinciales, où la question du doublement se trouvoit déjà résolue par l'archevêque de Sens lui-même. Au reste, à quoi serviroit l'expérience, si, après trente années, et dans l'état actuel de la société en France, on se croyoit obligé d'expliquer les motifs qui faisoient désirer à M. Necker que les quatre-vingt-dix-neuf centièmes d'une nation eussent une part égale à celle d'un centième de privilégiés ? Je renverrai donc mes

---

(*) Arrêt du conseil du 5 octobre 1788.

lecteurs aux éclaircissemens lumineux que
M. Necker lui-même donne à cet égard
dans son ouvrage sur la révolution françoise, et je doute qu'il existe aujourd'hui
des préventions assez opiniâtres pour ne pas
se rendre à une telle force d'évidence. (*)

La seconde assemblée des notables s'ouvrit à Versailles le 6 novembre 1788.
M. Necker, dans un discours plein de sagesse, développa les raisons qui rendoient
impossible de s'en tenir à la forme des

(*) S'il étoit nécessaire de démontrer par de nouveaux
raisonnemens l'indispensable nécessité de la double représentation du tiers, l'on pourroit alléguer à bon droit
la disette d'hommes éclairés qui se faisoit sentir dans les
classes privilégiées. Je trouve ce passage remarquable
dans une lettre écrite à madame Necker par l'abbé Maury,
pendant les élections de 1789.

« Au milieu des gémissemens causés par la famine,
« j'ai la consolation d'entendre souvent proférer le nom
« de M. Necker, avec les plus touchantes bénédictions.
« Je suis persuadé que la confiance universelle va le
« rendre l'oracle de la nation. Les représentans du peuple,
« eux-mêmes, auront grand besoin d'un tel régulateur.
« Il n'y a ici (en Picardie) quelques hommes que dans
« le tiers-état, qui se dispose à faire de bons choix ; ce
« sont des subdélégués, des jurisconsultes, des négo-
« cians, de riches tenanciers, qui doivent figurer avec
« distinction dans une assemblée provinciale, mais qui
« ne peuvent faire aucune sensation dans une assemblée
« nationale. Cependant, quoique leurs idées ne s'élèvent
« point au-dessus des intérêts locaux, ils n'en sont pas
« moins infiniment supérieurs aux deux autres ordres. »

états de 1614, et indiqua les diverses questions sur lesquelles l'assemblée auroit à
délibérer, relativement à la composition
des états-généraux, et au mode d'élection
des députés des différens ordres.

Le travail des notables ne fut point dé-
pourvu de toute utilité; ce travail, résumé
et mis en ordre par une commission de
quatre conseillers d'état, aplanit plusieurs
points difficiles. Mais, des deux questions les
plus importantes (le nombre général des
députés et le nombre respectif des députés
des trois ordres), l'une ne fut point traitée
par les notables, l'autre fut résolue par eux
de la manière la plus diamétralement opposée au vœu national. L'on sait que le
bureau présidé par Monsieur (aujourd'hui
Louis xviii) fut le seul entre six qui se
prononça pour le doublement du tiers.

Le mécontentement universel qu'excita
la décision des notables, traçoit de reste au
gouvernement la marche qu'il avoit à suivre.
Le parlement de Paris lui-même, ce défenseur imperturbable de la routine et des
préjugés, vaincu alors par la force de l'o-
pinion, rétracta ses délibérations précédentes, et déclara que le nombre des députés
respectifs des trois ordres *n'étant déterminé par aucune loi, ni par aucun usage*

constant, on ne pouvoit que s'en rapporter
à la sagesse du roi pour parvenir aux mo-
difications que la raison, la liberté, la
justice et le vœu général pouvoient indi-
quer. Cependant M. Necker ne voulut rien
précipiter, et, pendant près de deux mois,
il s'appliqua sans relâche à étudier avec
impartialité ce qu'exigeoit l'état de l'esprit
public. Enfin, à la suite de longues et mû-
res délibérations, la majorité des ministres
se prononça en faveur du doublement du
tiers ; et la reine, qui assistoit alors pour
la première fois au conseil, sanctionna par
son assentiment cette importante mesure.

Le résultat du conseil, du 27 décembre
1788, ordonna que les députés aux états-
généraux seroient au moins au nombre
de mille, et que le nombre des députés du
tiers seroit égal à celui des députés des
deux autres ordres réunis. A ce résultat du
conseil étoit joint un rapport au roi par le
ministre de ses finances, où se trouvoient
développés quelques-uns des principaux
motifs qui avoient entraîné la détermination du gouvernement. Ce rapport auquel
on a constamment attaché le nom de
M. Necker, et qui lui a valu tant d'éloges
et tant de haines, ne lui appartient pas exclusivement. « L'ordonnance et le style, dit

« M. Necker (*), ne composent un titre
« de propriété que pour les ouvrages aca-
« démiques; il n'en fut jamais de même pour
« les arrêts d'un conseil politique, et pour
« les préambules qui en exposent les mo-
» tifs.... Le mot de *nécessité* ne se trouve
« pas dans le rapport fait en mon nom,
« comme ministre d'état, et cette seule
« remarque doit faire présumer que le rap-
« port ne disoit pas tout, et qu'il avoit été
« précédé d'une discussion plus étendue. »

Une autre observation achève de démontrer que M. Necker étoit loin de pouvoir
faire triompher alors toutes ses idées; c'est
que le résultat du conseil du 27 décembre ne
prononce point sur la délibération par ordre
ou par tête; et cette observation importante
sert en même temps de réponse à ceux qui
ont fait un reproche à M. Necker de n'avoir
pas proclamé, avec le doublement du tiers,
la division en deux chambres, qui en étoit la
conséquence naturelle. A cette époque, ni
le roi, ni le conseil, ni les ordres privilégiés n'auroient consenti à cette innovation
salutaire. Après le 23 juin, l'assemblée nationale s'y est orgueilleusement refusée;
car, dans un pays étranger encore aux ver-

_____

(*) De la Révolution françoise, Tome I.

tus de la liberté, le langage de la raison ne peut jamais se faire entendre du parti qui se croit le plus fort.

Cependant le rapport joint au résultat du conseil du 27 décembre indiquoit pour l'avenir la suppression des lettres de cachet, l'affranchissement de la presse, et le retour périodique des états-généraux. Ces concessions, qui forment les premières bases de toute liberté, jointes au doublement du tiers, valurent à Louis XVI, et à son ministre, des témoignages passionnés de reconnoissance (*). « Les communes, dit « M. Necker, reçurent une justice comme « un bienfait. Cette méprise des âmes sensibles est la consolation des bons rois. »

Les mêmes personnes qui ont fait un crime à M. Necker de s'être écarté de l'opinion des notables sur le doublement du tiers, lui ont reproché de l'avoir suivie en ne fixant aucune condition pécuniaire pour l'éligibilité des députés des communes. Mais ses réponses à cette objection sont pé-

_____

(*) « Jamais, écrivoient les états de Dauphiné à « M. Necker, on ne parla des droits des hommes et des « projets du meilleur des rois avec plus de sentiment et « de dignité. Quelle sublime fonction que celle d'être « ainsi près du trône l'organe de la vérité, et de la dé- « fendre avec un si noble courage ! »

remptoires. Si le gouvernement pouvoit
et devoit même repousser l'avis des notables, lorsqu'il étoit contraire au vœu national, il n'en étoit pas ainsi lorsque leur avis
se trouvoit conforme à ce vœu, aussi-bien
qu'aux anciens usages. Or, l'on sait que
jamais on n'avoit imposé de condition de
propriété aux députés du tiers-état. D'ailleurs, exiger de ces députés la preuve d'une
fortune territoriale, c'eût été exclure précisément les hommes les plus marquans et
les plus éclairés de l'ordre du tiers ; car les
roturiers qui avoient de la fortune et de l'é-
ducation évitoient d'acquérir des terres,
afin de se soustraire aux impôts humilians
de la taille et du droit de franc-fief. Et quant
à la richesse mobiliaire, on manquoit d'é-
chelle pour en fixer la quotité. Car la capitation, qui seule auroit pu servir de base,
n'étoit point établie dans toute la France,
et dans les provinces mêmes où elle existoit, elle étoit sans rapport certain avec la
fortune des contribuables. Enfin, la condition de propriété, supposé que l'on en
eût exigé une, n'auroit certainement pas
excédé la fortune de la grande majorité des
députés du tiers, et auroit eu par conséquent très-peu d'influence sur la composition de l'assemblée. A ces remarques, pui-

sées dans l'état de la France d'alors, on
peut ajouter qu'en thèse générale rien ne
semble plus superflu que de circonscrire
le choix des électeurs, lorsque le législateur
a pris soin de restreindre le corps électo-
ral aux hommes qu'il a jugés capables
d'agir avec sagesse et discernement.

Les états-généraux s'ouvrirent à Versailles, le 5 mai 1789. A son entrée dans
la salle, M. Necker fut couvert d'applaudissemens. Il étoit alors l'idole de la nation
françoise; les factions n'avoient pas encore
perverti l'opinion publique. Cependant,
loin de rechercher pour lui-même une popularité qui lui promettoit des triomphes
faciles, il ne sembloit occupé que de reporter sur Louis XVI les hommages qui
s'offroient à lui. Son discours avoit été remis
au roi plusieurs jours d'avance : Louis XVI l'a-
voit examiné attentivement ; il y avoit même
joint plusieurs notes écrites de sa main, et on
a lieu de croire qu'il consulta, dans cette circonstance, d'autres personnes que les membres de son conseil. M. Necker enfin lui
avoit soumis ses dernières corrections, et
le roi les avoit trouvées conformes à ses
vues (*). Je me plais à insister sur ces dé-

(*) Voyez le billet de Louis XVI publié par M. Necker,
dans son ouvrage sur la Révolution françoise, Tome I.

tails honorables pour Louis xvi, parce qu'ils montrent avec quel soin M. Necker évitoit, dans son discours, toute expression qui ne fût pas d'accord avec la pensée royale.

Se renfermant autant que possible dans les attributions de son ministère, M. Necker commença par diriger l'attention de l'assemblée sur les moyens de rétablir les finances. Il développa l'état général des revenus et des dépenses fixes, qui fut rendu public peu de temps après, état dont la sincérité n'a peut-être jamais été égalée, et dont l'exactitude est sortie victorieuse des recherches malveillantes des divers comités de l'assemblée nationale. Il montra que le déficit, bien que considérable, pouvoit être comblé sans recourir à des impositions nouvelles, et qu'ainsi la réunion des états-généraux n'étoit point un résultat forcé de la détresse financière, mais un hommage libre rendu à des principes de justice et de liberté. Il s'efforça d'inspirer à l'assemblée une juste horreur de toute espèce d'infidélité dans l'acquittement de la dette publique, et cette portion de son discours n'étoit rien moins que superflue; car déjà les députés des provinces, étrangers aux intérêts des capitalistes de Paris, commençoient à murmurer que la banqueroute étoit le moyen le plus simple de diminuer les charges de l'état.

S'élevant ensuite à des considérations d'un ordre supérieur, il présente à l'assemblée l'esquisse des travaux auxquels elle va se livrer ; il indique aux classes privilégiées les sacrifices que leur prescrit la prudence autant que l'équité ; il recommande aux députés de tous les ordres l'observation constante des préceptes de la raison. « Vous écarterez, « leur dit-il, tous les systèmes exagérés ; « vous réprimerez tous les abus de l'imagi- « nation ; vous ne croirez pas que l'avenir « puisse être sans connexion avec le passé ; « vous ne préférerez pas les projets et les « discours qui vous transporteroient dans « un monde idéal, à ces pensées et à ces « conseils qui, moins éclatans, mais plus « praticables, exposent à moins de com- « bats, et donnent au bien qu'on opère un « caractère de stabilité et de durée. Enfin, « Messieurs, vous ne serez pas envieux des « succès du temps, et vous lui laisserez « quelque chose à faire ; car si vous entre- « preniez à la fois la réforme de tout ce qui « vous paroît imparfait, votre ouvrage le « deviendroit lui-même. » Paroles remarquables, et qui semblent une censure prophétique de cette assemblée constituante, si grande par l'impulsion qu'elle a donnée à l'esprit humain, si vaniteuse et si superficielle dans les institutions qu'elle a prétendu fonder.

Le discours de M. Necker fut reçu avec une froideur marquée par les hommes placés à l'extrémité des deux opinions opposées. Les aristocrates, en apprenant que les finances pouvoient être relevées sans le secours des états-généraux, conçurent une nouvelle irritation contre le ministre qui les avoit convoqués. Les chefs du parti populaire souffrirent avec humeur que cette convocation fût signalée à la France comme un acte libre et spontané; ils arrivoient plus disposés au blâme qu'à la reconnoissance, et les plaisirs violens de la victoire avoient plus de charmes à leurs yeux que les conquêtes paisibles de la raison. Ils se plaignirent de ce que M. Necker n'abordoit pas les grandes questions constitutionnelles, comme si tel avoit pu être alors le rôle d'un dépositaire de l'autorité royale. Peut-être enfin virent-ils d'un œil d'envie ce qu'un ministre seul avoit déjà fait pour le rétablissement des finances, et dès lors on put apercevoir le germe de cette jalousie contre M. Necker, qui s'est montrée depuis avec tant de petitesse et de dureté.

La question du vote par tête et du vote par ordre, s'engagea dès la vérification des pouvoirs ; et l'aveuglement des ordres privilégiés, dans cette circonstance, est impossible à caractériser. Au lieu d'aller au-devant de la nécessité, et de se faire un mérite de sacrifier des prérogatives qui alloient lui être arrachées sans retour, la noblesse sembloit prendre à tâche d'amasser sur sa tête la colère du peuple. L'aigreur augmentoit de jour en jour. M. Necker crut opérer un rapprochement, en réunissant chez le garde des sceaux des commissaires des trois ordres. La conférence eut lieu en présence des ministres ; mais les débats se prolongèrent sans résultat. Enfin M. Necker résuma les difficultés, et proposa un plan d'accommodement qui sembloit au moins pouvoir amener une trève. Les trois ordres devoient convenir qu'ils s'en rapporteroient les uns aux autres pour la vérification des pouvoirs sur lesquels aucune objection ne seroit élevée, et qu'ils se communiqueroient leurs actes de vérification ; que les élections contestées seroient renvoyées à l'examen de commissaires pris dans les trois ordres ; que l'avis de la commission seroit soumis aux chambres respectives ; que si cet avis étoit adopté, tout seroit terminé ; que si,

au contraire, les trois ordres ne s'accordoient pas, l'affaire seroit portée au roi,
qui prononceroit en dernier ressort; qu'enfin ces conventions pour la vérification des
pouvoirs, ne préjugeroient rien sur la grande
question du vote par ordre ou par tête.

S'il y avoit une objection à faire au projet
de M. Necker, c'étoit qu'il devoit paroître
trop favorable aux deux premiers ordres :
aussi le clergé se hâta-t-il de l'accepter;
mais la noblesse le repoussa, et jamais pareille faute n'a été commise par l'esprit de
parti. C'étoit là tout ce que désiroient les
communes; bientôt le nœud gordien fut
tranché par Sieyes; les députés du tiers se
proclamèrent l'*assemblée nationale*, et dès
lors l'ancien régime cessa d'exister.

Il étoit indispensable que l'autorité royale
intervînt dans une si grande crise, et qu'elle
parût au moins marcher volontairement au
but où l'entraînoit la force irrésistible des
circonstances; c'étoit le seul moyen d'obtenir encore quelques concessions en sa faveur. Ce fut alors que M. Necker conçut le
projet d'une séance royale, projet que ses
collègues accueillirent avec une admiration
unanime.

J'ai fait de vains efforts pour retrouver le
manuscrit de M. Necker; l'exemplaire qu'il

s'en étoit réservé a été détruit pendant la
révolution ; les autres sont restés entre les
mains des princes ou des ministres d'alors,
et je n'ai pu découvrir s'il en existe encore
quelque copie. Mais toutes les conditions
du plan de M. Necker sont connues par son
ouvrage sur la Révolution françoise, et je
ne saurois assez recommander à l'attention
de mes lecteurs, le chapitre où il retrace
les circonstances relatives à la séance royale
du 23 juin.

« Il y eut, dit-il, des comités régu-
« liers chez le roi, où toute l'affaire fut
« discutée, et une approbation pleine et
« entière de la part du prince se réunit à
« la voix, alors unanime, de ses minis-
« tres. Un conseil d'état fut assigné pour
« la dernière lecture, et ce conseil se tint
« à Marly, où le roi venoit de se rendre.
« La lecture se fit, et un accord d'opinions
« presque parfait ayant régné pendant la
« séance, on s'occupoit des mesures d'exé-
« cution. Il ne restoit plus qu'à fixer le jour,
« et le surlendemain étoit presque indiqué.
« Un dernier mot du roi terminoit le con-
« seil, et déjà les portefeuilles se refer-
« moient, lorsqu'on vit entrer inopinément
« un officier de service : il s'approcha du
« fauteuil du roi, lui parla bas, et sur-le-

« champ S. M. se leva, en ordonnant à ses
« ministres de rester en place, et d'attendre
« son retour. Ce message dut nous sur-
« prendre tous. M. de Montmorin, assis
« près de moi, me dit sur-le-champ : Il n'y
« a rien de fait ; la reine seule a pu se per-
« mettre d'interrompre le conseil d'état ;
« les princes l'auront circonvenue, et l'on
« veut, par sa médiation, éloigner la déci-
« sion du roi. Cette présomption de M. de
« Montmorin n'étoit que trop naturelle ;
« car déjà des murmures confus avoient
« averti qu'on avoit décidé le voyage de
« Marly, pour être plus à portée d'envi-
« ronner le roi, et de combattre dans son
« esprit les plans du ministère. Cependant,
« je doutois de ces rapports, et, comme il
« arrivoit souvent, je me fiois à la force de
« la raison du soin de combattre et d'écarter
« toutes ces tentatives intérieures, toutes
« ces tentatives que d'autres appeloient in-
« trigues, en croyant bien connoître et
« leurs premières causes et leurs premiers
« mobiles. »

Au bout d'une demi-heure, le roi rentra
au conseil, et prorogea la délibération,
malgré les prières instantes de M. Necker
et de ses collègues. Le nouveau conseil d'état
se tint deux jours après à Versailles ; les

princes y furent appelés, avec quatre magistrats qui n'y avoient jamais eu séance ;
et il devint manifeste qu'un plan étoit formé
pour faire échouer celui du ministère. En
effet, les dispositions essentielles du projet
de M. Necker furent écartées ; mais tout en
le dénaturant, les nouveaux rédacteurs
s'efforcèrent d'en adapter les expressions à
leurs vues : soit qu'ils crussent que des
phrases pouvoient agir par elles-mêmes et
indépendamment du sens qu'elles renfer-
moient ; soit plutôt qu'ils voulussent compromettre le ministre en faisant accroire
qu'il s'étoit associé à leur travail.

Convaincu des dangers auxquels s'exposoit l'autorité royale, convaincu que son
projet lui-même étoit une démarche hardie qui n'avoit de chance de succès que
par la popularité de l'auteur, M. Necker
résista de tout son esprit et de toute sa
conscience ; mais ses efforts échouèrent ;
ses adversaires furent seuls écoutés. On
connoît le résultat de leurs conseils.

Je ne m'arrêterai point à justifier M. Necker de n'avoir pas assisté à la séance royale
du 23 juin, et de s'être refusé à sanctionner
par sa présence une mesure qu'il avoit
combattue jusqu'à la dernière extrémité.
Pour quiconque a lu le discours que l'on

fit tenir à Louis xvi dans cette déplorable journée, toute explication seroit superflue.

Aussitôt que le bruit de la démission de M. Necker se répandit à Versailles, il y causa une commotion universelle. Louis xvi, effrayé de l'exaltation des esprits, fit appeler M. Necker, et lui demanda, au nom du salut de l'état, de conserver sa place ; la reine ajouta que la sûreté même de la personne du roi y étoit intéressée, et ce motif ne permit plus à M. Necker d'hésiter. En sortant du château, il fut reconduit chez lui en triomphe par le peuple entier de Versailles, aux cris mille fois répétés de *vive M. Necker!* Mais ce mouvement populaire, que de méprisables ennemis ont osé l'accuser d'avoir préparé, loin d'augmenter sa force, l'empêcha d'insister auprès du roi sur le renvoi des nouveaux conseillers, dont l'influence venoit d'être si funeste. Et ce fut au moment même où il pouvoit tout exiger, qu'une générosité, l'on doit le dire, exagérée, lui ôta le courage de vaincre sur ce point la résistance de Louis xvi. M. Necker savoit si bien dès lors qu'il faisoit le sacrifice de sa popularité et de son bonheur, que, le soir même, il dit à quelques amis réunis chez

lui : « Je reste ; mais vous voyez ce peuple
« et les bénédictions dont il m'accompa-
« gne ; eh bien ! avant quinze jours peut-
« être, c'est à coups de pierre qu'il me
« suivra. »

L'assemblée nationale, presque entière,
se rendit chez M.¹ Necker, à son retour de
chez le roi. « C'est là, dit ma mère, qu'on
« voyoit ce qu'il y a de vraiment aimable
« dans le caractère des François, la viva-
« cité de leurs impressions, leur désir de
« plaire, et la facilité avec laquelle un gou-
« vernement peut les captiver ou les révol-
« ter, selon qu'il s'adresse bien ou mal au
« genre d'imagination dont ils sont suscep-
« tibles. J'entendois mon père conjurer les
« députés du tiers de ne pas porter trop
« loin leurs prétentions. Vous êtes les plus
« forts maintenant, leur disoit-il, c'est
« donc à vous que convient la sagesse. Il
« leur peignoit l'état de la France, et le
« bien qu'ils pouvoient faire ; plusieurs
« pleuroient, et lui promettoient de se lais-
« ser guider par ses conseils ; mais ils lui
« demandoient aussi de leur répondre des
« intentions du roi. La puissance royale
« inspiroit encore, non-seulement du res-
« pect, mais un reste de crainte : c'étoient
« ces sentimens qu'il falloit ménager. »

Le premier usage que fit M. Necker du retour de son crédit, fut d'engager le roi à ordonner au clergé et à la noblesse de se réunir à l'assemblée nationale. Cette mesure étoit forcée, et néanmoins elle fut encore reçue avec des transports de joie et de reconnoissance. A Paris, à Versailles et dans toute la France, la réunion des ordres fut célébrée par trois jours d'illuminations. Cependant, loin que la cour profitât des leçons de l'expérience, loin qu'elle rendît grâce à M. Necker d'avoir tiré Louis xvi de la situation périlleuse où elle l'avoit engagé, elle ne s'occupoit que des moyens de renverser ce ministre, la dernière sauvegarde du trône. Il n'étoit plus que le chef ostensible de l'administration ; un conseil secret dirigeoit toutes les démarches du roi. M. Necker ne pouvoit pas l'ignorer; mais d'autres soins absorboient ses pensées, et l'empêchoient de s'occuper de son propre danger.

L'on n'étoit plus séparé de la moisson que par quelques semaines; mais ces derniers momens étoient ceux où la disette se faisoit sentir avec le plus de rigueur, et la mauvaise apparence de la récolte annonçoit que les souffrances du peuple n'étoient pas près de finir. Les magasins étrangers s'étoient successivement épuisés ; les farines avoient atteint en Angleterre le prix où leur exportation étoit prohibée, et M. Pitt, malgré les instantes sollicitations de la France, se refusoit à obtenir du parlement une permission de sortie même fort limitée. Un jour on écrivit d'Amsterdam, ce grand marché de l'Europe, qu'il n'y restoit pas un setier de blé à vendre, et qu'on attendoit de nouveaux convois de la Baltique. Le crédit des maisons de commerce qui avoient été employées jusqu'alors touchoit à son terme, et il falloit recourir à de nouveaux intermédiaires ; ce fut dans de telles circonstances que M. Necker écrivit à MM. Hope, pour leur demander de se charger des approvisionnemens destinés à la ville de Paris. Et comme la situation précaire de la France ne pouvoit inspirer aucune confiance à cette célèbre maison de commerce, il lui offrit sa caution particulière sur toute sa fortune.

« De quels moyens n'ai-je pas fait usage, « s'écrie-t-il ! (*) c'étoit l'occupation de « tous mes jours et de tous mes instans ; « car, indépendamment de la situation « critique de Paris, les courriers arrivoient « de toutes parts pour m'annoncer des be-

_____

(*) De l'Administration de M. Necker, par lui-même.

« soins imminens, tantôt dans un lieu et
« tantôt dans un autre. Un jour, après trois
« heures d'absence, et en descendant de
« chez le roi, ma cour m'en parut remplie;
« ils s'empressèrent tous ensemble de me
« remettre les dépêches dont ils étoient
« chargés, et leurs mains me sembloient
« armées d'autant de poignards. Je rentrai
« dans mon cabinet pour les lire, et, après
« avoir essuyé mes larmes, certain d'ac-
« croître le mal en montrant l'excès de
« mes inquiétudes, je parus au milieu d'un
« cercle nombreux avec toute la contrainte
« d'une sécurité apparente. Mais un pareil
« effort, en me coûtant beaucoup, ne trom-
« poit jamais parfaitement ceux qui com-
« mençoient à jouir de mes peines, et j'ai
« souvent aperçu que leurs regards étoient
« plus pénétrans que l'œil de mes amis.

« Dans le cours de la nuit, on venoit me
« réveiller, pour signer, pour dicter une
« instruction pressante, pour donner les
« ordres qu'exigeoit un secours indispen-
« sable, pour faire cesser par quelque voie
« d'autorité l'interception d'un convoi;
« pour suppléer, par une disposition ex-
« traordinaire, à des fonds qui avoient
« manqué dans un lieu où des achats
« avoient été commandés; enfin pour écar-

« ter de diverses manières ou un malheur
« vraisemblable, ou un péril imminent.

  « C'est surtout l'idée d'une grande ville
« telle que Paris, venant à manquer de
« pain vingt-quatre heures, qui agitoit
« mon âme et troubloit mon imagination.
« Je dominois cette terreur pendant le jour,
« mais elle reprenoit sa force au milieu de
« mes songes; et, le matin, pendant plu-
« sieurs mois, je fus réveillé par des palpi-
« tations de cœur, l'une des causes de la
« maladie que tant d'inquiétudes et de sen-
« timens pénibles m'ont donnée. »

Tels étoient les travaux et les sentimens
de M. Necker, pendant que le parti de la
cour ne songeoit qu'à le faire mettre à la
Bastille, à cette Bastille déjà chancelante,
et qui devoit s'écrouler dans si peu de jours,
Je suis heureux de dire que Louis XVI repoussa avec fermeté cette stupide injustice:
que n'a-t-il eu de même la force de résister
au perfide conseil d'exiler son ministre!
« Le roi, dit M. Necker, ne m'ordonna
« pas même de quitter le royaume, il l'exi-
« gea; car dès ce temps, il eût douté s'il
« avoit le pouvoir d'exercer un tel acte
« d'autorité envers personne; mais il étoit
« bien sûr de mon entière obéissance à ses
« désirs, comme à ses volontés. »

Le 11 juillet, M. Necker reçut du roi une lettre conçue en ces termes : « Depuis « que je vous ai engagé, monsieur, à rester « dans votre place, vous m'avez demandé « de prendre un plan de conduite vis-à-vis « des états-généraux, et vous m'avez montré « plusieurs fois que celui de condescen-« dance extrême étoit celui que vous pré-« fériez, et que, ne vous croyant pas utile « pour d'autres, vous me demandiez la « permission de vous retirer, si je prenois « un parti différent. J'accepte la proposi-« tion que vous m'avez faite de vous retirer « hors du royaume, pour ce moment de « crise; et je compte que, comme vous me « l'avez dit, votre retraite soit prompte et « secrète. Il importe à votre droiture et à « votre réputation de ne donner lieu à au-« cune commotion. J'espère qu'un temps « plus calme me mettra à portée de vous « donner des preuves de mes sentimens « pour vous. »

En lisant cette lettre, M. Necker fut uniquement frappé des dangers auxquels le roi s'exposoit par une résolution si inconsi-dérée. Il hésita même s'il ne lui demande-roit pas une dernière entrevue, pour le sup-plier de s'arrêter au bord du précipice; mais il fut retenu par la crainte que l'on

ne pût attribuer sa démarche aux regrets
de l'ambition ; il craignit aussi que le moindre délai ne divulguât le bruit de son exil,
et voici la lettre qu'il répondit à Louis xvi :

« V. M. perd l'homme du monde qui
« lui étoit le plus tendrement dévoué, et je
« vous le jure, sire, le plus honnête homme.
« Daignez conserver un souvenir favorable
« de moi ; et si l'on me fait le moindre re-
« proche, que V. M. me mette à portée de
« me justifier. Ah! je ne craindrai jamais
« que la calomnie. Je tombe à vos pieds,
« sire, avec tous les sentimens qui ne s'ef-
« faceront jamais de mon cœur. Je partirai
« seul, sans passer par Paris, sans en ouvrir
« la bouche à personne; et je demande in-
« stamment à V. M. le même secret. »

Si M. Necker eût dit un seul mot, s'il se
fût montré à Paris, s'il eût laissé deviner
la nouvelle de son départ, toute la population se fût soulevée en sa faveur, on l'eût
ramené avec éclat au poste d'où le parti de
la cour vouloit le précipiter, et il est difficile d'assigner le terme où se fût arrêté un
pareil triomphe. M. Necker reçut la lettre
du roi au moment où il alloit se mettre à
table, et il fit de tels efforts pour se con-
traindre, qu'aucune des nombreuses personnes qui dînoient ce jour-là chez lui, ne

s'aperçut des sentimens dont il étoit agité.
En sortant de table, sa femme seule reçut
sa confidence ; ils montèrent en voiture
sans changer d'habits, sans faire aucun pré-
paratif de voyage, sans prendre aucun genre
de précaution, et, prétextant une promenade, ils se dirigèrent vers la première
poste, et de là sur Bruxelles, afin d'être
plus tôt hors de France, et d'éviter la Bourgogne et la Franche-Comté, provinces où
les esprits étoient le plus exaltés pour la
cause populaire. En partant de Versailles,
M. Necker ne demanda pas même un pas-
seport; il prit en route un nom supposé,
et arrivé à Valenciennes, pour obtenir du
commandant la permission de continuer
son voyage, il fut obligé de lui montrer la
lettre du roi. Le commandant lut cette
lettre, compara les traits de M. Necker avec
une gravure qu'il avoit à sa cheminée, et le
laissa partir en gémissant de la faute irréparable que venoit de commettre la cour.
Deux gardes du corps, qui avoient eu ordre
de suivre secrètement la marche de M. Necker, purent à peine arriver aussitôt que lui
à la frontière.

Ma mère, elle-même, ne fut informée de
l'exil de son père, que par une lettre qu'il
lui écrivit de la route, et où il lui recom-

mandoit d'aller immédiatement à la campagne pour se soustraire aux hommages
publics qu'on voudroit lui rendre. En effet,
pendant le peu d'heures qu'elle resta à Paris
avant d'aller rejoindre ses parens, des dé-
putations de tous les quartiers de la ville
arrivèrent en foule chez elle, redemandant
avec ardeur le ministre citoyen dont la
popularité étoit alors sans bornes.

Trois ministres justement honorés de
l'estime publique, M. de Montmorin, M. de
La Luzerne et M. de Saint-Priest, furent
renvoyés en même temps que M. Necker;
et un nouveau cabinet se forma sous les
auspices du baron de Breteuil (*). Par un
hasard singulier, la première lettre que reçut le baron de Breteuil, en entrant au contrôle général, fut la réponse de MM. Hope
à l'offre que M. Necker leur avoit faite de
sa caution. Cette lettre fut remise au nouveau ministre par M. Dufrêne de Saint-
Léon, premier commis des dépêches au
département des finances, homme dont
M. Necker apprécioit beaucoup l'esprit

(*) Je regrette que le défaut d'espace ne me permette
pas de transcrire ici l'admirable discours de M. de Lally,
après lequel l'Assemblée vota des remercîmens à M. Necker, et déclara qu'il emportoit les regrets et l'estime de
la nation.

ferme et éclairé. Que signifie cette lettre ?
demanda M. de Breteuil. — Vous le voyez,
repartit M. de Saint-Léon ; ce sont
MM. Hope qui acceptent la caution personnelle de M. Necker, et lui demandent ses
engagemens : dois-je leur écrire que vous
leur donnerez la garantie promise par votre
prédécesseur ? — Non certes : qu'a de commun la fortune particulière d'un ministre
avec les intérêts de l'état ? — Que dois-je donc
répondre ? — Mais.... répondez à ces messieurs..... qu'ils doivent me connoître....
qu'ils savent qui je suis.... enfin, qu'ils seront
payés. Cette conversation se prolongeant,
le ministre dit d'un ton dégagé à M. de
Saint-Léon : Vous devriez m'amener quelquefois à dîner des membres de l'assemblée, même des députés du côté gauche; je
ne suis pas fâché de connoître cette sorte
de gens-là. — Vous auriez tort, monsieur,
répondit M. de Saint-Léon, de croire que
la commission dont vous me chargez soit
facile à remplir; M. Necker étoit plus en
faveur que vous auprès de la majorité de
l'assemblée, et cependant il étoit loin de
croire que l'on pût en user si légèrement;
il avoit soin de s'y prendre à l'avance, et
de réunir des hommes d'opinions analo-
gues. — Soyez sûr, repartit M. de Breteuil,

qu'un député de province est toujours charmé de venir dîner chez un ministre. Allez ce matin aux états-généraux, et vous me rendrez compte de ce qui s'y passera.—M. de Saint-Léon y alla en effet, et entra dans la salle au moment même où l'assemblée déclaroit les ministres indignes de la confiance de la nation, et demandoit le rappel de M. Necker. Il sortit pour instruire M. de Breteuil du décret qui venoit de passer. Ce ministre si sûr de son fait s'étoit déjà enfui du contrôle général.

Le ministère du baron de Breteuil ne dura que trois jours; mais ces trois jours suffirent pour renverser la monarchie. La Bastille fut détruite, tout le peuple de Paris, toute la France prit les armes; et les régimens avec lesquels on prétendoit comprimer l'essor de vingt-cinq millions d'hommes, purent à peine servir d'escorte aux premiers carrosses de l'émigration.

Arrivé à Bruxelles, M. Necker se ressouvint de la caution qu'il avoit offerte à MM. Hope, et craignant que la nouvelle de son exil n'arrêtât leurs opérations, il se hâta de leur écrire que sa retraite ne changeoit rien à ses intentions, et que les deux millions laissés par lui au trésor royal restoient garans de l'approvisionnement de

Paris. Je ne sais si le respect filial m'abuse, mais une vertu si pure, un tel dévouement à la France, me paroissent sans exemple.

M. Necker partit de Bruxelles avec son gendre pour se rendre à Bâle par l'Allemagne, et de là dans sa terre de Coppet. Madame Necker, déjà atteinte de la maladie à laquelle elle succomba peu d'années après, les suivoit à quelque distance avec ma mère. A Francfort elles furent rejointes par M. Dufrêne de Saint-Léon qui avoit suivi leurs traces, et qui leur apportoit la nouvelle des événemens de Paris. M. Necker étoit déjà arrivé à Bâle, et il avoit été confondu d'étonnement en y retrouvant madame de Polignac, qui payoit par l'exil le triomphe éphémère de son parti. Ce fut là qu'il reçut la lettre du roi et celle de l'assemblée, qui le pressoient de venir reprendre sa place.

Jamais circonstance plus solennelle ne s'est présentée dans la vie d'un homme d'état. M. Necker touchoit au port; sa gloire étoit à son comble; sa popularité ne pouvoit plus s'accroître; et, s'il n'eût consulté que son bonheur, nul doute qu'il n'eût suivi ses projets de retraite. L'on peut voir dans les détails de sa vie privée, publiés par ma mère, avec quel profond sentiment de tristesse il se

résolut à retourner à Paris. Mais il préféra
les périls aux remords. « J'obéis, dit-il,
« aux lois du devoir, en me rapprochant
« d'une cour dont j'avois éprouvé les ca-
« prices, d'un peuple dont j'avois épuisé
« la faveur, et d'une assemblée représen-
« tative qu'un triomphe éclatant venoit
« de rendre encore plus superbe. J'obéis
« aux lois du devoir, en me rapprochant,
« comme administrateur public, d'un
« trésor où il n'y avoit plus d'argent, et
« d'un pays, d'une capitale surtout, où
« la disette devenoit chaque jour plus me-
« naçante. Oui, j'obéis au devoir, en re-
« tournant vers le lieu de l'orage, lors-
« qu'un événement indépendant de moi
« m'en avoit écarté. Mais pouvois-je, il est
« vrai, me conduire différemment, sans
« m'exposer à des remords continuels ?
« J'eusse imaginé, dans ma retraite, que
« telle ou telle faute auroit été prévenue
« par mes soins, telle autre par mes con-
« seils, telle autre par ma vigilance, et je
« me serois ainsi dévoré moi-même. Il est
« des situations où l'on n'a plus que le choix
« des peines, et c'est alors que l'on sent
« avec force de quelle utilité sont pour le
« cœur de l'homme ces principes de morale
« qui vous guident impérieusement, et qui

« vous préservent des tourmens de l'incer-
« titude, au moment de la résolution, et
« des tourmens du repentir après l'évé-
« nement. »

Le voyage de M. Necker, de Bâle à
Paris, fut une marche triomphale. Les
acclamations les plus vives retentissoient
à son entrée dans chaque ville ; le peuple
se pressoit autour de lui ; on dételoit ses
chevaux ; des citoyens de toutes les classes
traînoient sa voiture, aux cris de *vive
M. Necker!* les femmes de la campagne
se mettoient à genoux sur son passage :
jamais un ministre n'a inspiré de tels
transports.

Loin d'être enivré de tant d'hommages,
M. Necker ne s'occupoit que de calmer les
esprits, de recommander le respect des
propriétés, de prêcher au parti vainqueur
la justice et la modération envers les vaincus. Plusieurs de ces premiers émigrans,
la fleur de la sottise aristocratique, humi-
liés alors par leur défaite, venoient lui demander des lettres de sa main pour n'être
point arrêtés à la frontière, et il n'en refusoit à personne, n'hésitant jamais à se compromettre lorsqu'il pouvoit adoucir quelques malheurs individuels.

Arrivé à Nogent, il reçut une lettre

du baron de Besenval que l'on venoit
d'arrêter à Villenaux, et que l'on condui-
soit à Paris. Exposé comme l'étoit M. de
Besenval, à toutes les fureurs populaires,
c'étoit le conduire à la mort. M. Necker
écrivit sur-le-champ à la municipalité
de Villenaux qu'il se rendoit garant que
M. de Besenval quittoit la France avec l'autorisation du roi, pour passer en Suisse
sa patrie ; et il prit sur lui de suspendre
l'exécution des ordres donnés par la commune de Paris. Démarche généreuse et
hardie, qui sauva la vie de M. de Besenval.

Après avoir vu le roi, M. Necker se
rendit à l'assemblée : il exprima en peu de
mots sa reconnoissance, et reçut avec dignité et modestie les honneurs qui lui
étoient préparés (*). On le pressoit d'aller à
Paris, et de paroître à l'Hôtel-de-Ville devant l'assemblée générale des électeurs ; il
y consentit, mais ce fut dans l'espoir de
rendre son triomphe profitable à la cause
des opprimés, et de réveiller dans les cœurs

(*) Les personnes que M. Necker désigna au roi pour
former le nouveau cabinet, furent, outre les trois ministres qui avoient été renvoyés en même temps que lui,
l'archevêque de Bordeaux (M. de Cicé), le maréchal de
Beauvau, M. de Latour-du-Pin-Gouvernet, et l'ancien
archevêque de Vienne.

des sentimens de paix et d'humanité. Bailly,
alors maire de Paris, instruit de son projet, en fut effrayé; il le pria d'y renoncer,
et de se borner à offrir des remercîmens
aux représentans de la commune, sans
compromettre sa popularité par des efforts inutiles. Mais rien ne pouvoit arrêter
M. Necker dans sa noble entreprise, et, ne
suivant que l'impulsion de son âme, il prononça d'une voix émue ces touchantes paroles :

« Au nom de Dieu, messieurs, plus de
« jugemens de proscription, plus de scènes
« sanglantes! Généreux François, qui êtes
« sur le point de réunir à tous les avantages
« dont vous jouissez depuis long-temps, le
« bien inestimable d'une liberté sage, ne
« permettez pas que de si grands bienfaits
« puissent être mêlés à la possibilité d'au-
« cun reproche. Ah! que votre bonheur,
« pour devenir encore plus grand, soit pur
« et sans tache. Surtout conservez, res-
« pectez même dans vos momens de crise
« et de calamités, ce caractère de bonté,
« de justice et de douceur qui distingue la
« nation françoise, et faites arriver le plus
« tôt possible le jour de l'indulgence et de
« l'oubli : croyez, messieurs, en ne con-
« sultant que votre cœur, que la bonté est

« la première de toutes les vertus. Hélas !
« nous ne connoissons qu'imparfaitement
« cette action, cette force invisible qui
« dirige et détermine les actions des
« hommes ; Dieu seul peut lire au fond
« des cœurs et juger avec sûreté, juger en
« un moment de ce qu'ils méritent de
« peine ou de récompense ; mais les hom-
« mes ne peuvent rendre un jugement, les
« hommes, surtout, ne peuvent ordonner
« la mort de celui à qui le ciel a donné la
« vie, sans l'examen le plus attentif et le
« plus régulier. »

Après cet exorde, M. Necker exposa les
motifs de sa conduite relativement à M. de
Besenval, et, secondé par les efforts de
M. de Clermont-Tonnerre, il obtint non-
seulement la grâce de cet officier, mais
une amnistie générale (*). Pendant qu'il

(*) L'arrêté de l'assemblée générale des électeurs est
un si beau titre pour ma famille, qu'on me pardonnera
sans doute de le transcrire ici.

Du 30 juillet 1789.

« Sur le discours vrai, sublime et attendrissant de
« M. Necker, l'assemblée des électeurs, pénétrée des
« sentimens de justice et d'humanité qu'il respire, a
« arrêté que le jour où ce ministre si cher, si nécessaire,
« a été rendu à la France, devoit être un jour de fête ;
« en conséquence, elle déclare, au nom des habitans de
« cette capitale, certaine de n'être pas désavouée, qu'elle

prononçoit ce discours dans la grande salle de l'Hôtel-de-Ville, une foule immense, rassemblée sur la place, demandoit à grands cris qu'il se montrât au peuple; il parut sur le balcon, et deux cent mille voix firent retentir jusqu'au ciel les mots de *grâce*, *pardon*, *amnistie*. « Heureuse et grande « journée pour moi! s'écrie M. Necker (*), « belle et mémorable époque de ma vie! « où après avoir reçu les plus touchantes « marques d'affection de la part d'un peuple « immense, j'obtins de ses nombreux dé- « putés rassemblés à l'Hôtel-de-Ville, et « de lui-même ensuite, avec des cris de « joie, non-seulement l'entière liberté du « prisonnier que j'avois défendu, mais une « amnistie générale, un oubli complet des « motifs de plainte et de défiance, une « généreuse renonciation aux sentimens de

---

« pardonne à tous ses ennemis, qu'elle proscrit tout acte » de violence contraire au présent arrêté, et qu'elle « regarde désormais comme les seuls ennemis de la na- « tion ceux qui troubleroient par aucun excès la tran- « quillité publique.

　« Arrête en outre, que le présent arrêté sera lu au « prône de toutes les paroisses, publié à son de trompe « dans toutes les rues et carrefours, et envoyé à toutes « les municipalités du royaume. Les applaudissemens « qu'il obtiendra distingueront les bons François. »

　(*) De l'Administration de M. Necker, par lui-même.

s

« haine et de vengeance dont on étoit si
« fortement animé ; enfin, une sorte de
« paix et de réunion avec ce grand nombre
« de citoyens, qui, les uns avoient déjà
« fui de leur pays, les autres étoient prêts
« à s'en éloigner...... Peuple françois, que
« vous fûtes grand ce jour-là ! combien les
« sentimens de magnanimité que vous fîtes
« paroître vous rendoient digne de la li-
« berté et vous élevoient à sa hauteur !
« combien vos diverses impressions, vos
« mouvemens successifs rappeloient à l'Eu-
« rope attentive, ce qu'il y eut long-temps
« de si beau dans le mélange heureux de
« vos mœurs douces, et de votre ardent
« caractère ! »

Ces émotions généreuses furent de bien
courte durée. Dès le soir même, les chefs
du parti démocratique et Mirabeau à leur
tête, parcoururent les différentes sections
de Paris ; ils peignirent l'arrêté des représentans de la commune comme un excès
de pouvoir ; ils cherchèrent, par des insinuations perfides, à rendre suspectes les
intentions du premier ministre ; et, peu
de jours après, ils obtinrent de l'assemblée nationale la révocation de l'amnistie :
faute impardonnable que les principes de
la politique ne condamnent pas moins

que ceux de la morale. M. Necker, en apprenant ce décret, fut sur le point de donner sa démission; mais un scrupule vertueux l'en détourna : il étoit revenu à son poste en martyr du devoir; il voyoit encore du bien à faire, des maux à soulager, et il ne se crut pas permis de se retirer du champ de bataille.

De ce moment, sa carrière publique n'a plus été qu'une suite de souffrances qu'on ne peut se retracer sans une profonde compassion. Des travaux inouïs, des sacrifices de tout genre, payés par la plus dure ingratitude, des efforts toujours renouvelés et toujours infructueux pour faire entendre la voix de la raison aux passions déchaînées, ou à l'ignorance présomptueuse; et, au milieu de tant de soucis, deux maladies graves à peu de mois de distance, voilà le triste tableau que présente le troisième ministère de M. Necker. Ce n'est plus que dans la retraite, en présence des grandes pensées de la religion, qu'il a retrouvé du calme et du bonheur.

En revenant en France, il n'avoit pas tardé à s'apercevoir que tout le système social étoit changé, que le pouvoir avoit passé en d'autres mains, et que c'étoit désormais contre les écarts de l'assem-

blée que les amis éclairés de la liberté auroient à se mettre en garde. Tant que le
danger étoit venu des prétentions injustes
des privilégiés, on avoit pu s'appuyer de
l'opinion publique pour les combattre ;
mais il n'y avoit plus qu'une manière de
résister aux aberrations de la nouvelle puissance, c'étoit d'opposer les intérêts éternels
de la liberté à ses caprices passagers, et
d'en appeler avec calme aux lois immua-
bles de la raison. Fermeté et franchise,
tels furent les conseils que M. Necker ne
cessa de donner à Louis XVI; mais par un
aveuglement déplorable, ces mêmes courtisans qui avoient résisté avec tant d'opiniâtreté aux demandes les plus justes de la
nation, poussèrent le roi à céder sans prudence comme sans dignité à toutes les fan-
taisies de l'assemblée; espérant constater
ainsi que la volonté de Louis XVI étoit cap-
tive, et se flattant que le désordre leur offri-
roit des chances de ressaisir le pouvoir.
Rien n'a plus contribué aux malheurs de
la révolution françoise que cette fausse et
coupable tactique de l'esprit de parti.

M. Necker compte avec raison, au nombre des services qu'il a rendus dans son dernier ministère, l'opinion qu'il a émise dans
la grande question du *veto*. Plus un pays

manque de lumières politiques, et plus on s'y attache avec fanatisme à de certains mots d'ordre que l'on répète sans les comprendre : c'est ce qui arrivoit pour le *veto*. Les uns réclamoient avec ténacité le *veto absolu* comme indispensable à la royauté, d'autres se révoltoient à l'idée que le roi pût résister un seul instant aux volontés de l'assemblée nationale ; et le peuple, selon l'expression de ma mère, parloit du *veto* comme d'une espèce de monstre qui devoit dévorer les petits enfans. M. Necker savoit bien que le vrai remède à cette difficulté étoit la division du corps législatif en deux chambres, qui épargne au roi l'usage d'une prérogative toujours délicate et souvent dangereuse ; mais cette division ayant été repoussée alternativement par les deux partis extrêmes, il n'y avoit plus à offrir que des palliatifs. Dans les pays même où il existe une chambre des pairs, la réalité du pouvoir réside toujours dans la représentation nationale, et ce n'est qu'avec une extrême prudence que le roi, aidé de la chambre haute, peut quelquefois résister à la majorité de l'assemblée élective ; mais il eût été impossible de mettre la volonté d'un roi isolé en opposition directe avec une chambre unique, investie de pouvoirs

aussi redoutables que ceux de l'assemblée
constituante. Ce fut donc une idée sage et
ingénieuse que le *veto suspensif*, tel qu'il
fut proposé par M. Necker et adopté par
l'assemblée. Cette arme étoit foible, sans
doute; mais si le roi en eût fait usage avec
constance, et si des soupçons trop légitimes
ne s'étoient pas élevés sur la sincérité de
la cour, rien n'étoit encore désespéré.

L'on sait avec quel enthousiasme furent
accueillis en France les décrets de la fa-
meuse nuit du 4 août, qui abolirent d'un
seul coup les droits féodaux, les justices
seigneuriales, les dîmes, la vénalité des
offices, les priviléges de classes et de provinces, etc. M. Necker approuvoit fort la ten-
dance générale de ces décrets; mais il dou-
toit que des réformes si nombreuses pussent être sagement accomplies avec une
telle rapidité ; il pensoit surtout que des
droits possédés de bonne foi ne doivent
pas être supprimés sans dédommagement,
et que toute déviation des règles de la justice, même pour un but salutaire, devient tôt ou tard une source de troubles et
de difficultés dans l'ordre politique. Ces
idées, les mêmes qui, plus tard, firent
blâmer à M. Necker la vente totale et immédiate des biens du clergé, l'engagèrent

alors à proposer au roi de ne sanctionner les décrets du 4 août qu'en y joignant quel-ques observations pleines de sagesse. Mais l'assemblée, devenue toute puissante, avoit déjà pris les mœurs des souverains absolus, elle ne toléroit plus la vérité ; elle s'irritoit de la moindre résistance, de la moindre objection à ses désirs, et le 20 septembre, le roi fut contraint de promulguer sans réserve tous les arrêtés du 4 août.

Lorsque la Déclaration des droits et les premiers articles constitutionnels furent présentés à l'acceptation royale, M. Necker fut d'avis que des principes généraux, des idées abstraites, ne pouvoient pas être sanc-tionnés indépendamment de toute appli-cation législative. « Je dois vous avouer « avec franchise, fit-il dire à Louis xvi, « que si je donne mon accession aux divers « articles constitutionnels que vous m'avez « fait remettre, ce n'est pas qu'ils me pré-« sentent tous indistinctement l'idée de la « perfection ; mais je crois qu'il est louable « en moi de ne pas différer d'avoir égard « au vœu présent des députés de la nation « et aux circonstances alarmantes qui nous « invitent si fortement à vouloir, par-des-« sus tout, le prompt rétablissement de la « paix, de l'ordre et de la confiance.

« Je ne m'explique point sur votre dé-
« claration des droits de l'homme et du
« citoyen ; elle contient de très-bonnes
« maximes, propres à guider vos travaux ;
« mais des principes susceptibles d'appli-
« cations et même d'interprétations diffé-
« rentes, ne peuvent être justement appré-
« ciés, et n'ont besoin de l'être qu'au mo-
« ment où leur véritable sens est fixé par
« les lois auxquelles ils doivent servir de
« première base. »

Ce langage, tenu le 4 octobre 1789,
étoit celui de la sagesse ; mais rien qu'une
obéissance passive ne pouvoit contenter
les chefs du parti populaire, et les cruelles
journées du 5 et du 6 octobre ne laissèrent
plus à Louis xvi et à ses ministres aucun
moyen de résistance.

On a reproché à M. Necker de s'être
opposé dans le conseil à ce que le roi partît
de Versailles pour se retirer dans une province ; c'est ainsi que les dangereux amis,
dont les fautes ont tant contribué à la
chute de ce malheureux prince, cherchent
à rattacher à quelques événemens isolés
une responsabilité qui pèse si gravement
sur leur tête ; mais, sans parler de l'extrême
répugnance que Louis xvi lui-même ressentoit pour le parti de la fuite, il suffit de

se retracer l'état des choses et des esprits pour voir qu'il ne lui restoit pas même la possibilité du choix. Le peuple de Versailles avoit dételé ses voitures, le régiment de Flandre refusoit de prendre les armes; il n'y avoit pas dans l'armée un seul corps sur lequel on pût compter avec certitude; la disette d'ailleurs ne permettoit pas de concentrer les troupes; le roi étoit sans argent, et les fonds qui se trouvoient en caisse à Paris eussent été saisis au premier bruit de son départ; Versailles eût été livré au pillage; Paris seroit devenu le théâtre des scènes les plus sanglantes. Que de motifs sans réplique pour la détermination qu'adopta Louis xvi !

Une fois le roi et l'assemblée transférés à Paris et placés l'un et l'autre sous la domination de la multitude, la position des ministres devint chaque jour plus difficile. La sûreté de Louis xvi, dans les premiers momens surtout, dut être leur plus grand intérêt. Cependant M. Necker étoit d'avis que le roi ne cessât pas de résister avec franchise et d'opposer son *veto* aux mesures condamnées par la raison; il pensoit que cette marche, la plus noble et la plus courageuse, étoit aussi la plus sage, et que le système de soumission absolue adopté

par la cour, faisoit perdre au roi la dernière force morale qui pût encore le soutenir.

Toutes les fois que M. Necker obtenoit
quelque crédit sur l'esprit du roi, l'heureuse
influence s'en faisoit sentir. Le discours
tenu par Louis xvi dans la séance du 4
février 1790, discours conçu et rédigé entièrement par M. Necker, fut célébré dans
toutes les parties de la France ; il fut gravé
en lettres d'or à l'Hôtel-de-Ville, et pour un
moment encore, en lisant ce beau langage,
en voyant les transports qu'il excitoit, on
put croire que l'opinion publique alloit
raffermir le sceptre entre les mains de
Louis xvi. Mais dès le soir même du 4 février, le roi sembla vouloir détruire l'impression salutaire qu'avoit produite son discours, en affectant de ne pas adresser la
parole aux députés du côté gauche, et de
témoigner plus d'empressement que de
coutume aux chefs du parti opposé.

M. Necker n'hésitoit jamais à se présenter à la brèche ; non-seulement il sacrifioit
pour la défense du roi les restes de sa popularité, mais il alloit lui-même au-devant
du danger ; et lorsqu'il ne parvenoit pas à
inspirer à Louis xvi assez de fermeté pour
résister aux volontés capricieuses de l'as-

semblée, il lui demandoit l'autorisation de publier ses propres opinions, afin qu'une voix sage protestât du moins contre les théories turbulentes qui devoient bientôt replonger la France dans le despotisme. Lutter contre un gouvernement avec l'appui de la faveur publique, c'est un courage facile; mais combattre le pouvoir lorsqu'il est paré des couleurs de la popularité, le combattre en restant fidèle à la cause de la liberté et des lumières, c'est là une vertu d'un ordre plus relevé; et combien cette vertu n'étoit-elle pas plus grande encore dans celui dont l'unique ambition, l'unique bonheur étoit la reconnoissance des François !

C'est ainsi que M. Necker résista de tout son pouvoir à la publication du livre rouge, et qu'il en prit ensuite la défense contre Camus et les autres membres du comité des finances; quoique ce livre non-seulement ne renfermât rien qui pût donner prétexte à la plus légère critique de sa gestion, mais que, bien loin de là, il fît ressortir le contraste de son administration économe et austère avec les prodigalités des autres contrôleurs-généraux.

C'est ainsi qu'il combattit l'esprit d'hostilité contre l'autorité royale qui présidoit à l'œuvre de la constitution, sachant bien que lorsqu'on ne règle pas avec équité la part du pouvoir exécutif, il trouve tôt ou tard le moyen d'agrandir son domaine par la force, et que la première condition de la durée d'un édifice, c'est l'équilibre de toutes ses parties.

C'est ainsi enfin, qu'il osa manifester son opinion contre l'abolition des titres de noblesse. Rapprochement bizarre ! Tandis qu'une cour imbue de tous les préjugés de la naissance poussoit Louis XVI à sanctionner, sans réserve, le décret le plus contraire à ses habitudes et à ses idées, M. Necker, étranger par sa situation sociale, supérieur par ses lumières aux petitesses de l'aristocratie, s'élevoit contre la suppression violente et soudaine d'une institution dont le législateur pouvoit alors tirer parti, puisqu'elle agissoit encore sur l'imagination des hommes.

« La véritable manière de faire tomber « tous les hochets de la vanité, dit M. Necker dans son Mémoire, ce n'est pas de les « proscrire avec inquiétude; on y réussit « mieux en les considérant avec calme et « avec indifférence, on y réussit mieux en « portant simplement toute son estime vers « les talens, les vertus et les services de

« tout genre rendus à la chose publique.
« Ce n'est jamais par une loi que l'on peut
« détruire les antiques opinions dans un
« royaume aussi vaste que la France; ces
« opinions sont l'ouvrage du temps, et le
« temps seul peut les renverser. »

Toute la science du publiciste consiste à
suppléer, par des ressorts moraux, à l'emploi de la force, et à faire servir les passions des individus au bien-être et au per-
fectionnement de la communauté. S'il
existoit une société exempte de vices et
de passions, et dont tous les membres fussent doués d'égales lumières, cette société
pourroit se passer de gouvernement : si au
contraire on pouvoit se figurer un gouvernement qui eût par lui-même et indépendamment de ses rapports avec ses sujets
une force assez grande pour n'avoir à craindre aucune résistance, un tel gouvernement n'auroit pas besoin de combiner des
institutions; toutes les manières d'intimer
ses volontés lui seroient également bonnes.
C'est entre ces deux limites qu'est placé le
domaine de la politique. Plus un pays est
éclairé, moins il a de sacrifices de liberté à
faire au maintien de l'ordre; et ce régime
est le plus doux, où la force publique est
remise à ceux qui exercent une action natu-

relle sur l'opinion. Tout gouvernement
raisonnable est donc en réalité une aristocratie, c'est-à-dire que le pouvoir doit ap-
partenir aux membres les plus distingués
du corps social. Or, à mesure que l'espèce
humaine se perfectionne, les besoins in-
tellectuels de l'homme deviennent d'un
genre plus élevé, les distinctions factices
perdent de leur prix, et les véritables supériorités morales se développent. Mais supprimer par un commandement arbitraire
des distinctions sociales, qui n'ont pas encore perdu leur influence sur les esprits,
c'est introduire des lois somptuaires dans
l'empire de l'imagination ; et il est fort imprudent de détruire l'aristocratie artificielle
du rang, avant d'être assuré qu'elle sera
remplacée par l'aristocratie naturelle des
lumières.

« Il est évident que les lumières sont
« d'autant plus indispensables dans un pays,
« que tous les citoyens qui l'habitent ont
« une part plus immédiate à l'action du
« gouvernement. Mais ce qui est également
« vrai, c'est que l'égalité politique, principe
« inhérent à toute constitution philosophi-
« que, ne peut subsister, que si vous classez
« les différences d'éducation avec encore
« plus de soin que la féodalité n'en mettoit

« dans ses distinctions arbitraires. La pu-
« reté du langage, la noblesse des expres-
« sions, image de la fierté de l'âme, sont
« nécessaires, surtout dans un état fondé
« sur des bases démocratiques. Ailleurs,
« de certaines barrières factices empêchent
« la confusion totale des diverses éduca-
« tions; mais lorsque le pouvoir ne repose
« que sur la supposition du mérite person-
« nel, quel intérêt ne doit-on pas mettre à
« conserver à ce mérite tous ses caractères
« extérieurs! »

« Dans un état démocratique, il faut
« craindre sans cesse que le désir de la po-
« pularité n'entraîne à l'imitation des
« mœurs vulgaires; bientôt on se persua-
« deroit qu'il est inutile et presque nuisi-
« ble d'avoir une supériorité trop marquée
« sur la multitude qu'on veut captiver. Le
« peuple s'accoutumeroit à choisir des ma-
« gistrats ignorans et grossiers; ces magi-
« strats étoufferoient les lumières, et, par
« un cercle inévitable, la perte des lu-
« mières ramèneroit l'asservissement du
« peuple. » (*)

Autant le sentiment de l'égalité est digne

(*) De la Littérature considérée dans ses rapports avec
les institutions sociales. *Discours préliminaire.*

d'estime lorsqu'il se rattache à des idées
philosophiques, et qu'il naît dans l'âme de
chaque citoyen d'une juste appréciation de
ses droits et de ses devoirs, autant ce sentiment devient étroit et subalterne, lorsqu'il
n'est que l'expression d'une vanité haineuse;
et quel penchant seroit plus méprisable,
que celui qui feroit préférer un esclavage
uniforme sous le sabre d'un pacha, à la
gradation de rangs qui se concilie en Angleterre avec tous les bienfaits de la liberté!

Si c'étoit de la part de l'assemblée constituante une conception étroite que de supprimer par une loi des titres qui n'ont de
valeur que dans l'imagination, ce fut une
œuvre à la fois absurde et coupable, que
d'entreprendre, comme le fit Bonaparte,
quelques années plus tard, de ressusciter
à plaisir des préjugés vaincus par la marche du temps, et de fonder sur la vanité
des spéculations au profit du pouvoir absolu. Ce même M. Necker, que des publicistes novices accusoient en 1790 de manquer de philosophie, a été le premier à
combattre la contre-révolution préparée
par Bonaparte, et à montrer le ridicule et
le danger de l'établissement d'une féodalité
nouvelle.

Je m'arrêterai peu à parler de l'état des

finances pendant la dernière administration
de M. Necker : elle n'a été, à cet égard,
qu'une époque de transition, sans intérêt
pour l'étude de la science. Les troubles
politiques attirent vivement l'attention des
penseurs, parce que des lumières et des
vertus jaillissent du choc des passions humaines; mais les temps de désordre en
finances ne sont que du chaos. L'office de
M. Necker étoit de soutenir les affaires
jusqu'au moment où l'assemblée nationale
les prendroit sous sa garde : il devoit être,
ainsi qu'il l'a dit lui-même, le berger fidèle
en attendant l'arrivée du maître; et nous
avons vu comment il a rempli cette obligation. Mais depuis son retour de Bâle, il
n'a plus été en son pouvoir de suivre aucune marche régulière; il s'est trouvé dans
une position où l'esprit le plus systémati-
que n'auroit pu former d'autre plan que
celui de faire vivre le gouvernement au
jour le jour; ses efforts constans ont à peine
réussi à suppléer par des ressources momentanées au dépérissement de toutes les
branches du revenu public, à pallier les
maux causés par l'anarchie, ou par l'inexpérience orgueilleuse des députés. Et si ses
Mémoires à l'assemblée constituante sont
une lecture digne de la plus grande atten-

tion, c'est moins par les plans de finance qui y sont développés, que par les sentimens vertueux, par les conseils de sagesse et de morale que l'on y retrouve à chaque page.

A l'ouverture des états-généraux, M. Necker avoit démontré que l'on pouvoit parvenir sans peine à rétablir l'équilibre entre les revenus et les dépenses. La tâche étoit devenue bien plus facile encore depuis l'abolition des priviléges : il auroit suffi que l'assemblée nationale y consacrât quelques instans d'une attention sérieuse, qu'elle fît quelques efforts pour maintenir l'ordre jusqu'à l'époque où un nouveau système d'impositions seroit introduit ; mais les représentations, les prières instantes de M. Necker à cet égard, restoient sans effet auprès des membres de l'assemblée. Les uns, et c'étoit le plus grand nombre, regardoient comme au-dessous d'eux de s'occuper de finances, avant que le grand œuvre de la constitution fût achevé ; ils croyoient avoir beaucoup fait en plaçant la dette publique sous la sauvegarde de l'honneur et de la loyauté françoise, et en décrétant que le déficit seroit comblé ; avides d'applaudissemens, ils prononçoient d'un ton sentencieux quelques maximes générales, mais ils se retiroient prudemment de toutes les difficultés réelles. D'autres pensoient que le délabrement des finances rendant le secours de l'assemblée plus nécessaire au gouvernement, il ne falloit pas se presser d'y porter remède. « Le désordre et l'état « désastreux des finances, dit naïvement « Duport dans la séance du 1er octobre 1789, « ont été considérés par nos commettans « comme les moyens les plus efficaces d'as-« surer la constitution. Adopter le plan du « ministre, c'est établir dans les finances « un ordre qui nous ôtera ces moyens : je « soumets cette observation à la sagesse de « l'assemblée. » D'autres, enfin, et ceux-là passoient pour les plus profonds politiques, vouloient séduire le peuple par l'absence d'impôts, et gagner des partisans à la cause de la révolution par la vente à vil prix des biens du clergé. M. Necker, au contraire, vouloit que l'on procédât au rétablissement des finances par des mesures graduelles et modérées ; il ne croyoit pas plus vrai en politique qu'en littérature, que frapper fort vaille mieux que frapper juste ; il pensoit que la nation avoit sans doute le droit de disposer des biens ecclésiastiques, mais que l'équité vouloit qu'on en laissât jouir les titulaires jusqu'à leur mort ; il pensoit, surtout, que l'ordre et la morale sont, pour

la liberté, de plus sûrs alliés que l'intérêt
personnel. Toutes les fois, en effet, que
l'on recourt à des mesures violentes en politique, on crée par cela même deux classes
d'hommes, diversement mais également
dangereuses pour la liberté : celle qui a
souffert de l'injustice sacrifie tout à la soif
de la vengeance ; celle qui en a profité ne
demande à un gouvèrnement que de pro-
téger ses intérêts, et, à ce prix, elle se ré-
signe sans peine au despotisme. Grande
vérité, dont l'état actuel de la France offre
plus d'une preuve.

M. Necker, à son retour au mois de
juillet 1789, trouva le trésor vide, et l'organisation financière détruite : les impôts, dont
la réforme étoit promise, cessoient d'être
payés ; le produit des autres branches de revenu étoit presque nul. Un emprunt devenoit donc indispensable pour faire face aux
dépenses urgentes ; et M. Necker, qui sentoit
l'importance du premier essai de la confiance publique, combina cet emprunt avec
tout le tact d'un homme versé depuis long-
temps dans la science délicate du crédit. Il
en borna la somme à 30 millions, en billets
au porteur ou en contrats au choix des capitalistes ; il fixa l'intérêt à cinq pour cent,
et pour exciter le patriotisme des prêteurs,

il proposa que la liste de leurs noms fût inscrite sur les registres de l'assemblée.

A peine la discussion fut-elle ouverte sur cet emprunt, que de toutes parts éclatèrent les objections les plus absurdes. Les uns se retranchoient derrière leurs mandats, qui leur interdisoient de s'occuper de finances ; d'autres débitoient des lieux communs sur ce que les emprunts nécessitent tôt ou tard des impôts : enfin la raison éloquente de M. de Lally se fit écouter ; mais tout en reconnoissant la nécessité d'un emprunt, l'assemblée réduisit l'intérêt à quatre et demi ; et trouvant que c'étoit déjà beaucoup d'honneur pour les capitalistes que de confier leurs fonds à sa périlleuse parole, elle supprima toutes les conditions accessoires qui étoient destinées à assurer le succès de l'opération, sans daigner même débattre avec le ministre les motifs de ce décret. (*)

Il arriva ce qui étoit facile à prévoir, l'emprunt manqua ; et ce premier échec fut fatal à un second emprunt de 80 millions, moitié en argent et moitié en effets publics, que M. Necker se vit contraint de proposer bientôt après.

_____

(*) Voyez le rapport de M. Necker à l'assemblée nationale, du 27 août 1789.

L'anéantissement du crédit étoit désormais constaté, l'assemblée se refusoit aux mesures indispensables pour assurer le recouvrement des impôts ordinaires (*);

(*) « Je ne puis voir sans une mortelle peine, dit « M. Necker dans son Mémoire du 24 septembre 1789, « que les meilleurs amis de la liberté publique compro- « mettent le succès de la plus noble entreprise, en ne « s'occupant pas assez de la gravité des circonstances « actuelles ; comme s'ils pouvoient détacher l'avenir du « présent ; comme s'il suffisoit d'appliquer toute la puis- « sance de leur esprit à former un édifice nouveau, et « qu'il ne fallût pas en même temps examiner si la mai- « son qu'on habite encore, n'est pas prête à tomber en « ruine et à nous ensevelir sous ses débris. Pardonnez, « messieurs, si je vous parle ainsi : il n'est rien, sans « doute, de si imposant que le respect dû à une assem- « blée telle que la vôtre ; mais il y a peut-être quelque « chose de plus grand encore, c'est l'indépendance et la « dignité d'un seul homme, animé par la seule idée de « ses devoirs, et fièrement soutenu par la pureté de ses « intentions et l'approbation de sa conscience. Vous ne « vous blesserez point d'un pareil sentiment, puisque cha- « cun de vous, messieurs, peut également y prétendre.

« Ce n'est pas, dit plus loin M. Necker, ce n'est « pas sur des décombres et au milieu des clameurs de « tous les citoyens, que vous élèverez solidement l'édi- « fice de notre bonheur : la vie est trop courte, les pen- « sées des hommes sont trop circonscrites pour qu'on « puisse leur offrir, en dédommagement de leurs maux, « la satisfaction incertaine des générations suivantes. Il « faut donc unir tout ensemble l'avenir et le présent, « les spéculations et les réalités, la libéralité des prin- « cipes et la justice pratique et positive, le ménagement « des espérances et la garantie de ce qu'on possède ;

quelle ressource restoit-il, si ce n'est de
profiter du mouvement des esprits pour
recourir à une contribution patriotique ?
Hambourg, et d'autres villes libres, offrent
des exemples de ces impôts volontaires,
dont le seul régulateur est la bonne foi des
citoyens ; mais le langage républicain s'acquiert plus vite que les vertus républicaines;
et quoique M. Necker donnât lui-même
l'exemple du dévouement, en versant au
trésor public une somme fort supérieure à
la proportion fixée par l'assemblée nationale, son zèle eut peu d'imitateurs (*).
Il ne se dissimuloit pas que ce résultat étoit
probable, mais il n'avoit pas le choix des
expédiens, et d'ailleurs des avantages politiques pouvoient naître d'un appel au patriotisme des François.

La discussion sur ce projet de finances
fut une des plus curieuses de cette époque.
Mirabeau, le rival, l'ennemi de M. Necker,

_____

« enfin l'estime de la liberté, et le soin continuel de
« l'ordre public. »

(*) Je crois devoir rappeler ici que non-seulement, en
rentrant au ministère, M. Necker avoit refusé de nouveau les appointemens de sa place, mais qu'il avoit été
obligé de se constituer cent mille livres de rentes viagères, afin que ses revenus pussent suffire aux dépenses
énormes qu'entraînoit pour les ministres la réunion des
états-généraux.

prit la parole , et avec son éloquence ton-
nante , il peignit les horreurs de la banqueroute , il combla d'éloges , bien inat-
tendus de sa part , l'homme d'état qui en
avoit préservé la France , et il finit par ad-
jurer l'assemblée d'adopter les projets du
ministre avec une confiance aveugle. Le
vicomte de Mirabeau , qui recherchoit
volontiers les occasions de déjouer son
frère , lui succéda à la tribune , et dit en
peu de mots : « Adopter sans discussion
« le plan du ministre , c'est s'isoler de lui ,
« c'est lui imposer une responsabilité im-
« possible à soutenir , c'est lui faire perdre
« la popularité qu'il a acquise par tant
« d'années de services. » Ces paroles con-
tenoient tout le secret des louanges perfides
que Mirabeau l'aîné venoit de prodiguer à
l'administration de M. Necker. Par une
étrange combinaison , on vit dans le reste
de la séance les amis du ministre insister
pour que ses plans fussent soumis à la critique du comité des finances , tandis que
ses détracteurs demandoient qu'ils fussent
adoptés sans discussion.

Mirabeau l'emporta , et à peine eut-il
fait passer le décret dont M. Necker avoit
indiqué les bases , qu'il commença à l'attaquer avec amertume. Le ministre étoit en

butte à des chicanes de tout genre, l'accès de la tribune étoit ouvert à ses ennemis ; chaque jour, à chaque instant il se voyoit exposé à leurs coups, et ce n'étoit que de loin, ce n'étoit que par des mémoires écrits qu'il pouvoit se défendre. L'assemblée paroissoit prendre à tâche d'accumuler sur lui tous les genres de peines et de contrariétés (*). Elle passoit sous silence le nouveau sacrifice pécuniaire qu'il faisoit pour la contribution patriotique ; elle rejetoit avec sécheresse une offre gratuite de la république de Genève, parce que cette offre avoit été sollicitée par M. Necker ; et

---

(*) Des témoignages sincères de la reconnoissance des bons citoyens venoient quelquefois encore consoler M. Necker dans ses chagrins. Il s'est souvent rappelé avec bonheur une adresse de la ville de Besançon, qu'il reçut au mois de décembre 1789.

« Au milieu de l'anarchie générale, lui écrivoit-on, « vous nous conservez le seul pouvoir qu'on n'ait pu « détruire, l'empire de l'estime et de la confiance. Au « milieu des récits altérés par l'esprit de parti ou de la « calomnie, vous êtes à nos yeux le garant des inten- « tions du monarque et des décisions de l'assemblée na- « tionale. Vous veillez sur le temps présent tandis qu'on « prépare l'avenir, et, soigneux du bonheur de cette « génération, *en adoucissant les maux inséparables* « *d'une révolution, vous valez plus d'amis à la li-* « *berté*. » Cette dernière phrase me paroît renfermer tout le secret de la haine du parti aristocrate contre M. Necker.

dans le même temps, elle prodiguoit des éloges ampoulés à je ne sais quel homme inconnu, qui venoit déposer sur l'autel de la patrie quelques boucles d'argent, ou quelque vieille créance sans valeur.

Lorsque l'assemblée jugea ses travaux assez avancés pour qu'elle pût s'emparer bientôt de l'administration du trésor public, elle se rendit la besogne facile, en créant pour quatre cent millions de papier monnoie. M. Necker trouvoit avec raison fort dangereuse cette masse énorme d'assignats ajoutée à cent soixante millions de billets de la caisse d'escompte, qui avoient déjà un cours forcé. Il auroit désiré du moins qu'on en facilitât la circulation en leur attribuant un intérêt de 4 ou 5 pour cent ; mais la ressource du papier monnoie étoit trop commode pour que l'on consentît à y renoncer. « C'est un bon « temps pour l'administration, dit M. Nec- « ker (*), que celui où, à l'aide d'une « somme illimitée de billets-monnoie, on « peut, non-seulement satisfaire à tous les « besoins connus et inconnus, mais avoir « encore des fonds prêts au jour et à l'heure « dont on a fait choix. Il suffit alors de

----

(*) Sur l'Administration de M. Necker, par lui-même.

« départir aux uns la papeterie, aux au-
« tres l'estampille, aux autres la gravure
« et l'imprimerie, pour assurer le service
« du trésor public, et procurer à ses admi-
« nistrateurs un calme doux et un repos
« heureux. »

Et cependant, ces assignats mêmes dont
la création coûtoit si peu de chose, ces assignats dont on fit bientôt un incroyable
abus, M. Necker n'obtenoit qu'avec une
peine extrême qu'on en mît à sa disposition
la somme indispensable pour le courant
des affaires. L'assemblée affectoit de lui
montrer une défiance parcimonieuse, à
lui, qui pendant tant d'années avoit été le
seul gardien de la fortune publique, et dont
la caution venoit d'être préférée à celle de
l'assemblée, par le bon sens éclairé du
commerce hollandois.

Au mois de mars 1790, M. Necker proposa l'établissement d'un comité de trésorerie qui seroit chargé de diriger toutes les
opérations du trésor public, et dont les
membres devoient être choisis dans le sein
de l'assemblée. Cette institution qu'il jugeoit bonne en elle-même, lui paroissoit
surtout salutaire dans les circonstances où
on se trouvoit alors, comme un moyen
d'entretenir quelque union entre le corps

législatif et l'administration ; mais l'assemblée, qui ne vouloit d'aucun genre de responsabilité tant que les difficultés subsistoient, se retira derrière l'incompatibilité du caractère de député avec celui de fonctionnaire public. Et cependant, aussitôt qu'elle eut obligé M. Necker à se retirer, et que la création d'une masse considérable d'assignats eut réduit la direction du trésor public à une simple distribution de fonds, le comité des finances se rendit maître absolu de l'administration.

Chaque jour on demandoit au ministre de nouveaux comptes, de nouveaux états de finance ; on s'indignoit du moindre retard, et lorsqu'à force de travail, M. Necker parvenoit à rassembler toutes les informations circonstanciées qu'on exigeoit de lui, l'assemblée, distraite par d'autres soins, ne se souvenoit pas même de les avoir reçues, et persistoit à accuser le ministre de vouloir dissimuler l'état des finances.

Au mois de juillet 1790, M. Necker remit à l'assemblée un compte qui comprenoit l'universalité des recettes et des dépenses de l'état, depuis le 1er de mai 1789 jusqu'au 1er de mai 1790. Au milieu d'un torrent d'affaires dont rien ne pouvoit arrêter le cours, ce compte immense fut

terminé en moins de trois mois; et l'on
reste confondu d'une telle célérité, si
l'on réfléchit que toute la machine du trésor étoit montée depuis un temps immé-
morial pour un ordre de comptabilité entièrement différent, et que pour mettre
l'assemblée et le public en état de juger de
l'étendue réelle de chaque nature de recettes
et de dépenses, il fallut séparer tout ce qui
étoit différent, réunir tout ce qui étoit semblable, et faire disparoître les travaux pré-
liminaires afin de ne présenter que des
résultats simples, appuyés de détails justi-
ficatifs classés avec méthode. Ce compte,
dont l'assemblée constituante avoit pressé
la formation avec tant d'instance, elle y fit
si peu d'attention lorsqu'elle le reçut, qu'a-
près la retraite de M. Necker plusieurs
députés le demandoient encore. Il est resté
soumis pendant plus de huit mois aux recherches sévères des soixante membres du
comité des finances, et cet examen rigou-
reux en a démontré la parfaite exactitude.

Le dernier acte du ministère de M. Necker fut de présenter à l'assemblée un Mémoire où il s'élevoit contre l'émission ex-
orbitante de dix-neuf cent millions d'assignats, et où il montroit avec la prescience
de la raison, les conséquences funestes d'un

système également dangereux pour les fortunes et pour la morale publique. Je n'en-
trerai pas dans les détails de ce mémoire,
je n'aurois rien à ajouter à ce que ma mère
en a dit ; les observations qu'il renferme
réussirent à faire réduire les nouveaux billets à huit cent millions, et ce fut encore un
service que M. Necker rendit à la France.

Le moment étoit arrivé où il ne pouvoit
plus espérer d'être utile ; les contre-ré-
volutionnaires étoient seuls en crédit à
la cour, les jacobins commençoient à
être seuls écoutés du peuple ; il n'y avoit
plus de place pour un homme moral et
éclairé. La maison de M. Necker avoit
été deux fois investie : sa femme, déjà af-
foiblie par la maladie, craignoit que ses
jours ne fussent en danger ; il se décida
donc à se retirer ; mais pour donner jusqu'au bout la preuve d'un dévouement sans
bornes à la France, il laissa deux millions
de sa fortune en dépôt au trésor public,
dans le moment même où il venoit de pré-
dire la chute inévitable des assignats. Deux
motifs le déterminèrent à cet acte de générosité que ses amis trouvèrent exagéré :
d'une part, il tenoit à donner à l'assemblée
un gage de son administration, et de l'autre, il ne vouloit pas nuire, comme homme

privé, au crédit des assignats qu'il avoit blâmés comme ministre.

Je ne puis me refuser à transcrire ici les derniers adieux de M. Necker à l'assemblée constituante :

« Il y a du remède à tout, messieurs,
« même aux grandes fautes, lorsque les
« commandemens de la loi sont respectés,
« lorsque les intérêts particuliers obéissent
« à l'intérêt public ; mais ce n'est pas une
« œuvre simple dans un grand royaume
« que le maintien de cette subordination.
« Il faut souvent en défendre les principes,
« et contre les bons et contre les méchans :
« les premiers, par un sentiment aimable,
« croient long-temps les hommes capables
« de jouir de la liberté sans excès ; les au-
« tres prennent l'étendard de la passion fa-
« vorite, pour substituer à cette liberté le
« relâchement le plus absolu. Le temps
« immanquablement ramènera par force
« aux principes sans lesquels un royaume,
« le plus favorisé par la nature, ne pour-
« roit échapper à sa perdition ; mais c'est
« aux lumières des sages à raccourcir le
« dangereux intervalle de la théorie à l'ex-
« périence, afin que des maux sans nom-
« bre ne soient pas le prix de notre éduca-
« tion. Ne permettez pas que dans le même

« temps où vous cherchez à remettre en-
« semble toutes les parties, la morale, ce
« ciment si précieux de l'ordre politique,
« devienne le jouet de tous les discours
« qu'on adresse au peuple. On le perdra ce
« peuple, bon dans sa nature, si chaque
« jour, à chaque heure, on cherche à le
« tromper; car son imagination flexible ne
« sauroit résister aux efforts des hommes
« d'un caractère ardent et prononcé.

« C'est uniquement, je le proteste, pour
« le repos et le bonheur de la France, que
« je prends la liberté de vous ramener à des
« réflexions dont une expérience journa-
« lière et l'étude constante du bien public
« m'ont fait sentir toute l'importance. J'ai
« été, j'en conviens, des premiers en butte
« aux poursuites injurieuses des ennemis
« de la paix, de l'ordre et de la justice; car
« ils m'ont compris de bonne heure dans
« leur système général de destruction; mais
« bientôt, au sein de ma retraite éloignée,
« la voix douce et tranquille d'une con-
« science sans reproche, se fera plus enten-
« dre de moi que les bruits de Paris et les
« clameurs de la calomnie. Je n'ai jamais
« voulu qu'on répondît à ces insultes con-
« tinuelles, comme on me l'a souvent pro-
« posé. Je me fie à la vérité; elle seroit

« pour moi les cheveux de Samson si je
« voulois en faire usage; mais pour une
« âme sensible, il y a quelque douceur
« dans l'injustice et même dans l'ingrati-
« tude. On est ainsi conduit, comme vers
« un refuge, à ces hautes idées indépen-
« dantes des hommes et de leurs passions,
« à ces idées qui ont fait ma consolation à
« d'autres époques de ma vie, et que j'es-
« père retrouver encore : je n'en eus jamais
« tant de besoin. »

Le 8 septembre 1790, M. Necker partit
de Paris pour se rendre par Bâle à sa terre
de Coppet. Quelques mois s'étoient à peine
écoulés, et dans les mêmes provinces, sur
la même route qu'il avoit parcourue en
triomphe, il se vit insulté, sa vie fut menacée par ce même peuple, l'objet de tous
ses travaux et de tout son amour. « Hélas !
« s'écrie-t-il (*), je n'eusse jamais pensé
« qu'après m'être éloigné de la France avec
« tant de sagesse et de résignation, qu'a-
« près y être revenu avec tant de dévoue-
« ment, tant de zèle, tant d'oubli de moi-
« même, ce seroit à la révolution d'une
« seule année, et d'une année dont j'ai pu
« compter tous les jours par de nouveaux

(*) Sur l'Administration de M. Necker, par lui-même.

« services, que j'aurois à verser des larmes
« amères sur l'ingratitude de ceux à qui je
« n'ai jamais demandé qu'un sentiment
« d'affection, en retour d'un abandon sans
« égal. »

Arrêté avec violence par le peuple d'Ar-
cis-sur-Aube, quoique le directoire du dis-
trict eût trouvé ses passe-ports en règle,
M. Necker fut obligé d'écrire à l'assemblée
constituante, pour en obtenir l'autorisation
de continuer sa route. Après un débat où
quelques députés mirent en avant d'indignes insinuations contre lui, cette autorisation de stricte justice lui fût accordée.
Le président voulut y joindre quelques
expressions de reconnoissance pour ses
services; mais l'assemblée exigea que la
réponse lui fût communiquée, afin de s'assurer qu'elle ne s'écartât par des formes les
plus sèchement laconiques.

A Vesoul, M. Necker eut à courir de
nouveaux dangers; il n'échappa qu'avec
peine aux fureurs du peuple, et le lendemain de son passage dans cette ville, ses
domestiques y éprouvèrent les plus indignes traitemens. Une lettre adressée par
lui aux habitans de Vesoul donnera l'idée
de la douceur inaltérable de son âme,
et de cet amour ardent pour la France et

pour la liberté qu'aucun excès, qu'aucune injustice ne pouvoit éteindre dans son cœur.

Bâle, 17 septembre 1790.

« Messieurs, je ressentois une douleur « profonde de la manière dont j'avois été « reçu dans votre ville; cependant, malgré « les propos injurieux et menaçans qui s'é- « toient tenus autour de ma voiture, et « malgré la violence qui avoit porté à cou- « per deux fois les traits de mes chevaux, « ma peine étoit adoucie par le souvenir « des discours, des regards d'un petit nom- « bre de citoyens honnêtes qui sembloient « regretter de ne pas oser me témoigner « hautement des sentimens favorables. Mais « le récit de ceux de mes domestiques qui « étoient séparés de moi par un jour de « route, ne me laisse plus aucun doute sur « les sentimens qui vous ont égarés, et sur « les dangers que j'ai courus en traversant « avec confiance une ville où j'avois reçu, « il y a un an, des témoignages si touchans « d'affection et de bonté. J'apprends que « vous avez montré le mécontentement le « plus animé à vos officiers municipaux, « de ce qu'ils n'ont pas fait arrêter ma voi- « ture, et ne vous ont pas donné le temps « d'exercer contre moi d'injustes violences;

« j'apprends que vous avez voulu vous ven-
« ger de cette occasion perdue en tenant
« mes domestiques pendant plus de cinq
« heures entre la vie et la mort ; j'apprends
« encore, qu'après avoir forcé une cassette
« où des registres et des papiers étoient
« renfermés, vous y avez cherché impa-
« tiemment et comme avec avidité, le pré-
« texte qui vous manquoit pour vous livrer
« à des actes de tyrannie. Que ne les avez
« vous lus en entier ces différens manu-
« scrits? Vous auriez vu dans les comptes
« tenus par Mme Necker, l'emploi détaillé
« de mes revenus depuis deux ans ; vous
« auriez vu comment, avec de l'ordre et
« la proscription de toute espèce de faste,
« j'avois pu suffire de mon propre bien aux
« dépenses qu'exigeoit mon état d'admi-
« nistrateur public ; vous auriez vu à quels
« actes de charité j'avois encore eu le bon-
« heur de pouvoir destiner une partie de
« ma fortune ; et vous auriez vu enfin, que
« dans mes rapports de finance avec l'état,
« ce n'étoit pas moi qui paroissois le rede-
» vable. Vous auriez vu encore que j'em-
« portois, comme unique récompense de
« mes travaux, des lettres de municipali-
« tés, d'assemblées provinciales et de ci-
« toyens françois, lesquelles j'avois choi-

« sies entre une foule d'autres pour me rap-
« peler, dans ma retraite, les sentimens de
« reconnoissance et d'amitié qui m'avoient
« été exprimés d'une manière remarquable.
« Mais ceux d'entre vous qui fouilloient
« dans ces papiers, et qui crioient de temps
« à autre à une multitude effrénée *qu'on ne*
« *trouvoit rien encore*, savoient bien que ce
« n'étoit pas de motifs d'estime qu'elle étoit
« impatiente ; il lui falloit simplement un
« signal pour colorer ses indignes desseins ;
« et envers qui ? envers d'honnêtes domes-
« tiques, dont le seul crime étoit un atta-
« chement de vingt ans à un ministre qui a
« consacré ses travaux et ses veilles au ser-
« vice de l'état.

« *Il est bien changé depuis un an,*
« disoit-on autour de moi. Oui, il l'est,
« ingrats, mais c'est pour avoir vécu d'in-
« quiétudes, tantôt pour défendre Paris
« et plusieurs provinces de la famine, tan-
« tôt pour éloigner d'autres malheurs pres-
« que également redoutables. Mais ce n'est
« pas pour moi que je vous écris en ce
« moment, c'est pour essayer de vous pré-
« munir contre les indignes calomnies,
« contre les abominables écrits avec les-
« quels on cherche à rendre injuste, vio-
« lent et criminel un peuple à qui la nature

« avoit donné des inclinations si diffé-
« rentes.

« Je vous conjure, non pas pour moi,
« qui n'ai plus rien à espérer ni à craindre
« de vous, mais au nom de l'honneur na-
« tional, au nom de la probité, au nom de
« toutes les vertus qui doivent être en res-
« pect parmi les hommes; je vous conjure
« à tous ces titres de vous défier des poi-
« sons dont on cherche à corrompre vos
« sentimens. Je vous conjure surtout de ne
« pas faire haïr la liberté, en en faisant un
« si malheureux usage. Et cependant, je
« m'empresse de déclarer ici, qu'en vous
« adressant en commun ces recommanda-
« tions, qu'en vous portant d'une manière
« générale mes plaintes et mes douleurs,
« je distingue au fond de mon cœur ceux
« de vos concitoyens dont je connois l'hon-
« nêteté et les sentimens particuliers de
« bonté et d'affection pour moi. Je sais tout
« ce que je leur dois d'estime et de recon-
« noissance, et je m'en souviendrai bien
« plus long-temps que des injustices dont
« ils gémissent peut-être autant et plus que
« moi-même. »

Je suis heureux de dire qu'en réponse à
cette lettre, M. Necker reçut de la municipalité de Vesoul et du département de la

Haute-Saône, les témoignages de regret les plus affectueux. Un honnête homme de Vesoul lui écrivit à cette occasion pour désavouer les torts de ses concitoyens; il s'exprimoit avec une chaleur éloquente contre ceux qui avoient pu manquer de respect au nom de M. Necker. Cette lettre, ainsi que le rapporte ma mère, adoucissoit pour lui l'amer souvenir de son passage à Vesoul; il y attachoit beaucoup de prix; mais au moment de l'entrée des François en Suisse, il craignit que cet homme ne pût être exposé, si on le connoissoit, et il effaça sa signature avec tant de soin, qu'en retrouvant cette lettre, il a été impossible de découvrir le nom de celui qui l'avoit écrite.

Ce fut à la fin de septembre 1790, que M. Necker vint s'établir en Suisse : dès lors il ne l'a plus quittée. Des affections de famille, des travaux de politique et des méditations religieuses ont rempli les quatorze années qui se sont écoulées depuis sa retraite jusqu'à sa mort.

Si du point de repos où nous sommes maintenant parvenus, l'on porte ses regards en arrière pour embrasser d'un coup d'œil général la dernière administration de M. Necker, on verra que trois grandes pensées n'ont cessé de dominer dans son

âme. Comme ministre du roi, comme
ministre fidèlement et profondément dévoué à Louis xvi, la sûreté de ce monarque a été le premier objet de sa sollici-
tude; comme homme d'état, l'ordre et la
justice lui ont paru les conditions indispensables de toute institution politique, les
conditions auxquelles la liberté même devoit être subordonnée; enfin comme citoyen, comme philosophe, il a aimé la
liberté, il en a désiré les bienfaits pour la
France. Ces trois sentimens se retrouvent
dans tous les écrits que M. Necker a publiés depuis sa retraite; car il n'a pas cessé
de dédier à la France le fruit de ses travaux,
et il est resté homme d'état dans la solitude. Il n'y a point de vie privée pour les
êtres supérieurs; ils exercent par la pensée
une magistrature qui s'étend à tous les pays
et à tous les siècles; et l'on peut dire, en
revanche, qu'il n'y a point de carrière publique pour les hommes médiocres; car
dans quelque situation élevée que le hasard
les place, il leur est interdit de sortir de la
sphère étroite de l'égoïsme.

Ma mère a donné l'analyse des différens
écrits politiques de son père; je ne chercherai point à glaner après cette riche moisson de pensées. Il suffira de retracer en

peu de mots la marche de la révolution,
pour montrer que tous les dangers qui ont
menacé la cause de la liberté, toutes les
fautes qui l'ont compromise, M. Necker
n'a jamais manqué de les signaler, ni hésité
à les combattre. Ses ouvrages ont paru à
des époques où l'attention étoit absorbée
par la violence des événemens. En les re-
lisant aujourd'hui, on se convaincra que
son véritable talent, le caractère distinctif
de son esprit, c'étoit une connoissance fine
autant que profonde de l'action réciproque
des institutions politiques sur l'opinion, et
de l'opinion sur les lois constitutionnelles;
et l'on trouvera, j'ose du moins le penser,
qu'il a plus de droits encore au titre d'habile publiciste qu'à celui de grand financier.

Tant qu'ont duré l'assemblée constituante et l'assemblée législative, tant que
tout espoir de maintenir l'ordre public n'a
pas été perdu, M. Necker a plaidé la cause
de la raison et de l'expérience contre les
théories inconsidérées de nos premiers lé-
gislateurs. Il a mis au grand jour les vices
de la constitution de 1791, tantôt en la
comparant avec les lois politiques de l'Angleterre et de l'Amérique, tantôt en ana-
lysant ses principes avec une profonde sagacité. Tel a été l'objet de son livre intitulé:

sur l'*Administration de M. Necker*, par
lui-même (*), et surtout de celui qui a pour
titre : *du Pouvoir exécutif dans les grands
états* (**), ouvrage transcendant que les troubles de la France n'ont pas laissé apprécier
à sa juste valeur. La constitution de 1791
est tombée, cette œuvre superficielle a
laissé peu de traces; l'écrit de M. Necker
restera comme un monument de sagesse,
et long-temps encore il pourra servir de
guide aux hommes d'état.

Lorsque la vie du roi fut menacée,
M. Necker se mit des premiers en avant
pour le défendre, et il faillit payer par la
perte de toute sa fortune, ce mouvement
d'une âme généreuse. Son plaidoyer pour
Louis XVI parut au mois d'octobre 1792,
sous le titre de *Réflexions présentées à la
nation françoise;* immédiatement après,
son nom fut inscrit sur la liste des émigrés,

(*) M. Necker écrivoit à Louis XVI en lui envoyant ce
livre publié en 1791 : « Je désire avec ardeur que cet
« ouvrage, absolument nécessaire pour ma défense,
« obtienne l'approbation de V. M. Elle y verra quelque-
« fois l'expression des sentimens que je professerai pour
« sa personne jusqu'à la fin de ma vie ; et il n'est aucun
« instant du jour où mes regards attendris ne se tour-
« nent vers le plus vertueux des princes, et le plus mal-
« heureux des monarques. Je partage tous les détails de
« sa situation avec la plus profonde douleur. »

(**) Imprimé au commencement de 1792.

et tous ses biens furent séquestrés, sans en excepter son dépôt de deux millions, quoique dans la Convention même, des députés eussent réclamé contre la violation d'une dette aussi sacrée.

Après la chute de la Convention, lorsque la voix d'un homme de bien put de nouveau se faire entendre, M. Necker éprouva le besoin de tracer l'histoire d'une révolution dont il avoit pu, mieux que personne, étudier les causes et les premiers développemens (*). Mais il ne se borna point à rappeler le passé, il voulut rendre son expérience et ses lumières utiles à l'avenir de la France. C'est dans ce but qu'il termine son livre par un examen de la constitution directoriale, et que tout en reconnoissant qu'elle est supérieure sous quelques rapports, non-seulement au gouvernement informe de la Convention, mais au gouvernement monarchique, tel que l'assemblée constituante l'avoit combiné, il censure les vices de la constitution nouvelle, et indique, avec une admirable certitude de jugement, les causes qui ameneront sa chute.

_____

(*) *De la Révolution françoise, par M. Necker.* Cet ouvrage étoit terminé à la fin de 1795, mais ne parut qu'en 1796.

En lisant cet ouvrage, si fort de pensée, si brillant d'expression, l'on est frappé de la profonde indignation qu'il respire contre les excès de la révolution, de l'ironie mordante avec laquelle y sont traitées les doctrines et les discours des démagogues ; et on pourroit le croire écrit par un des royalistes les plus attachés à l'ancienne monarchie, si des réflexions pleines de sagesse et de philosophie ne venoient pas rappeler que l'auteur est un ami éclairé de la liberté. Pour apprécier dignement le degré de courage qu'exigeoit la publication de ce livre, le plus offensant pour le parti jacobin qui ait jamais paru, il faut se rappeler que M. Necker étoit alors sur la liste des émigrés, que tous ses biens en France étoient séquestrés, et que la terre qu'il habitoit touchoit à la frontière.

Ici se présente un rapprochement digne de remarque. Peu d'hommes, parmi ceux dont l'opinion mérite d'être comptée, ont jugé avec autant de sévérité que M. Necker les commencemens de la révolution françoise et les fautes de l'assemblée constituante : en réfléchissant même à l'immensité de l'œuvre que cette assemblée a entreprise sans le secours d'aucune expérience

antérieure, en songeant aux obstacles de
tout genre qu'elle a eus à surmonter, en
voyant par notre propre expérience combien est tenace la ligue de l'aristocratie,
on trouvera peut-être que cette assemblée
mérite plus d'indulgence que ne lui en a
accordé M. Necker. Et cependant cet
homme d'état n'a point cessé d'être considéré comme un partisan des principes de la
révolution ; il est placé par l'opinion, il sera
placé par l'histoire au premier rang des défenseurs de la liberté. C'est que la France
nouvelle souffre avec patience que ses
fautes lui soient reprochées par ceux dont
elle se sent aimée, par ceux qui, tout en
détestant les crimes de la révolution, ap-
prouvent son but et ses principes ; tandis
que cette même France récuse, avec raison, ceux qui ne voient dans la révolution
qu'une rébellion punissable, et qui, par là,
font preuve ou d'un esprit sans étendue, ou
d'une haine aveugle pour la liberté.

Enfin lorsque parut Bonaparte, et que
le besoin de l'ordre précipita les esprits
vers la servitude, M. Necker fut le premier
à élever la voix contre le despotisme nais-
sant, il fut le premier à signaler les piéges
que receloit la constitution de l'an VIII, et
à défendre les vrais principes de la répu-

blique , contre cette république mensongère qui n'étoit que le préambule de l'empire. *Les dernières vues de politique et de finances* (imprimées en 1802), sont à la fois un ouvrage et un trait de caractère bien remarquables (*). M. Necker avoit soixante-dix ans lorsqu'il les a publiées ; à cet âge les esprits , même les plus distin-

---

(*) « M. Necker , dit ma mère , dans ses *Considéra-*
« *tions sur la révolution* , eut un entretien avec Bona-
« parte à son passage en Italie par le mont Saint-Bernard,
« peu de temps avant la bataille de Marengo. Pendant
« cette conversation , qui dura deux heures , le premier
« consul fit à mon père une impression assez agréable ,
« par la sorte de confiance avec laquelle il lui parla de
« ses projets futurs. Ainsi donc aucun ressentiment per-
« sonnel n'animoit M. Necker contre Bonaparte , quand
« il publia son livre intitulé : *Dernières vues de poli-*
« *tique et de finances.* La mort du duc d'Enghien
« n'avoit point encore eu lieu ; beaucoup de gens espé-
« roient un grand bien du gouvernement de Bonaparte ;
« et M. Necker étoit sous deux rapports dans sa dépen-
« dance ; soit parce qu'il vouloit bien désirer que je ne
« fusse pas bannie de Paris , dont j'aimois beaucoup le
« séjour ; soit parce que son dépôt de deux millions étoit
« encore entre les mains du gouvernement , c'est-à-dire ,
« du premier consul. Mais M. Necker s'étoit fait dans
« sa retraite une magistrature de vérité , dont il ne
« négligeoit les obligations par aucun motif : il souhai-
« toit pour la France l'ordre et la liberté , la monarchie
« et le gouvernement représentatif ; et , toutes les fois
« qu'on s'écartoit de cette ligne , il croyoit de son devoir
« d'employer son talent d'écrivain , et ses connoissances
« comme homme d'état , pour essayer de ramener les

gués, sont d'ordinaire inaccessibles à un
nouvel ordre de pensées, le cours de l'expérience semble achevé, le terme de la
vie approche, et son intérêt n'est plus assez
vif pour que l'on veuille admettre des idées
dont on n'est pas destiné à voir s'accomplir le développement. Mais l'esprit de
M. Necker, constamment fortifié par les
méditations religieuses, rafraîchi par une
imagination vive, est resté jeune jusqu'au
dernier jour ; il s'est enrichi de ses souvenirs, sans perdre la souplesse nécessaire
pour recevoir des impressions nouvelles.

Pendant le cours de sa carrière publique, il n'avoit pas cessé de donner la préférence à la monarchie tempérée, telle
que l'Angleterre en offre le modèle ; il avoit
jugé ce genre de gouvernement peut-être
le meilleur en lui-même, mais surtout le
plus adapté à l'état de la France. Cependant

« esprits vers le but. Toutefois, regardant Bonaparte
« alors comme le défenseur de l'ordre, et comme celui
« qui préservoit la France de l'anarchie, il l'appela
« l'homme nécessaire, et revint, dans plusieurs endroits
« de son livre, à vanter ses talens avec la plus haute
« estime. Mais ces éloges n'apaisèrent pas le premier
« consul. M. Necker avoit touché au point sensible de
« son ambition, en discutant le projet qu'il avoit formé
« d'établir une monarchie en France, de s'en faire le
« chef, et de s'entourer d'une noblesse de sa propre
« création. »

lorsque les élémens nécessaires d'un tel
gouvernement lui parurent détruits, ou
du moins inconciliables avec l'existence
de Bonaparte, il ne resta point attaché
avec superstition à une forme politique
devenue impossible à réaliser ; et l'esprit
républicain se présentant à lui comme la
seule digue que l'on pût encore opposer à
l'invasion de la tyrannie militaire, ce fut
principalement à combiner le plan d'une
république qu'il appliqua la sagacité merveilleuse de sa raison.

Qu'on me permette de citer ici un passage de son livre, où sont résumées avec
une concision bien frappante les diverses
difficultés que présente l'organisation de
notre état social.

« Il y a plus d'une sorte de république,
« plus d'une sorte de monarchie : ainsi,
« après avoir examiné la monarchie héré-
« ditaire et tempérée, et la république une
« et indivisible, ces deux gouvernemens
« entre lesquels l'opinion de la France
« semble partagée, j'ai dû fixer mes regards
« sur quelques autres systèmes politiques ;
« et je l'ai fait rapidement, lorsque des
« motifs décisifs ont simplifié pour moi
« les questions.

« Il est une pensée qui m'est revenue

« souvent dans le cours de mes médita-
« tions ; c'est que les obstacles apportés par
« les circonstances à l'établissement d'un
« bon gouvernement constitutionnel, n'é-
« toient ni connus, ni pressentis par les per-
« sonnes même habituées à la réflexion.

« Cependant des difficultés redoutables
« se présentent pour tout : une république
« une et indivisible, au milieu d'un vaste
« pays, agrandi encore chaque jour par
« des conquêtes ! une république fédéra-
« tive, au milieu d'une nation qui veut se
« mouvoir à grands flots vers la gloire et
« la renommée ! une monarchie hérédi-
« taire, quand les accompagnemens de la
« royauté n'existent plus ; quand les élé-
« mens d'opinion nécessaires à l'existence,
« à l'ascendant des pairs et des grands sei-
« gneurs, sont presque dissous ! une mo-
« narchie militaire, au milieu des lumières
« de notre siècle ! une aristocratie patri-
« cienne, avec le goût présent des Fran-
« çois pour l'égalité ! une aristocratie bour-
« geoise, avec leurs dispositions dédai-
« gneuses pour toutes les supériorités faites
« à la main ! Voilà, tout au moins, de
« grands sujets de réflexion.

« J'ai trouvé, en les étudiant, la plupart
« des vérités que j'avois consacrées dans

« mes premiers écrits politiques : mais
« une suite d'événemens sans pareils ayant
« fait de la France un monde nouveau, je
« serois resté trop en arrière de ses intérêts
« présens et de son esprit public, si je n'a-
« vois pas repris plusieurs questions; si je
« n'étois pas sorti du mieux abstrait, pour
« considérer les choses faites, et les choses
« possibles.

« La ténacité exclusive à une seule idée
« donne l'air de la force, et attire vers nous
« l'attention; mais elle ne vaut rien pour
« l'utilité sociale; et si l'on désire que la
« pensée se rapproche de l'action, on doit
« suivre continuellement le mouvement
« des hommes, le cours de leurs opinions,
« la naissance et l'accroissement de leurs
« préjugés. »

Ainsi M. Necker a défendu l'ordre public contre l'inexpérience de nos deux premières législatures, Louis XVI contre la
Convention, la monarchie tempérée contre
le Directoire, et la liberté républicaine contre les premières tentatives du despotisme
impérial. Mais à travers toutes ces phases
de notre révolution, il est resté invariable-
ment fidèle à la devise qu'il avoit choisie
dès l'entrée de sa carrière. « Toute la li-
« berté qui, dans un grand pays, peut se

« concilier avec le maintien de l'ordre pu-
« blic : toutes les concessions favorables au
« peuple, qui peuvent s'accorder avec la
« justice. Principes, ajoute-t-il, d'une vaste
« étendue l'un et l'autre, et qui, cependant,
« sont contenus eux-mêmes dans deux
« idées plus grandes encore, la morale et
« le bonheur. »

Il y a des hommes qui demandent à la
liberté la garantie de tel ou tel ordre d'intérêts, d'autres en attendent la réalisation
de certains systèmes, l'accomplissement
de certaines vues de leur esprit; d'autres
y cherchent de vives émotions, des jouissances dignes des âmes ardentes et généreuses. M. Necker a aimé la liberté par
des motifs plus purs et plus élevés : elle a
été pour lui une idée morale, je dirois
presque une idée religieuse. Étranger aux
passions politiques et à l'esprit de système,
par le calme de son âme et par l'étendue
de sa raison, s'il avoit cru que l'ordre, la
justice, la félicité publique pussent être
assurés sans le secours des institutions libres, peut-être ne les eût-il point récla-
mées pour la France; mais l'observation
attentive des hommes, la méditation constante des vérités fondamentales sur lesquelles repose la société, l'ont conduit à

reconnoître que la liberté étoit la seule
garantie efficace de la moralité des gouvernemens et des nations. Voilà pourquoi,
malgré les vicissitudes de la vie publique
de M. Necker, son exemple et ses écrits
ne cesseront pas de servir de consolation
et d'encouragement aux amis de l'humanité. Si la liberté n'étoit qu'un système
politique préférable à un autre, qui ne se
sentiroit pas quelquefois rebuté par les obstacles que lui opposent les préjugés, les
passions, l'égoïsme? Mais elle est d'une
plus haute origine, elle se lie intimement à
tous les devoirs, à toutes les vertus sociales; et dès lors un sentiment supérieur aux
intérêts de la terre ne permet plus de dés-
espérer jamais d'une si belle cause.

Chaque homme a en lui un centre d'où
émanent toutes ses pensées, auquel se rapportent toutes ses actions; ce centre, pour
M. Necker, étoit la religion : elle s'étoit
alliée dans son âme aux intérêts les plus
actifs de la vie publique; elle lui devint
plus chère encore dans la retraite. Les discours qu'il a publiés en 1800, sous le titre
de *Cours de morale religieuse*, le placent
dans le premier rang des orateurs chré-
tiens; et le sublime langage de la religion
semble acquérir un nouveau degré d'auto-

rité dans la bouche d'un homme qui a
connu toutes les émotions de la gloire ; et
traversé toutes les vicissitudes de la fortune.

Les ouvrages de M. Necker, dont j'ai
parlé jusqu'ici, sont les seuls qui aient été
publiés de son vivant. Des pensées déta-
chées, et une nouvelle qu'il a composée
dans la dernière année de sa vie, ont été
imprimées depuis par ma mère. Dans une
discussion sur le roman de Delphine, on
avoit soutenu que l'affection conjugale pouvoit, aussi-bien que tout autre amour,
donner lieu aux situations les plus tragiques : cette opinion, appuyée par M. Necker, fut combattue, et, par une sorte de
défi, il écrivit les *Suites funestes d'une
seule faute*, nouvelle dont une anecdote
arrivée en Angleterre lui fournit le sujet.
En songeant qu'il avoit soixante-onze ans
lorsqu'il l'a composée, on sera étonné sans
doute d'une telle jeunesse de cœur et d'imagination ; mais si l'on réfléchit que cette
nouvelle est du même auteur que l'*Administration des finances*, et le *Pouvoir exécutif dans les grands états*, on ne pourra
refuser son admiration à la réunion éton-
nante de facultés si diverses.

Sans contester à M. Necker un rang

éminent parmi les écrivains françois, on a reproché à son style une harmonie trop constammeut soutenue, qui, en berçant l'oreille, distrait l'attention et empêche qu'on ne saisisse toutes les nuances de pensée dont ses ouvrages abondent. Mon opinion ne seroit ici de nulle valeur, mais il me semble que si ce reproche est applicable à quelques passages de ses écrits, il y en à d'autres où la verve de l'ironie et la finesse des observations réveillent le lecteur le moins attentif. M. Necker avoit l'usage de lire haut ses ouvrages en les écrivant ; et cette habitude devoit lui donner le besoin d'une sorte d'harmonie musicale dans ses périodes. Quelques-ūns de ses morceaux les plus éloquens ont été composés dans ses promenades solitaires, en présence du magnifique spectacle des Alpes et du lac de Genève ; l'œil d'un littérateur exercé pourroit même discerner les passages qui ont été écrits sous l'influence de cette inspiration.

Je devrois maintenant chercher à donner une idée des vertus de M. Necker dans sa retraite, de ces vertus qui lui ont mérité le respect de ses ennemis mêmes, et qui font de sa mémoire un objet de culte pour sa famille. Mais je ne pourrois qu'affoiblir par un extrait les impressions profondes que le tableau de sa vie privée, par ma mère, produit sur toutes les âmes capables de le comprendre.

« Ce fut, dit ma mère, pendant la ma-
« ladie de sa femme, et depuis sa mort
« surtout, que le caractère de M. Necker,
« comme homme privé, se fit le mieux
« connoître. Il lui prodigua, pendant sa
« longue maladie, des soins dont rien ne
« peut donner l'idée. Fatiguée par de fré-
« quentes insomnies, elle s'endormoit quel-
« quefois pendant le jour, en posant sa tête
« sur le bras de son mari. J'ai vu mon père
« rester immobile des heures entières, de-
« bout, dans la même position, de peur de
« la réveiller, en faisant le moindre mou-
« vement; et les soins qu'il lui prodiguoit,
« ce n'étoient pas ceux que la vertu seule
« peut inspirer ; c'étoient des soins pleins
« de tendresse et d'émotion, animés par ce
« rayon d'amour que les cœurs purs con-
« servent encore à travers les souffrances
« et les années. » (*)

_____

(*) Madame Necker sentant ses forces diminuer, et sa maladie devenir mortelle, voulut préparer elle-même des consolations religieuses à son époux, en lui écrivant des lettres destinées à n'être lues par lui qu'après qu'elle auroit cessé de vivre. Ces lettres me paroissent si belles,

« Ma mère aimoit à entendre de la musi-
« que pendant sa maladie ; et chaque soir elle

---

elles donnent une si touchante idée de l'union de ces
deux êtres supérieurs ; que je crois pouvoir en citer
quelques passages.

N° I.

« En quittant ce monde, unique et cher objet de
« toutes mes affections, l'idée de la solitude où je te
« laisse est la seule qui vienne troubler mes derniers
« instans. En effet, mon cher ami, considère quel est
« mon sort, et bénis l'Être suprême de toutes les faveurs
« dont il n'a cessé de me combler. Je ne puis m'empê-
« cher de regarder comme une des plus grandes que
« j'en aie reçues, le bonheur que j'ai de te précéder.
« O mon Dieu, vous avez eu pitié de ma foiblesse.
« Vous avez vu qu'il n'étoit point de terme à ma sou-
« mission, mais qu'il en étoit un à mes forces. Être
« dont la bonté est égale à la grandeur, daignez verser
« vos puissantes consolations sur le cœur désolé auquel je
« m'adresse. Vous lui avez ordonné de m'aimer ; aidez-
« moi à soulever à présent le poids de l'affliction qui
« tombe sur lui. C'est vous qui ne dédaignerez pas de
« lui tenir lieu de l'épouse fidèle qui avoit mis ses plai-
« sirs dans ses plaisirs, son bonheur dans son bonheur,
« son amour-propre dans son amour-propre. Prêtez à
« mes paroles la force de l'autorité. Donnez-moi le cou-
« rage et le talent de panser ses blessures. Qu'il soit
« adorateur de Dieu avant tout, et que, prosterné aux
« pieds de son Créateur, il lui fasse le sacrifice de sa
« douleur, en se souvenant que c'est à lui que nous
« devons le long cours d'une union si fortunée.

« A présent, mon ami, souffre que j'use de cette
« autorité que tu m'as donnée dans notre dernière con-
« versation. Tu m'as permis de dicter ta conduite, et je
« vais te parler sans crainte de m'égarer ; car j'espère
« que le sentiment le plus pur ne cessera point de m'in-

« faisoit venir des musiciens, afin que l'im-
« pression, causée par les sons, entretînt

«spirer. Tu auras soin de mes cendres ; mais tu n'iras
« point dans un désert t'enfouir avec elles. Tu te livre-
« ras, au contraire, à toutes les distractions tant pu-
« bliques que particulières. Le monde est tellement
« changé, que je ne te donne pas le conseil de rentrer
« dans les fonctions publiques, lors même que l'ordre
« se rétabliroit, et qu'on te rappelleroit à la tête des
« affaires ; mais je te demande instamment de faire
« usage des talens que tu as reçus de la nature, et de
« les employer toujours, comme tu l'as fait jusqu'à
« présent, pour la gloire de celui qui te les a donnés,
« et pour le bien de l'humanité, dont il t'a si souvent
« confié la cause. Je veux que tu cherches dans ces
« douces et sublimes occupations, un soulagement à tes
« peines ; et toi qui, pendant ta vie, m'honoras si
« souvent dans tes écrits, tu trouveras peut-être encore
« l'occasion de m'y faire revivre pour les autres et pour
« toi. Adresse-moi tes ouvrages ; je serai encore ton
« juge, ton tendre juge. »

N° II.

« Tu pleures, cher ami de mon cœur ; tu crois qu'elle
« ne vit plus pour toi, celle qui avoit réuni dans tous les
« points son existence à la tienne. Tu te trompes : ce
« Dieu qui avoit joint nos deux cœurs, ce Dieu, bien-
« faiteur de toutes ses créatures, et qui me combla de
« ses faveurs, n'a point anéanti mon être. Quand j'écris
« cette lettre, un sentiment secret, un instinct qui ne
« m'a jamais trompée, répand un calme imprévu dans
« mon âme. Je crois voir que cette âme veille encore sur
« ton sort, et que, dans le sein du Dieu que je ne cessai
« jamais d'adorer, je jouirai encore de ta tendresse pour
« moi. Mon ami, je te parle dans un moment où tous les
« cœurs sont à découvert. Vierge et pure, quand je fis
« le serment de t'être fidèle, j'ai tenu mon serment,

« son âme dans ces pensées élevées qui,
« seules, donnent à la mort un caractère

« dans toute sa délicatesse ; et, je n'ai pas besoin de te
« le dire, c'est un foible mérite, que celui d'avoir vécu
« dans l'innocence avant de se marier, et d'être restée
« parfaitement chaste dans le cours d'une longue union.
« Mais l'attachement dont je suis pénétrée pour tout ton
« être, mais ce sentiment qui avoit transporté mon
« amour-propre dans le tien, mais cet effroi, avant-
« coureur des horreurs de la mort, qui glaçoit tout
« mon sang au moindre danger que je te voyois courir ;
« mais cette seconde vie que je trouvois auprès de toi,
« cette existence confondue avec la tienne, ne se retrou-
« vera plus pour toi, et mérite de ta part des sentimens
« au-delà du tombeau ; et tu verras combien mon âme
« est sûre de la tienne, puisque je vais te donner des
« ordres, en comptant sur l'empire de mon amour pour
« toi.
    « N'ayant aucune idée des formes à observer dans un
« testament, et ma fortune ne valant pas la peine d'être
« considérée, j'ai cru devoir satisfaire mon cœur et le
« tien, en t'abandonnant sans réserve tout ce qui restera
« de moi sur la terre, sans en excepter ma dépouille
« mortelle. Ces restes hideux, sans doute, doivent te
« rappeler cependant que dans la fleur de la jeunesse et
« de la beauté, tu fus seul maître de la personne sans
« tache qui étoit alors un objet digne d'estime et d'in-
« térêt. Voici donc une espèce de testament séparé, qui,
« je m'en flatte, sera respecté par les lois ; s'il ne l'étoit
« pas, ma volonté du moins reste tout entière, et si ton
« cœur est satisfait, le reste est peu de chose pour toi.
    « A côté de ce testament tu en trouveras un autre
« d'un genre nouveau, ce sont les charges que je te
« laisse. Nous nous connoissons trop pour que j'aie besoin
« de te demander grâce sur cet acte singulier, et si j'ai
« modéré toutes mes demandes, ce n'est pas que je crai-

» de mélancolie et de paix : le dernier jour
« de sa vie, des instrumens à vent jouoient
« encore dans la chambre à côté de la
« sienne, et je ne puis exprimer ce qu'il y
« avoit de sombre dans ce contraste entre
« les différentes expressions des airs, et
« l'uniforme sentiment de tristesse dont la
« mort remplissoit le cœur. Une fois, pen-
« dant le cours de sa maladie, les musi-
« ciens manquèrent, et mon père m'or-
« donna de jouer du piano : après avoir

« gnisse le moindre refus ou la moindre épargne de ta
« part ; c'est simplement parce que plus de fortune
« étant plus nuisible qu'utile aux personnes dont je m'oc-
« cupe, mon cœur jouira beaucoup davantage, en
« pensant que tu conserveras à ta disposition la somme
« que je ne te demande pas mal à propos.

« Suit encore une autre lettre qui contient les avis que
« j'ai crus nécessaires à ton moindre malheur après ma
« perte. J'exige que tu les suives, si tu n'y trouves rien
« de contraire à ta conscience et aux idées que tu t'es
« formées de la plus saine morale. Tu sais, mon ami,
« que dans mon cœur ton devoir et le mien vont toujours
« avant tout, et c'est là ma première volonté, à laquelle
« je sacrifie toutes les autres.

« Viennent enfin mes instructions sur ma sépulture.
« Cette partie de mes dernières volontés me tient telle-
« ment à cœur, que la crainte de la moindre négligence
« m'occupe douloureusement. . . . .

« Tu vois, mon ami, que tu peux employer encore,
« pour ton amie, une partie de la vie qui te reste. Je
« t'ordonne donc de vivre pour obéir à ton Dieu, et de
« vivre et de te soigner pour remplir mes intentions. »

« exécuté quelques pièces, je me mis à
« chanter l'air d'OEdipe à Colonne, de
« Sacchini, dont les paroles rappellent les
« soins d'Antigone :

Elle m'a prodigué sa tendresse et ses soins ;
Son zèle dans mes maux m'a fait trouver des charmes, etc.

« Mon père, en l'entendant, versa un
« torrent de pleurs ; je fus obligée de m'ar-
« rêter, et je le vis pendant plusieurs heures
« aux pieds de sa femme mourante, s'aban-
« donner à cette émotion profonde, à cette
« émotion sans contrainte, qui faisoit d'un
« grand homme, d'un homme si rempli de
« grands intérêts et de hautes pensées, seule-
« ment un cœur sensible, seulement un cœur
« tout pénétré d'affection et de tendresse.

« Ma mère mourut : ce ne fut point par
« l'égarement du désespoir que se peignit
« une douleur qui devoit durer autant que
« la vie : mon père exécuta dès le premier
« moment les dernières volontés de ma
« mère pour sa sépulture, avec une pré-
« sence d'esprit qui appartenoit sûrement
« à une sensibilité bien plus profonde, que
« celle qui se manifesteroit seulement par
« le trouble, à une sensibilité qui concen-
« troit toutes les forces pour accomplir
« tous les devoirs.

« On a beaucoup parlé des soins que ma

« mère avoit apportés à son tombeau. Elle
« avoit vu, en s'occupant des hôpitaux,
« d'affreux exemples des inhumations pré-
« cipitées, et son imagination en avoit été
« frappée ; elle attachoit d'ailleurs un prix
« extrême à la certitude que ses cendres
« seroient réunies à celles de mon père, et
« sa passion pour lui embrassoit aussi cet
« avenir : rien ne peut étonner, ce me
« semble, dans ce genre, si l'on a l'âme
« assez rêveuse pour concevoir toute l'idée
« de la mort au milieu de la vie.

« C'est madame Necker dont j'explique
« ainsi les dispositions testamentaires ; car
« un seul sentiment devoit guider son
« époux, c'étoit de suivre en tout ses dé-
« sirs. Il n'a rien fait à cet égard ni pour
« elle, ni pour lui, qui ne fût dicté par
« elle ; et pendant dix années, gardien d'un
« tombeau, les intérêts présens ne l'ont ja-
« mais distrait de ce souvenir. Je possède
« deux écrits de mon père, composés pour
« lui seul au moment de la mort de ma
« mère : l'un dans lequel il se retrace tous
« les motifs qu'il a de la regretter, et l'autre
« dans lequel il s'interroge sur les preuves
« de sentiment qu'il lui a données pendant
« qu'elle existoit, afin de combattre en lui-
« même l'inconcevable crainte qu'il éprou-

« voit de n'avoir pas assez fait pour son
« bonheur. Il se représente toutes les cir-
« constances possibles dans lesquelles il
« auroit pu l'affliger ou la rendre heureuse,
« et se rassure ou s'inquiète selon qu'il est
« satisfait ou mécontent de sa position in-
« time ; il est scrupuleux envers son imagi-
« nation comme envers ses souvenirs ; les
« actions, les paroles, la vie entière ne lui
« suffisent pas ; c'est dans le sanctuaire du
« cœur qu'il se retire pour juger l'affection
« qu'il a ressentie. »

Dans toutes les circonstances importantes de sa vie, M. Necker avoit l'habitude
de mettre par écrit les pensées qui domi-
noient en lui, soit pour se rendre raison
avec plus de certitude des motifs de ses
déterminations, soit pour se prémunir contre les scrupules excessifs de son imagination et de sa conscience. Ma mère n'a point
publié les réflexions dont elle parle ici, sans
doute pour ne pas rouvrir la plaie trop vive
de son cœur ; mais aujourd'hui, j'ose me
croire permis de les faire connoître. C'est
un si beau spectacle que cette vue intime
d'une âme sensible et religieuse !

« Si le temps, si la maladie venoient
« jamais à affoiblir le souvenir de ma pro-

« fonde douleur et de mes justes sujets de
« regrets et de larmes, que je les trouve
« retracés ici en peu de mots.

   « Absent d'elle pendant quelques heures
« de sommeil, je demandai à ses femmes
« si pendant mon absence elle m'avoit
« nommé; elle ne pouvoit presque plus
« parler, et elle fit un effort pour dire, oui,
« oui. Elle me dit : Nous nous reverrons
« dans le ciel. Elle le regardoit, ce ciel, de
« la manière la plus touchante, en prêtant
« l'oreille à ma prière. Elle remuoit en
« mourant le doigt de sa main gauche où
« étoit l'anneau que je lui avois donné, afin
« de le redemander. Sur cet anneau étoient
« gravées ces paroles : *Il m'aimera tou-*
« *jours.*

   « Le testament où elle me recommande
« quelques dispositions en faveur de sa
« famille, est rempli de la discrétion la
« plus tendre et la plus délicate pour moi.

   « Ses conseils à sa fille ne sont presque
« destinés qu'à lui recommander ma vieil-
« lesse.

   « Les pleurs qui couloient de mes yeux
« pendant sa maladie, la rendoient si mal-
« heureuse, qu'au moment où je ne pus me
« contenir, elle poussa des cris de dés-
« espoir.

« Elle prioit Dieu, elle invoquoit ses
« parens avec un son de voix si touchant,
« que le cœur le plus dûr en eût été dé-
« chiré.

« Elle aimoit Dieu avec une pureté de
« sentiment sans exemple : et jamais pour
« entretenir sa dévotion elle n'a eu besoin
« d'autre sentiment que de la reconnois-
« sance.

« Elle n'oublia jamais un seul instant
« l'amour et la vénération qu'elle avoit res-
« sentis pour ses dignes parens, et ces sen-
« timens étoient aussi prononcés en elle,
« après trente ans d'intervalle, qu'au pre-
« mier temps de leur mort.

« Elle s'est décidée dans toutes les ac-
« tions de sa vie par des principes de mo-
« rale. Elle n'a jamais eu d'autre guide, et
« le moindre remords eût été pour elle un
« tourment plus cruel que la roue.

« Elle m'a sacrifié le désir naturel qu'elle
« auroit eu de s'illustrer par des écrits,
« ayant tout l'esprit et tous les talens néces-
« saires pour s'élever très-haut dans cette
« carrière.

« Quel calme, quelle beauté dans son
« lit de mort ! quelle résignation à la vo-
« lonté de Dieu pendant ses souffrances !
« Elle opposoit toujours à ceux qui la plai-

« gnoient les trente années de bonheur
« qu'elle avoit tenues de la bonté céleste.

« Elle avoit une peur manifeste de me
« survivre ; c'étoit un malheur qu'elle
« considéroit comme au-dessus de ses
« forces.

« Elle me rendoit la tranquillité dans
« tous les genres d'alarmes ; elle savoit par-
« ler à mon cœur, à mon esprit, à mon
« imagination. Elle étoit mon bouclier
« contre moi-même. Elle a toujours par-
« tagé mes succès, et ce second amour-
« propre avoit pris la place du sien.

« O mon amie, j'aurois mille choses à
« dire encore. Je te regarde au ciel, tu es
« mon espérance.

« Elle fixoit les indécisions qui sont un
« défaut de mon caractère. Elle me pré-
« servoit des regrets, en me rappelant tou-
« jours que le passé est hors de notre at-
« teinte, et en justifiant tout ce que j'avois
« fait par un sentiment élevé.

« Elle croyoit à l'affection pour elle ;
« elle croyoit aux professions de morale et
« de vertu, signes certains d'une âme sim-
« ple et vraie.

« Elle ne s'est jamais permis le men-
« songe le plus indifférent.

« Elle soignoit ma santé avec autant

« d'intérêt que d'intelligence. Son humeur
« étoit d'une égalité parfaite. Est-ce lui ?
« disoit-elle avec charme, toutes les fois
« qu'elle entendoit mes pas. Tous les ma-
« tins on venoit me dire : Madame vous
« attend. O parole que je n'entendrai
« plus ! Mon Dieu ! elle est heureuse dans
« ton sein.

   « Elle me dit un jour dans les derniers
« temps de sa maladie : *Dieu nous bénira,
« je ne souffrirai plus.* Et en effet, depuis
« cet instant, elle n'eut plus de douleurs.

   « Ses rapports avec le ciel par sa vertu
« et par sa piété, m'ont souvent frappé, et
« mon tendre respect y croyoit très-sou-
« vent.

   « Hélas ! je n'ai plus ce compagnon, cet
« ami qui faisoit route avec moi dans la
« vie.

   « Elle se hâtoit de me faire dire qu'elle
« étoit mieux lorsqu'elle étoit soulagée par
« quelque crise. Elle savoit qu'elle avoit
« besoin d'apaiser les inquiétudes d'un au-
« tre elle-même. Pauvre amie ! hélas ! tu
« n'es plus.

   « Sur la fin de ses jours, elle ne pouvoit
« souffrir que j'étayasse ses espérances par
« l'idée de la justice de Dieu ; c'étoit tou-
« jours de sa clémence et de sa bonté qu'elle

« vouloit que je lui parlasse. Oh ! étoit-elle
« tourmentée par quelque crainte , par
« quelque scrupule dont je n'aurois pas eu
« le bonheur d'être le confident et le con-
« solateur? Chère amie ! une seule de tes
« pensées que j'aurois manqué l'occasion
« d'adoucir , seroit un sujet de peine et de
« remords pour mon cœur.

« Que je suis malheureux encore de tou-
« tes les difficultés que présentent le mo-
« nument et ses dernières volontés à cet
« égard ! mais je ferai mille efforts pour les
« surmonter. O que de choses je ne lui
« ai pas dites ! que de sentimens dont la
« privation vient cruellement m'avertir !

« Dans quel état je fus lorsqu'elle me fit
« appeler une heure après avoir couru le
« plus grand danger par le feu qui avoit
« pris à ses cheveux ; et avec quelle dou-
« ceur, avec quelle reconnoissance envers
« le ciel elle parloit de son accident !

« *Je crains la mort*, me dit-elle une
« fois; *j'aime la vie avec toi. Nous pas-*
« *serons encore quelque temps ensemble,*
« me dit-elle, après une crise heureuse au
« commencement de sa maladie.

« Avec quel intérêt, avec quelles douces
« exhortations elle distribuoit chaque mois
« ses charités. *Priez Dieu pour M. Nec-*

« *ker*, disoit-elle toujours. O mon Dieu,
« que ses vertus me servent de protection
« auprès de vous! C'est quelque chose que
« vous m'ayez choisi pour garder son bon-
« heur sur la terre.

« Que de fois elle m'a dit : *Le ciel nous*
« *avoit faits l'un pour l'autre !*

« Quand je l'entretenois de quelque soin
« à prendre pour sa santé, de quelque in-
« convénient à éviter, C'est ton affaire, di-
« soit-elle toujours.

« Ah! que de sentimens dont je regrette
« de ne l'avoir pas entretenue! Mon Dieu!
« arriveront-ils aujourd'hui de mon cœur
« jusqu'à elle? O source inépuisable de
« regrets et de larmes !

« C'est à elle, c'est à ses instances que
« je dois d'être sorti de France. Un peu
« plus tard, j'eusse été la victime des ty-
« rans, et peut-être elle-même. Je ne puis
« exprimer cette idée. Ah! le ciel l'eût tou-
« jours protégée.

« Pensée cruelle! C'est sûrement vers la
« fin de sa vie que son âme étoit le plus
« remplie, le plus agitée, et alors elle ne
« pouvoit s'expliquer, ses forces lui man-
« quoient, et je n'osois approcher la con-
« versation de son danger; ainsi c'est lors-
« qu'elle avoit peut-être le plus besoin d'é-

« panchement qu'elle n'a tiré aucun secours
« de son fidèle ami.

« Comme elle parut émue ce jour où je
« revins à elle en larmes, après avoir fait
« un dîner seul pendant qu'elle étoit ma-
« lade !

« *Je voudrois*, disoit-elle à ses femmes
« dans les derniers temps de sa maladie,
« *qu'il ne suivît pas mon corps à Coppet;*
« *mais il le voudra.* Ah! oui, il le voudra,
« il y sera toujours.

« Elle se seroit laissé manquer de tout,
« si je ne l'avois pas prévenue. La plus pe-
« tite absence, elle ne pouvoit en supporter
« l'idée. Notre union étoit celle de la na-
« ture. Elle est finie sur la terre.

———————

« Disposé à me tourmenter, et n'ayant
« plus mon amie pour me soutenir contre
« moi-même, et pour défendre la vérité
« contre les inquiétudes de mon imagina-
« tion, je suis obligé de converser avec
« moi-même, mais toujours sous les re-
« gards de mon amie.

« Je me suis dit cent fois que si en reve-
« nant d'un voyage, j'avois appris que par
« une conduite inconsidérée elle avoit
« perdu toute ma fortune, je l'aurois em-
« brassée avec transport pour la consoler,

« et que si cet accident m'avoit valu un
« degré d'affection de plus de sa part, j'au-
« rois gagné en bonheur.

« J'eusse donné tout mon bien sans hé-
« siter, et je me serois déterminé à faire
« tel métier qu'on auroit voulu pour pro-
« longer sa vie de quelques jours.

« J'adore son image, et mon amour pour
« elle est un mélange de culte, dont l'im-
« pression passe toute idée. Je la regrette,
« je la pleure, je la prie, je l'invoque.
« D'où vient donc qu'il me reste une agita-
« tion, une sorte de mécontentement de
« moi-même? Ce sentiment porte sur ce
« que, pendant son danger, pendant sa ma-
« ladie, je n'ai pas été aussi malheureux
« qu'à présent. N'est-ce pas mon imagina-
« tion, cette terrible ennemie, qui fait mon
« principal tourment?

« Combien de fois à la fenêtre de ma
« chambre, et prêtant l'oreille aux prières
« de ma tendre amie, n'y ai-je pas réuni
« les miennes avec ferveur! Je n'ai jamais
« pleuré auprès de son lit aussi amèrement,
« aussi continuellement que je pleure; mais
« cela vient de ce que je me contenois au
« premier essor, pour ne pas lui faire de
« la peine; cela vient de ce qu'elle ne m'a
« presque jamais dit alors un mot sensible,

« et que dans notre nature, nous avons be-
« soin de ces mots pour rassembler en un
« instant toutes nos affections. Je suis sûr
« qu'un seul de ces mots m'auroit ouvert
« le cœur, m'auroit inondé de larmes.
« Quand ma fille chanta sur le clavecin
« l'air d'OEdipe à Antigone, je versai des
« torrens de larmes, et cependant ma pau-
« vre femme, déjà un peu changée par la
« maladie, ne pleura point.

« Je suis naturellement distrait, et j'ai
« besoin de me rassembler ou d'être ras-
« semblé par une circonstance pour être
« en entier à un sentiment ou à une pen-
« sée. Enfin, n'est-il pas dans la nature des
« hommes que la privation, en réunissant
« toutes nos pensées vers la même idée,
« nous pénètre davantage ?

« Non, je ne dois pas, je me le dis au
« nom de ma bienfaisante amie, je ne dois
« pas joindre des reproches à mes regrets.
« Combien de fois cette incomparable
« femme ne m'a-t-elle pas averti, en d'au-
« tres circonstances, que je n'avois pas de
« plus grand ennemi que mon imagination !
« combien de fois n'est-elle pas venue effi-
« cacement à mon secours ! Ah, mon ange !
« que ton souvenir soit mon consolateur !
« J'implore la miséricorde divine sous tes

« auspices. Mon amie, si tu le peux, fais
« que ma nature morale épurée puisse être
« jugée digne d'une seconde association
« avec toi ! Grâce, grâce, et toujours ton
« amour, toujours ton souvenir, toujours
« ta pitié !

« Ah ! si sur cette terre même et tel que
« je suis, le ciel te rendoit à mes vœux,
« chaque instant maintenant que je passe-
« rois près de toi me paroîtroit un rayon
« du paradis ; et c'est ce mouvement pas-
« sionné qui me désole, en m'apprenant
« que je n'ai pas été constamment à la
« même hauteur de sentiment lorsque je
« te possédois. O fatale leçon qui nous
« est donnée par la privation ! Est-ce ma
« faute ? est-ce une circonstance attachée
« à la nature humaine ? Mon ange, mon
« ange, prends-moi dans mon dernier
« amour, dans ce sentiment sans bornes
« et sans distraction qui, te montrant à
« mes yeux dans toute la beauté de ta na-
« ture morale, me laisse le plus profond
« regret de n'avoir pas joui autant que je le
« pouvois, d'une faveur sans égale.

« Ah ! si j'avois lu ces adorables écrits
« que tu m'as adressés et que j'inonde de
« mes larmes, que j'eusse été heureux, que
« j'eusse été à tes genoux à chaque instant

« de ma vie! Hélas! pourquoi ne les ai-je
« pas lus dans le fond de ton cœur, ou pour-
« quoi tes paroles rendoient-elles si briè-
« vement tes sentimens? O mon amie, tel
« est aujourd'hui mon malheur, que tout
« ce que j'ai fait pour toi, tout ce que j'ai
« senti pour toi, et dont tu as toujours parlé
« avec tant de contentement, me paroît
« mille fois au-dessous de ce qui sortiroit
« de mon âme en ce moment! Est-ce ma
« faute, est-ce l'effet inévitable de notre
« foible nature? Chère amie, chère amie!
« je suis insensé peut-être dans mes inquié-
« tudes, mais j'adresse à ton ombre, à ton
« âme céleste les élans d'un cœur que tu as
« tant de fois calmé. »

Madame Necker mourut au mois de mai
1794, dans une habitation près de Lausanne, où elle étoit venue s'établir pour être
à portée des soins du docteur Tissot.
M. Necker suivit les restes de sa femme à
Coppet, et dès lors il ne s'est plus éloigné
de son tombeau.

En 1798, à l'approche de l'invasion des
François en Suisse, il étoit encore inscrit
sur la liste des émigrés, et, comme tel,
exposé à une condamnation capitale, en
restant sur le territoire occupé par les

armées de la république : ma mère fit donc
les plus grands efforts pour l'engager à quitter Coppet ; mais il ne voulut point y consentir : *A mon âge*, dit-il, *on ne doit point
errer sur la terre.* Il se contenta de brûler
tous les papiers qui auroient pu compromettre des personnes restées en France ; et
dans son scrupule, il fit même le sacrifice
de toute la correspondance de sa fille. C'est
une perte irréparable, car toutes les fois
que ma mère a été absente de son père,
elle n'a jamais laissé passer un seul jour
sans lui écrire, et sans lui rendre compte
de tous les événemens dont elle étoit té-
moin. Du reste, la conduite pleine de délicatesse du général Suchet et de son état-
major, prouva que ces précautions étoient
superflues ; et dès la même année, ma
mère obtint du directoire la radiation de
M. Necker.

Lorsque le gouvernement consulaire ré-
tablit en France l'ordre, ou du moins cet
ordre apparent qui consiste dans l'obéissance passive aux commandemens du pouvoir, plusieurs des amis de M. Necker, et
entre autres son ancien collègue l'archevêque de Bordeaux, le pressèrent de revenir
à Paris. Il y étoit sollicité par un sentiment
bien plus puissant sur son cœur, le désir de

n'être jamais séparé de sa fille chérie ; mais ce sentiment même ne put balancer les considérations de tout genre qui l'atta-choient à sa retraite. Dans cette circon-stance, il écrivit, selon sa coutume, les motifs de sa résolution : ces notes destinées pour lui seul se sont conservées parmi ses papiers, et j'y trouve le passage que voici :

« N'est-il pas naturel que je répugne à
« me replacer au milieu d'un pays où a
« péri d'une mort tragique et par des mains
« criminelles, le prince dont j'étois le mi-
« nistre ; au milieu d'un pays où d'autres
« personnes encore que j'aimois, que j'es-
« timois, ont été les victimes des fureurs
« du temps ; et cette indifférence de ma
« part ne seroit-elle pas jugée très-sévère-
« ment ? Quelle idée se feroit-on aussi du
« retour volontaire d'un ami de la liberté
« sous une autorité despotique, et d'un
« serviteur du dernier roi sous le règne
« d'un homme élevé sur les débris du trône
« des Bourbons ? Et si dans la société je ne
« pouvois éviter de rencontrer des hom-
« mes marquans du temps du procès de
« Louis XVI, à quel déshonneur ne m'ex-
« poserois-je pas ? »

Si après avoir lu ces lignes, quelques-uns des détracteurs de M. Necker font un retour sur leur propre conduite, je doute qu'ils osent lever les yeux.

Les dernières années de M. Necker ont eu le calme et la dignité qui conviennent à la vieillesse. Le souvenir de sa femme ne s'est jamais effacé de son cœur ; mais ses regrets ont été adoucis par la tendresse incomparable de sa fille ; c'est pour elle et par elle que la vie a conservé à ses yeux de l'intérêt et du charme : une parfaite sympathie de caractère et d'esprit sembloit faire disparoître la distance de leurs âges. Dans le monde, en voyage, ma mère n'étoit occupée qu'à rassembler les faits et les réflexions qui pourroient captiver l'attention de son père ; ses lettres et sa conversation lui offroient tout l'intérêt de la vie sociale, et lui en épargnoient la fatigue. Si quelque chose peut donner l'idée de cette relation unique au monde, c'est le tableau qu'en a fait madame Necker de Saussure (*), qui elle-même a tant contribué au bonheur dont a joui M. Necker dans les derniers temps de sa vie.

L'emploi de ses heures étoit réglé avec

_____

(*) Notice sur le Caractère et les écrits de madame de Staël.

beaucoup d'ordre et de méthode, mais sans
pédanterie : dans quelque moment que sa
fille entrât chez lui, elle étoit sûre de le
rendre heureux, et ses petits-enfans mêmes,
lorsqu'ils venoient interrompre son travail,
étoient toujours reçus avec bonté. Il cher-
choit à développer leur esprit par des plaisanteries à la portée de leur âge, et ne pér-
doit pas une occasion de leur faire concevoir quelques-unes des grandes pensées
morales dont son cœur étoit animé.

Rarement il laissoit passer un jour sans
aller visiter le tombeau de sa femme, ce
tombeau où il repose maintenant avec les
premiers objets de sa tendresse. Il revenoit
de cette promenade, triste, mais serein, et
se livroit ensuite sans effort au travail ou à
la conversation.

On s'est étonné quelquefois de voir qu'il
admît dans sa société habituelle, des hommes d'un esprit extrêmement inférieur au
sien ; mais cette circonstance ne tenoit de
sa part à aucun goût pour la complaisance
ou pour la flatterie. Les personnes dont je
parle, quoique peu distinguées par leur
esprit, avoient du mouvement dans le caractère, de l'intérêt pour les nouvelles de
politique ou de société, et les petits faits
qu'elles savoient recueillir, piquoient sa

curiosité. Mais N., lui disoit-on, comment peut-il vous amuser? ses nouvelles ne sont jamais exactes. « N'importe, répondoit « M. Necker; il fait du moins preuve de « bonne volonté, et une nouvelle fausse « vaut encore mieux qu'une pensée com- « mune. » En effet, il n'aimoit les idées générales qu'à une très-grande hauteur, et à moins qu'il ne rencontrât des hommes capables de le suivre dans ces régions élevées, il préféroit les plus petits faits, les moindres observations pratiques, à des réflexions qui ne pouvoient avoir rien de nouveau pour un esprit aussi fécond que le sien.

Ce fut en 1803 que commença l'exil de ma mère, et qu'elle fut séparée de son père pour ne plus le revoir. La santé de M. Necker étoit meilleure alors que depuis plusieurs années; les infirmités de son âge sembloient presque suspendues : il engagea lui-même sa fille à voyager, et à chercher en Allemagne des consolations contre l'injustice dont elle étoit l'objet dans sa patrie. Sa fille reçut encore sa bénédiction; mais pour la dernière fois : et ce fut à Berlin que le plus horrible des malheurs lui fut annoncé.

Le 30 mars 1804, M. Necker tomba

malade, et la fièvre se déclara avec une telle violence, que dès le premier instant on désespéra de sa vie. Il perdoit fréquemment connoissance; mais aussitôt qu'il recouvroit l'usage de ses sens, il imploroit l'indulgence du ciel, il invoquoit sa bénédiction sur sa famille; pendant le délire même, toutes les paroles qui lui échappoient n'étoient que des prières ou des expressions de tendresse et de bonté. Plusieurs fois il mit la main sur son cœur, en répétant d'une voix entrecoupée : *Je bénis ma fille chérie : elle m'a beaucoup aimé; elle m'a rendu bien heureux!* Enfin, dans la nuit du 9 avril, on l'entendit prononcer distinctement ces paroles : *O mon Dieu! mon juge, mon sauveur, reçois ton serviteur qui s'avance vers la mort à grands pas.* Dès lors il ne souffrit plus : peu d'heures après il avoit cessé de vivre, et sa physionomie conservoit encore l'empreinte du calme religieux de son âme.

FIN DE LA NOTICE.